电气信息工程丛书

电动汽车驱动与控制技术

杨盼盼　龚贤武　林　海　于雅鑫　编著

机械工业出版社

本书结合作者在该领域的研究成果，比较全面地介绍了电动汽车驱动与控制技术。全书共分为8章，阐述了电动汽车驱动系统的基本结构与工作原理、驱动电机技术、功率变换技术、动力电池技术、车载传感器技术及相关的驱动系统建模、控制与仿真技术。书中内容紧密围绕近年来电动汽车领域的最新发展动态及关键技术，对于电动汽车驱动控制系统的设计具有重要的指导意义。

本书理论联系实际，深入浅出，图文并茂，可作为普通高等院校车辆工程、自动化及其相关专业本科生，控制科学与工程、车辆工程等学科研究生的教材，也可供电动汽车及其相关领域的工程技术人员和科研人员参考使用。

图书在版编目（CIP）数据

电动汽车驱动与控制技术/杨盼盼等编著．—北京：机械工业出版社，2022.2（2024.11 重印）
（电气信息工程丛书）
ISBN 978-7-111-70078-4

Ⅰ．①电…　Ⅱ．①杨…　Ⅲ．①电动汽车-驱动机构-控制系统
Ⅳ．①U469.720.3

中国版本图书馆 CIP 数据核字（2022）第 013771 号

机械工业出版社（北京市百万庄大街 22 号　邮政编码 100037）
策划编辑：汤　枫　责任编辑：汤　枫
责任校对：张艳霞　责任印制：郜　敏

北京富资园科技发展有限公司印刷

2024 年 11 月第 1 版·第 5 次印刷
184mm×260mm·16 印张·396 千字
标准书号：ISBN 978-7-111-70078-4
定价：79.00 元

电话服务　　　　　　　　　网络服务
客服电话：010-88361066　　机　工　官　网：www.cmpbook.com
　　　　　010-88379833　　机　工　官　博：weibo.com/cmp1952
　　　　　010-68326294　　金　书　网：www.golden-book.com
封底无防伪标均为盗版　　机工教育服务网：www.cmpedu.com

前　言

　　汽车工业是现代科学技术最重大的成就之一，在满足货物运输、工农业生产及人们生活流动性需求等方面具有无可替代的作用，有力地推动了社会进步和经济发展。然而，随着全球汽车保有量的不断增加，燃油汽车带来的能源短缺和环境污染问题日益凸显，成为制约汽车工业可持续发展的重要瓶颈。党的二十大报告明确要求，"重点控制化石能源消费，逐步转向碳排放总量和强度'双控'制度。推动能源清洁低碳高效利用，推进工业、建筑、交通等领域清洁低碳转型。"因而，发展高效、节能、环保的电动汽车已经成为汽车工业发展的优先方向和必然趋势。

　　我国非常重视包括电动汽车在内的新能源汽车的研发工作，2010 年国务院常务会议将新能源汽车确立为我国七大战略性新兴产业之一。2020 年国务院颁布的《新能源汽车产业发展规划（2021—2035 年）》要求，"坚持电动化、网联化、智能化发展方向，深入实施发展新能源汽车国家战略，以融合创新为重点，突破关键核心技术，提升产业基础能力，构建新型产业生态，完善基础设施体系，优化产业发展环境，推动我国新能源汽车产业高质量可持续发展，加快建设汽车强国。"电动汽车涉及机械、电子、控制、电力电子、电机驱动和动力电池等技术，将这些技术与电动汽车技术相融合，促进电动汽车理论和技术的进步，是必须进行的一项关键性工作。《中华人民共和国国民经济和社会发展第十四个五年规划和 2035 年远景目标纲要》中明确提出"突破新能源汽车高安全动力电池、高效驱动电机、高性能动力系统等关键技术"。

　　驱动与控制技术是提高电动汽车实用性的一项关键技术。编者及其团队在多年的研究过程中积累了一些学术成果和经验体会，并在已有研究成果的基础上，对电动汽车驱动系统及其控制技术进一步充实和扩展，整理出版了这本书，以期推动电动汽车驱动控制理论和技术的应用和发展。本书的特点是研究成果丰富，理论联系实际，实用性强，在注重理论阐述的前提下，力图做到深入浅出、图文并茂，比较全面地反映了电动汽车驱动控制技术的发展现状。全书共分为 8 章，主要阐述了电动汽车驱动系统的基本结构与工作原理、驱动电机技术、功率变换技术、动力电池技术、车载传感器技术及相关的驱动系统建模、控制与仿真技术等。本书的内容和应用实例可以帮助读者加深对电动汽车驱动电机与控制技术的理解和掌握，进而将其应用于电动汽车驱动控制系统的设计中。

　　本书由杨盼盼、龚贤武、林海和于雅鑫编写完成。具体分工如下：第 1 章和第 7 章由杨盼盼编写，第 2 章和第 8 章由龚贤武编写，第 3 章和第 4 章由林海编写，第 5 章和第 6 章由于雅鑫编写。全书由杨盼盼和龚贤武统一整理定稿。

　　本书在编写过程中得到了长安大学电子与控制工程学院与教务处的大力支持，在此表示感谢。

　　由于编者水平有限，书中难免有遗漏和不当之处，敬请广大读者批评指正。

编　者

目　录

前言
第1章　绪论 ……………………… 1
1.1　电动汽车发展的背景及意义 …… 1
1.1.1　电动汽车发展的背景需求 …… 1
1.1.2　电动汽车发展的意义 …… 3
1.2　电动汽车的分类 ……………… 4
1.2.1　纯电动汽车 ……………… 4
1.2.2　混合动力电动汽车 ………… 5
1.2.3　燃料电池电动汽车 ………… 6
1.3　电动汽车的发展概况 ………… 7
1.3.1　电动汽车的发展历史 ……… 7
1.3.2　国内外电动汽车的研发与
发展现状 ……………… 9
1.3.3　电动汽车发展展望与关键
技术 …………………… 16
1.4　电动汽车驱动与控制系统 …… 18
1.5　本章小结 ……………………… 19
习题 …………………………………… 19
第2章　电动汽车基本结构与工作
原理 ……………………… 20
2.1　电动汽车的构成 ……………… 20
2.1.1　电力电子驱动子系统 ……… 21
2.1.2　能量子系统 ……………… 21
2.1.3　辅助子系统 ……………… 22
2.2　电动汽车的驱动形式 ………… 22
2.2.1　传统机械驱动方式 ………… 22
2.2.2　电机-驱动桥组合式 ……… 23
2.2.3　电机-驱动桥整体式 ……… 24
2.2.4　轮毂电机分散式 …………… 24
2.3　电动汽车的基本原理 ………… 25
2.3.1　电动汽车受力分析 ………… 25
2.3.2　电动汽车动力学方程 ……… 28
2.3.3　电动汽车行驶的附着条件与
附着率 ………………… 30

2.4　电动汽车的性能指标 ………… 32
2.4.1　电动汽车的动力性能 ……… 32
2.4.2　电动汽车的制动性能 ……… 33
2.4.3　电动汽车的燃料经济性 …… 35
2.5　电动汽车的典型行驶工况 …… 36
2.5.1　美国行驶工况 …………… 37
2.5.2　欧洲行驶工况 …………… 38
2.5.3　日本行驶工况 …………… 39
2.6　本章小结 ……………………… 40
习题 …………………………………… 40
第3章　电动汽车驱动电机技术 …… 41
3.1　电动汽车驱动电机概述 ……… 41
3.1.1　电动汽车对驱动电机的要求 …… 41
3.1.2　电动汽车驱动电机分类 …… 42
3.2　直流电机 ……………………… 43
3.2.1　直流电机的基本结构 ……… 43
3.2.2　直流电机的工作原理 ……… 45
3.2.3　直流电机的数学模型 ……… 47
3.2.4　直流电机的控制 …………… 49
3.2.5　直流电机的特点及应用 …… 56
3.3　交流异步电机 ………………… 57
3.3.1　交流异步电机的基本结构 … 57
3.3.2　交流异步电机的工作原理 … 59
3.3.3　交流异步电机的数学模型 … 60
3.3.4　交流异步电机的控制 ……… 62
3.3.5　交流异步电机的特点及应用 … 66
3.4　永磁同步电机 ………………… 66
3.4.1　永磁同步电机的基本结构 … 66
3.4.2　永磁同步电机的工作原理 … 68
3.4.3　永磁同步电机的数学模型 … 70
3.4.4　永磁同步电机的控制 ……… 74
3.4.5　永磁同步电机的特点及应用 … 77
3.5　无刷直流电机 ………………… 78
3.5.1　无刷直流电机的基本结构 … 78

3.5.2 无刷直流电机的工作原理 ········ 81
3.5.3 无刷直流电机的数学模型 ········ 87
3.5.4 无刷直流电机的控制 ········· 88
3.5.5 无刷直流电机的特点及应用 ········ 92
3.6 本章小结 ·········· 94
习题 ·········· 94

第4章 电动汽车功率变换技术 ········ 95
4.1 功率变换技术概述 ········· 95
4.2 功率半导体器件 ········· 96
4.2.1 功率二极管 ·········· 96
4.2.2 功率场效应晶体管 ········ 100
4.2.3 绝缘栅双极晶体管 ········ 103
4.3 PWM控制技术 ·········· 106
4.3.1 PWM的基本原理 ········ 106
4.3.2 PWM的分类 ········· 107
4.3.3 PWM的控制方法 ········ 108
4.4 典型功率变换电路 ········ 112
4.4.1 AC/AC变换电路 ········ 112
4.4.2 AC/DC变换电路 ········ 117
4.4.3 DC/DC变换电路 ········ 121
4.4.4 DC/AC变换电路 ········ 126
4.5 电动汽车制动能量回收 ······ 130
4.5.1 制动能量回收原理 ········ 130
4.5.2 制动能量回收电路 ········ 132
4.6 本章小结 ········· 134
习题 ·········· 134

第5章 电动汽车动力电池技术 ········ 135
5.1 动力电池的概念及分类 ······· 135
5.2 动力电池的结构与原理 ······· 136
5.2.1 动力电池的组成 ········ 137
5.2.2 动力电池的工作原理 ······ 138
5.3 电动汽车动力电池的基本
参数 ·········· 139
5.4 电动汽车对动力电池的要求 ··· 142
5.5 电动汽车常用动力电池 ······ 143
5.5.1 化学类动力电池 ········ 143
5.5.2 物理类动力电池 ········ 147
5.6 电动汽车动力电池存在的

问题 ·········· 149
5.7 电动汽车动力电池的测试
与管理 ········· 150
5.7.1 动力电池的测试 ········ 150
5.7.2 动力电池的管理 ········ 154
5.8 本章小结 ········· 158
习题 ·········· 158

第6章 电动汽车车载传感器技术 ····· 159
6.1 车载传感器简介 ········· 159
6.2 传感器技术基础 ········· 160
6.2.1 传感器的组成与分类 ······ 160
6.2.2 传感器的特性与指标 ······ 161
6.2.3 传感器的标定与校准 ······ 166
6.2.4 传感器的性能与要求 ······ 166
6.3 速度传感器 ·········· 167
6.3.1 转速传感器 ········· 167
6.3.2 车速传感器 ········· 169
6.3.3 轮速传感器 ········· 171
6.4 转向传感器 ·········· 174
6.5 电压-电流传感器 ········ 175
6.5.1 霍尔元件式电压-电流传
感器 ·········· 175
6.5.2 分流电阻式电流传感器 ····· 177
6.6 温度传感器 ·········· 177
6.6.1 热敏铁氧体温度传感器 ····· 178
6.6.2 空调系统温度传感器 ······ 179
6.7 力矩传感器 ·········· 180
6.7.1 霍尔式力矩传感器 ········ 181
6.7.2 磁阻式力矩传感器 ········ 181
6.8 本章小结 ········· 182
习题 ·········· 182

第7章 电动汽车驱动控制技术 ······· 183
7.1 电动汽车驱动系统概述 ······ 183
7.2 电动汽车驱动系统的组成及
要求 ·········· 185
7.2.1 电动汽车驱动系统的组成 ····· 185
7.2.2 电动汽车对驱动系统的要求 ··· 186
7.3 电动汽车驱动系统的性能 ····· 186
7.3.1 基本性能要求 ········· 186

7.3.2 动态性能指标 ·········· 187

7.3.3 稳态性能指标 ·········· 189

7.4 电动汽车直流电机驱动系统的
车速-电流双闭环控制 ······· 189

7.4.1 电动汽车直流电机驱动系统
模型 ·········· 190

7.4.2 电动汽车直流电机驱动系统的
车速控制方式 ·········· 194

7.4.3 电动汽车直流电机驱动系统
车速-电流双闭环控制 ······· 197

7.5 电动汽车无刷直流电机驱动系统
的自适应模糊 PID 控制 ······· 202

7.5.1 模糊控制理论概述 ······· 202

7.5.2 电动汽车无刷直流电机驱动系统
模型 ·········· 203

7.5.3 电动汽车无刷直流电机驱动系统
自适应模糊 PID 控制 ······· 206

7.6 电动汽车无刷直流电机制动能量
回收及制动力分配策略 ······· 212

7.6.1 电动汽车无刷直流电机制动能量
回收原理 ·········· 213

7.6.2 电动汽车制动力分配策略及制动

能量回收 ·········· 218

7.7 本章小结 ·········· 223

习题·········· 223

第8章 电动汽车仿真技术·········· 224

8.1 电动汽车仿真技术 ·········· 224

8.1.1 系统仿真的含义与分类 ······· 224

8.1.2 电动汽车仿真方法 ······· 225

8.1.3 离线仿真技术 ······· 227

8.1.4 硬件在环仿真技术 ······· 227

8.2 电动汽车仿真软件 ·········· 229

8.2.1 ADVISOR 仿真软件 ······· 229

8.2.2 CRUISE 仿真软件 ······· 232

8.2.3 CarSim 仿真软件 ······· 233

8.3 电动汽车整车仿真实例 ······· 234

8.3.1 基于 MATLAB 的电动汽车
前向仿真 ·········· 235

8.3.2 基于 ADVISOR 2002 的电动
汽车混合仿真 ·········· 241

8.4 本章小结 ·········· 247

习题·········· 248

参考文献·········· 249

第1章 绪　　论

汽车为人们的工作生活提供了极大的便利，已经成为现代生活中必不可少的交通工具。同时，汽车工业对世界经济的推动作用非常巨大，从某种程度也改变着整个世界的经济格局，是衡量一个国家科学技术、社会进步和经济发展水平的重要标志。但是，随着全球汽车保有量的飞速增长，所带来的能源危机和环境污染等问题也逐渐凸显，给人类社会的生存和发展带来了严峻的挑战。电动汽车作为一种新型节能环保的理想交通工具，受到了世界各国政府、学术界、工业界的重视，并得到了长足的发展。目前，世界各大汽车生产厂家都先后推出多种类型的电动汽车，市场上也有部分电动汽车取代传统汽车，从而实现高品质的汽车生活和服务体验，但电动汽车的研究开发和持续发展仍面临许多的挑战和机遇。本章首先讨论电动汽车发展的背景及意义；然后，根据动力来源的不同，对电动汽车的分类进行介绍；在此基础上，对电动汽车的发展概况进行系统总结与阐述；最后，对本书的核心内容——电动汽车的驱动与控制系统进行说明。

1.1　电动汽车发展的背景及意义

1.1.1　电动汽车发展的背景需求

近几十年来，随着经济社会的发展和生活需求的提高，世界范围的汽车产销量也呈现出跨越式的发展态势。1950~1970 年，全球汽车保有量每 10 年翻一番，1970 年达到 2.5 亿辆。1986 年，全球汽车保有量达到 5 亿辆，2010 年跃升至 10.15 亿辆，预计到 2050 年将升至 25 亿辆。统计显示，中国汽车市场已连续 11 年成为世界机动车产销第一大国，2020 年全国机动车保有量达到 3.72 亿辆（其中汽车 2.81 亿辆），对全球汽车保有量的增长起到重要推动作用。如此迅猛的汽车发展规模，在给人们提供便捷、舒适的出行服务的同时，也产生了很多负面影响，大量汽车的使用带来了两大突出问题：能源危机和环境恶化。

1. 能源危机

传统燃油汽车消耗的能源几乎完全依赖于石油的制成品。石油是不可再生资源，虽然目前的储量仍很可观，但依旧无法满足日趋增长的消耗需求。据石油巨头英国石油公司（BP）发布的《世界能源统计年鉴 2019》显示，截至 2018 年年底，全球石油储量约 1.73 万亿桶，比 2017 年增加 20 亿桶。根据 2018 年的储产比，全球石油还可以以现有的生产水平生产 50 年。国际能源署（IEA）的统计数据显示，2001 年交通领域消耗了全球 57% 的石油资源，并且随着全球汽车保有量的持续增长，燃油消耗呈现出逐年增长的态势，导致石油供应日趋紧张。2020 年以来，受疫情影响，石油减产严重，但国际市场对石油的需求依旧保持高位，全球石油需求与供给之间的供需缺口持续扩大，石油市场整体呈现供不应求的状态。

我国是石油资源相对贫乏的国家，石油对外依存度高，面临的能源安全问题十分严峻。2014 年 11 月 12 日，国际能源署在《全球能源展望》中称，中国石油消耗将在 20 年内超过美国，成为全球最大的石油消费国。但是，我国始终面临着石油供给日益紧张的问题。自1993 年开始，中国就已经成为石油净进口国，1996 年更是成为成品油净进口国。截至 2017年，中国石油消耗 6.1 亿 t，国内石油产量仅有 1.91 亿 t，进口比例达到了 70%。国际能源机构预测，随着越来越多中国消费者购买汽车，到 2030 年，中国石油消耗量的 80% 需要依靠进口。因此，随着我国汽车保有量的增加，推行交通能源转型势在必行，发展新能源汽车作为推进我国交通能源转型战略和建设生态文明的重要举措，对社会发展和环境保护都有积极作用。

2. 环境恶化

燃油汽车在行驶过程中会产生大量的 CO、NO_x、HC、SO_2 等有害气体以及温室气体 CO_2，这些有害气体除使城市空气中的污染物增加，产生光化学烟雾和硫酸烟雾外，还会导致大气臭氧层破坏、地球变暖和酸雨的形成等。随着城市机动车数量的快速增长，机动车排气污染已成为城市大气污染的主要"贡献"者。据统计，全球大气污染 42% 源于交通车辆产生的污染，一些城市机动车排放的污染物对多项大气污染指标的贡献率已达到 70% 以上。机动车排放污染已对城市大气污染构成了严重威胁。

化石能源的大量消耗产生的温室气体是全球气候变暖的主要原因。受人类活动的影响，温室气体和硫化物气溶胶的浓度快速增加。据科学家预测，未来 100 年全球平均地表温度将上升 1.4~5.8℃，到 2050 年我国平均气温将上升 2.2℃。交通领域一直是温室气体排放的重点。据 IEA 统计，汽车 CO_2 总排放量从 1990 年的 29 亿 t 增加到 2020 年的 60 亿 t，对地球环境造成了巨大影响。从图 1-1 可以看到世界主要国家的 CO_2 排放情况，我国目前已成为世界上的 CO_2 排放大国。

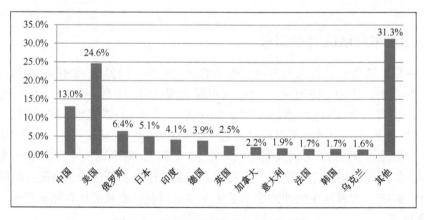

图 1-1　世界主要国家的 CO_2 排放情况

随着我国机动车保有量的持续增加，尾气排放带来的环境问题尤为严峻。2013 年，"雾霾"成为我国的年度关键词。尤其是这一年的 1 月，4 次雾霾过程笼罩 30 个省（自治区、直辖市）。在北京，仅有 5 天不是雾霾天。频发的雾霾天气，严重影响了人们的身心健康和日常出行，引起了全社会的广泛关注。

在当前能源紧张与环境污染的背景下，节能减排是汽车技术发展创新的潮流。虽然目前世界各国都通过加强在汽车节能减排方面的立法工作、税收政策向小排量汽车倾斜，发展汽车尾气净化技术，提高发动机性能，发展汽车轻量化技术等一系列政策与技术手段来达到节能环保的目的，但短期来看效果尚不明显，面临的形势依然严峻。只有通过新技术的运用，才能使汽车的燃油经济性和排放量达到标准的要求。

在汽车产业快速发展的同时，随之而来的能源危机和环境恶化等问题也不容忽视。它们对人们生活，甚至国际环境都产生了重大影响。对于中国这个石油资源匮乏和环境压力大的国家来说，为使我国经济健康发展，也必须尽快实现交通能源转型，研发能源利用率高、污染排放低的新能源汽车，以实现经济发展和环境保护双赢的目标。

1.1.2 电动汽车发展的意义

虽然汽车工业的发展面临能源危机和环境污染两大主要问题，但汽车在社会经济发展中的地位仍无法被撼动。汽车是"改变世界的机器"，是推动社会进步的车轮，早已成为人们日常生活中不可或缺的重要组成部分。汽车的广泛使用改变了经济社会结构，形成了一套新的经济、文化、生活体系，改善了人们的生活质量，推进了社会进步，促进经济发展。尤其是对于经济社会蓬勃发展的我国来说，在新型工业化进程中，汽车工业在国民经济支柱产业的地位日益凸显，具有重要的战略地位。

在能源和环保的双重压力下，汽车工业的升级转型势在必行，发展污染排放少、能源利用率高的新能源汽车，已成为世界各国的共识。电动汽车无疑是未来汽车发展的重要方向之一，它与传统内燃机汽车有同样的使用功能，突出优势在于其对环境污染小，可不依赖石油资源。主要体现在以下几个方面。

（1）电动汽车可以较好地解决汽车对城市环境污染的问题

电动汽车的电源（蓄电池、燃料电池、超级电容等）本身不排放有害气体，在行驶过程中可以做到零污染。给蓄电池充电所用的电力可以来自对大气不造成污染的能源，如水能、核能、风能、地热、潮汐等。即使是用煤发电，除 SO_2 及微粒外，其排放的 CO、HC、NO_x、CO_2 等均比内燃机汽车少，而且电厂大多建在远离人口密集的区域，对居民损害较少。此外，电厂煤燃烧是固定集中排放，燃烧过程较易控制，有害物质较易清除。正因为如此，电动汽车也被称为绿色汽车。

另外，相比于燃油汽车的内燃机，电动汽车用电机的工作噪声很低。在怠速和低速情况下，电动汽车的舒适性要远高于传统汽车，随着速度的提升，胎噪和风噪成为噪声的主要来源，两者才回到同一水平上。因此，如果全部用电动汽车替代内燃机汽车，城市的噪声污染将会明显下降。

（2）电动汽车可以解决汽车对石油资源的依赖

传统燃油汽车消耗的能源几乎完全依赖于石油的制成品，是造成世界能源危机的主要原因。电动汽车车载电源有蓄电池、燃料电池、飞轮电池、太阳电池和车载发电机组等，蓄电池充电所需的电能可充分利用水能、核能、风能、地热、潮汐、太阳能等丰富的可再生能源转化而来。根据我国电力部门预测，我国目前电力行业发展前景很好，完全有能力为电动汽车提供持续发展的电力。因此，电动汽车可以完全摆脱对石油资源的依赖。

（3）电动汽车可以节约大量能源

相比于传统燃油汽车，电动汽车的另一个主要优势是非常节能。传统的内燃机仅能将其燃料的 15% 转化为动力，剩下的 85% 全部浪费在为发动机组供热上。相比之下，电动汽车动力驱动电机的效率能达到 90% 以上，且只有在行驶时才消耗电能，因此在交通堵塞时，它比燃油汽车更节能。即便考虑到发电、输电和电池充电的能源损耗，电动汽车的能源利用率仍高于燃油汽车。另外，电动汽车车用蓄电池可利用夜间富余的电力进行充电，从而避免大量富余电力的浪费，提高电网电能的利用率。电动汽车还可在减速、制动和下坡时，将电动机转换为发电机，实现能量回馈，进一步提高了能量的利用率。

与世界发达国家相比，我国的汽车工业起步较晚，但是，在电动汽车的研制与开发上，我国几乎与世界同步，在某些核心技术领域（如动力电池），我国甚至还处于领先地位。我国的电动汽车企业可以充分利用核心技术优势和生产成本优势迅速做强做大，成为新能源汽车时代的领跑者，并培育出一批新的全球领先整车企业和一批在电动汽车关键零部件产业领先的企业，实现中国汽车产业的跨越式发展。

电动汽车作为各种高新技术结合的产物，其发展与进步要求当前工业水平相应地发展与进步。一个国家的汽车发展水平在一定程度上反映了国家工业发展的整体水平，在一定程度上代表了其核心科学技术的竞争力。当前世界各国在汽车领域内的竞争，实质上就是各国核心科学技术的竞争。通过新技术、新工艺、新能源和新材料的综合运用，不断抢占科技创新的制高点，开发各种新能源汽车，已成为我国汽车工业迅速崛起的重要途径之一。

1.2　电动汽车的分类

电动汽车是指采用非常规的车用燃料作为动力来源，全部或部分依靠电机驱动汽车行驶，符合道路交通、安全法规各项要求的车辆。按照行驶动力来源的不同，通常可将电动汽车划分为纯电动汽车、混合动力电动汽车和燃料电池电动汽车三种类型。

1.2.1　纯电动汽车

纯电动汽车（Battery Electric Vehicle，BEV）是指以车载电源为动力，用电机驱动车轮行驶，符合道路交通、安全法规各项要求的车辆。纯电动汽车彻底取消了传统的内燃机，以电池作为唯一能量源，通过储能装置向电机提供电能，驱动电机运转，从而推动整车行驶。图1-2展示的是特斯拉Model 3纯电动汽车，图1-3是比亚迪推出的比亚迪汉纯电动汽车。

图1-2　特斯拉Model 3　　　　　　　　　　　　图1-3　比亚迪汉

纯电动汽车以清洁的电能作为能源，不会产生有害气体，也不会产生CO_2等温室气体，基本可以实现"零排放"，是真正意义上的零污染汽车。相比于内燃机汽车，纯电动汽车结构简单，运转和传动部件少，使用维修方便，并且维修保养工作量小。驱动电机在工作过程中产生的噪声也远小于传统汽车内燃机的噪声，大大提高了汽车的乘坐舒适性。在城市工况下，汽车的行驶平均速度较低，时常处于走走停停的状态，对于传统内燃机汽车来说，这种工况下发动机效率不高，燃油消耗较大，而纯电动汽车对这种情况的适应性较好，能源效率较高。电动汽车行驶中所需电能的来源广泛，向电池充电的电力可由煤炭、天然气、水、核能、太阳能、风能、潮汐能等多种能源进行转化。纯电动汽车还可以在夜间用电低谷时向蓄电池充电，有利于电网均衡负荷，提高电力资源的利用率。此外，纯电动汽车可以通过制动能量回收技术，将制动过程中的部分机械能转化成电能存储在蓄电池中，能源利用效率较高。

从纯电动汽车的特点来看，其具有的诸多优势使它具有广阔的应用前景。但是目前纯电动汽车技术并不成熟，主要问题在于动力电池技术尚不完善。此外，由于纯电动汽车完全以电能作为能源，其对动力电池的要求远远高于混合动力电动汽车，因此要使纯电动汽车的生产形成一定的规模，必须开发更为先进的动力电池。但是当前的动力电池成本较高，单位质量储存的能量太小，无法使纯电动汽车达到理想的续驶里程。另外，动力电池的安全性等诸多问题也导致了纯电动汽车的应用无法实现大规模商业化。动力电池作为纯电动汽车的关键部件，虽然当前电池技术尚未发展成熟，但纯电动汽车完美的排放特性使它的前景被广泛看好。

1.2.2　混合动力电动汽车

混合动力电动汽车（Hybrid Electric Vehicle，HEV）是指驱动系统由两个或多个能同时运转的单个驱动系联合组成的车辆，车辆的行驶功率依据实际的车辆行驶状态由单个驱动系单独或共同提供。混合动力电动汽车是在传统汽车的基础上发展起来的产物，不但拥有传统内燃机汽车的特点，还具有更为突出的经济性能，可以在传统汽车的基础上实现节油30%~50%。当前研发的混合动力电动汽车，多采用电机作为主要动力或辅助动力。也就是说，由蓄电池和电机组成辅助动力单元（Auxiliary Power Unit，APU），必要时给汽车提供一定的动力。通过混合动力系统可实现汽车在动力性、经济性、排放等方面性能指标的显著提升。

混合动力电动汽车一般又分为普通混合动力电动汽车、插电式混合动力电动汽车和增程式混合动力电动汽车，同时根据其传动系统的拓扑结构或者动力总成配置和组合方式的不同，混合动力电动汽车可以分成串联式、并联式以及混联式三种类型。

1997年，丰田汽车公司推出的普锐斯（Prius）车型是世界上第一款也是最成功的混合动力电动汽车，如图1-4所示。该车型属于混联式构型，采用了THS（Toyota Hybrid System）系统，通过行星齿轮装置的作用，可以实现功率分流与无级变速的功能。普锐斯采用1.5L汽油发动机，可以实现28km/L的燃油目标；相比于传统汽车，CO_2排放量减少50%，而CO和NO_x的排放量仅为传统车的10%。

图1-4　丰田Prius

插电式混合动力电动汽车（Plug-in Hybrid Electric Vehicle，PHEV），或称可外接充电式混合动力电动汽车，是指可以使用电力网对动力电池进行充电的混合动力电动汽车，是在传统混合动力电动汽车基础上开发出来的一种新型新能源汽车。与普通混合动力电动汽车相比，插电式混合动力电动汽车的电池能量相对较大，且可外接充电，能够满足一定距离内在纯电动模式下驱动汽车，电池电量耗尽后再以混合动力模式（内燃机为主）行驶，并适时向电池充电。PHEV介于纯电动和常规混合动力电动汽车之间，里程短时采用纯电动模式，里程长时采用以内燃机为主的混合动力模式。由于这种混合动力电动汽车的小功率发动机可持续在最佳状态下运行，油耗和排气污染都很低，纯电动运行时也具有低噪声、低排放的特点，相比于传统的内燃机汽车和普通混合动力电动汽车，PHEV的燃油经济性得到了进一步提高，CO_2和NO_x的排放也更少。同时，小功率内燃机的配备使PHEV在电池电量低时可以使用内燃机继续行驶，这样就解决了纯电动汽车续驶里程不足的难题。所以，在纯电动汽车车载动力电池技术未取得突破性进展前，PHEV是一种良好的过渡方案，可以认为是一种由混合动力电动汽车向纯电动汽车发展的过渡型产品。

增程式混合动力电动汽车是在纯电动汽车基础上开发的电动汽车，和纯电动汽车的驱动方式类似，也是依靠车载电池为电机提供能量驱动，但通过为车辆追加增程器，可以进一步提升汽车的续驶里程，使其能够避免频繁地停车充电。增加的增程器主要由一台经过特殊标定的、可在最高燃油效率模式下运行的小排量汽油机或柴油发电机组组成。其运行模式可以根据需要处于纯电动模式或增程模式，是介于纯电动汽车和混合动力电动汽车之间的一种过渡车型，具有纯电动汽车和混合动力电动汽车的特征，有人把它划分为纯电动汽车范畴，也有人把它划分为混合动力电动汽车范畴，认为它是一种插电式串联混合动力电动汽车。图 1-5 所示为2007 年 1 月美国通用汽车公司（GM）展示的增程式混合动力电动汽车原型样车雪佛兰 Volt。

图 1-5 雪佛兰 Volt

1.2.3 燃料电池电动汽车

燃料电池电动汽车（Fuel Cell Vehicle，FCV），是使用燃料电池作为能源的汽车。燃料电池的概念是 1839 年由 G R. Grove 提出的，它是将燃料和氧化剂的化学能直接转化为电能的发电装置。现代燃料电池技术的发展，可追溯到 20 世纪 60 年代的燃料电池——质子交换膜燃料电池的出现，该电池是由美国宇航局与 GE 公司合作开发的第一个现代意义上的燃料电池。燃料电池电动汽车就是利用燃料电池将化学能转化为电能，通过电机进行驱动的汽车。燃料电池电动汽车最大的特点就是不经过燃烧过程，而是直接通过电池将化学能转化为电能。燃料电池所使用的燃料主要有氢、甲醇和汽油等，由于氢燃料电池零排放的特点，当前研究的重点主要是氢燃料电池。

燃料电池按电解质的不同可划分为质子交换膜燃料电池（Proton Exchange Membrane Fuel Cell，PEMFC）、碱性燃料电池（Alkaline Fuel Cell，AFC）、磷酸燃料电池（Phosphoric Acid Fuel Cell，PAFC）、固体氧化物燃料电池（Solid Oxide Fuel Cell，SOFC）、熔融碳酸盐燃料电池（Molten Carbonate Fuel Cell，MCFC）。各类型燃料电池特性见表 1-1。

表 1-1 各类型燃料电池特性

电池种类	质子交换膜燃料电池	碱性燃料电池	磷酸燃料电池	固体氧化物燃料电池	熔融碳酸盐燃料电池
电解质	PEM	KOH	H_3PO_4	$Y_2O_3\text{-}ZrO_2$	$LiCO_3\text{-}K_2CO_3$
燃料	氢气	氢气	天然气、甲醇	天然气、甲醇、石油	天然气、甲醇、汽油
导电离子	H^+	OH^-	H^+	O^{2-}	CO_3^{2-}
操作温度/℃	室温~90	65~220	180~220	15~20	30~40
质量比功率/（W/kg）	300~1000	35~105	100~220	15~20	30~40
寿命/h	5000	10000	15000	7000	15000

与传统的内燃机汽车和混合动力电动汽车相比，燃料电池电动汽车具有以下一系列优点。

1）无污染。燃料电池电动汽车用氢能作为能量来源，整个生命周期几乎不产生 CO_2 等温室气体。同时，燃料电池电动汽车还能够有效地减少传统内燃机汽车排放的 SO_x、NO_x 等有害气体。

2）效率高。传统内燃机汽车通过燃烧将化学能转化为热能，最后转化为机械能，而燃料电池电动汽车直接将氢的化学能转化为电能，中间不经过燃烧过程，因而具有较高的能量转化效率。

3）低噪声。与传统的内燃机汽车相比，燃料电池在运行过程中产生的噪声要比发动机的小，燃料电池电动汽车具有突出的低噪声的特点。

4）燃料来源多样。燃料电池除了可以采用氢作为能源外，还可以采用甲醇、天然气等常见的燃料。

但是，燃料电池电动汽车也存在一系列的缺点。

1）H_2 作为燃料电池的主要燃料，其生产、储存、保管、运输和罐装都比较复杂，对安全性要求很高。

2）对密封要求高。在多个单体燃料电池组合成为燃料电池组时，为了防止 H_2 泄漏，单体电池间的电极连接必须要有严格的密封。密封方面的严格要求，使燃料电池组的制造工艺与维修变得复杂。

3）造价高。目前最有发展前途的质子交换膜燃料电池，需要用贵金属铂作为催化剂。另外，铂在反应过程中受 CO 的作用会失效。铂的使用与失效使质子交换膜燃料电池的造价很高。

4）需要配备辅助电池系统。燃料电池可以持续发电，但不能充电，也不能进行制动能量回收。因此，通常还需要加装辅助电池来进行充电并回收制动时产生的能量。

目前，燃料电池电动汽车仍处于研究阶段，但世界上已经有 20 余家汽车公司共 90 多种车型的燃料电池电动汽车问世。国际大型整机厂也纷纷开始了对燃料电池电动汽车的研究，其中具有代表性的厂商包括通用汽车、福特汽车、丰田汽车、本田汽车等。图 1-6 所示为丰田汽车公司开发的一款燃料电池电动汽车 FCEV。另外，通用汽车公司

图 1-6　丰田燃料电池电动汽车 FCEV

开发的雪佛兰 Equinox 燃料电池电动汽车，使用压缩氢作为燃料，最高时速可达 160 km，续驶里程达 320 km，其性能已经和普通内燃机汽车相差无几。通用汽车公司开发的另一款氢燃料电池电动汽车 Sequel，续驶里程高达 482 km，0~96.5 km/h 的加速时间仅为 10 s。

1.3　电动汽车的发展概况

汽车工业在当代世界经济活动中发挥着巨大作用的同时也带来日益严重的能源问题，电动汽车以其高效率、零排放（或低污染）、初始能源多样化等显著优点，成为 21 世纪清洁、节能和智能道路交通工具的发展方向。为了保证汽车工业能够持续稳定地发展，全世界的汽车制造商都在大力研制开发清洁、节能的电动汽车。

1.3.1　电动汽车的发展历史

电动汽车并不是新鲜事物，19 世纪中后期，世界上第一辆使用铅酸电池的电动汽车就

已经出现，而且比燃油车出现得还要早。纵观历史，在电动汽车 100 多年的发展进程中，经历了三次发展机遇。

1. 第一次发展机遇

1859 年，法国著名物理学家普兰特（Gaston Plante）发明了第一块铅酸蓄电池，从而为电动汽车的实用化创造了必要的条件。由于当时蓄电池和电机的发展比内燃机更为成熟，而且蒸汽机汽车的性能和操纵也难以让人接受，电动汽车就成为人们用来取代马车的首选。1873 年，英国人戴维逊（Robert Davidson）制造了当时世界上最早的可供实用的电动汽车，比德国人戴姆勒（Gottlieb Daimler）和本茨（Karl Benz）发明的汽油发动机汽车早了 10 年以上；1881 年，法国工程师特鲁夫（Gustave Trouve）在巴黎的国际电力科技展上展出了自己制造的全世界第一台可工作用的三轮电动汽车，自此电动汽车很快就进入了发展高潮，英、美等国也先后制造出了电动汽车，其性能也逐渐提高。比如，1890 年在美国艾奥瓦州诞生的美国第一辆电动汽车，时速可达 23 km；1899 年法国人考门·吉纳驾驶一辆以双电机为动力的 44 kW 后轮驱动电动汽车，创造了时速 106 km 的记录。19 世纪末 20 世纪初是电动汽车的鼎盛时期，电动汽车在人类交通史上写下辉煌的一页。据史料记载，1890 年，电动大客车就已经在法国和英国的街道上行驶；1890 年全世界共有 4200 辆汽车，其中有 38% 为电动汽车，40% 为蒸汽机汽车，22% 为内燃机汽车；1900 年美国生产了 15755 辆电动汽车，而蒸汽机汽车和内燃机汽车却分别只有 1684 辆和 936 辆；1911 年，在法国巴黎和英国伦敦的街头已经有运营的电动出租车出现；到了 1912 年，美国至少有 34000 辆电动汽车在运行；1915 年，美国的电动汽车年产量已达到 5000 辆。

进入 20 世纪以后，这种以蓄电池为电源，用直流电机产生驱动力的电动汽车逐渐势弱。其主要原因是当时的蓄电池性能太差，电动汽车的成本太高，而续驶里程太短。在这一时期，油田的大量开发提供了廉价石油，降低了汽油机汽车的使用成本。同时，美国福特汽车公司的 T 型车问世，加上内燃机技术的不断进步和汽车底盘技术的不断提高，并采用流水线生产方式提高了大规模批量制造能力，汽油机汽车开始普及并在市场竞争中占据了绝对的优势，电动汽车的市场也急剧萎缩，甚至濒临淘汰的境地。

2. 第二次发展机遇

从 20 世纪 60 年代中期以来，世界各国汽车保有量急剧上升，内燃机汽车的废气排放逐渐成为公害，其对空气造成的污染逐渐成为社会关注的问题。20 世纪 70 年代，世界性的能源危机和石油短缺问题出现，使人们又想起可不用石油资源的电动汽车。随着现代电子技术和控制技术的飞速发展，美国、英国、法国、德国、意大利和日本等汽车工业发达的国家都开始发展电动汽车，电动汽车的研发又成为世界各大汽车生产厂家的重大课题。20 世纪 70 年代后期，澳大利亚、比利时、巴西、保加利亚、加拿大、中国、丹麦、荷兰、印度、墨西哥、芬兰、瑞士和苏联等国家都开始研发和生产电动汽车。但是石油价格在 20 世纪 70 年代末开始下跌，在电动汽车还未成为商业化产品之前，能源危机和石油短缺问题已不再严重。因此，电动汽车又遭遇了冷落，电动汽车的发展再一次走入了低谷。

3. 第三次发展机遇

20 世纪 80 年代以来，随着全球汽车保有量的不断增加，内燃机汽车排出的有害气体对人类健康及生命的影响日益突出，并且内燃机汽车需要消耗大量的石油资源。于是，人们又想起了无须消耗石油资源也不会对空气造成污染的电动汽车，电动汽车又进入了较快的发展时期。在这一时期，世界各国政府和组织都纷纷推出相关的政策和计划，大力扶植和鼓励电动汽车的开发和使用，如日本政府的 2000 年电动汽车普及计划、美国政府主导的电动汽车研发计划（PNGV 计划和 FreedomCAR 计划）、欧盟电动汽车相关的发展计划和中国政府的电动汽车重大专项等。与此同时，世界各大汽车公司纷纷投入大量的人力和资金，研究与开发的新型电动汽车不断涌现，不仅有以蓄电池为车载电源的电动汽车（被称为纯电动汽车），而且将混合动力电动汽车（采用发动机和电动机双动力）和燃料电池电动汽车列为研发的重点。虽然电动汽车还不足以与内燃机汽车相抗衡，但在各国政策的扶持下，电动汽车的保有量也在不断地增加。随着电动汽车关键技术难题的解决、电动汽车技术性能的提高以及电动汽车制造和使用成本的降低，电动汽车必将得到迅速的发展。

1.3.2 国内外电动汽车的研发与发展现状

从 20 世纪 90 年代开始，电动汽车重新成为世界性的研究和发展热点，全球各大汽车公司都投入巨资开发自己的电动汽车，各国政府也纷纷出台政策、制定计划推动本国电动汽车的发展，以便在未来电动汽车市场中夺得先机。下面从国内外电动汽车的研发计划、技术与发展现状三个方面介绍电动汽车的研发与发展情况。

1. 国内外电动汽车的研发计划

美国是汽车工业最发达的国家，汽车产量和保有量都位居世界前列，每年的石油消耗量和汽车污染物排放量也都居世界首位。为保持汽车工业的竞争力，美国政府提出了一系列电动汽车研发计划，其中最著名的是 PNGV（Partnership for a New Generation of Vehicle）计划和 FreedomCAR 计划（Freedom Cooperation Automotive Research Partnership Plan）。1993 年，美国克林顿政府提出了实施新一代电动汽车研发的 PNGV 计划，其组织架构如图 1-7 所示。PNGV 计划主要由商务部（DOC）代表政府负责 PNGV 计划的组织协调，联合国防部（DOD）、能源部（DOE）、运输部（DOT）、环保署（EPA）、宇航局（NASA）及国家科学基金会（NSF）等联邦政府机构和三大汽车公司（通用、克莱斯勒、福特）共同组织实施，经费由联邦政府和三大汽车公司共同负担。PNGV 计划开启了电动汽车技术研究的热潮，2000 年，美国三大汽车公司陆续推出了各自的概念车，2004 年生产出了电动汽车样车。PNGV 计划所取得的成就对美国乃至全世界的电动汽车发展都具有深远的意义，显著地提升了美国汽车工业的竞争力。FreedomCAR 计划于 2002 年由美国布什政府提出，其主要目标是：开发出无污染、燃料能量转换效率高、成本具有竞争力、燃料添加方便的燃料电池电动汽车，开发出排放达到或低于排放标准、成本具有竞争力的内燃机和电机混合动力电动汽车，2015 年，美国成为全球第一个电动汽车数量过百万的国家。2016 年，美国奥巴马政府宣布了推动电动汽车产业发展的一揽子计划，包括政府和科研机构等 46 个利益相关方共同签署了"推动电动汽车和充电基础设施建设的指导原则"，联邦政府已经以法律法规的形式确立了发展电动汽车的战略定位，并且各州政府也制定了促进电动汽车产业化的政策法规。美国拜登政府上台后，推出了一系列促进新能源汽车发展的措施，以进一步提升美国在电动汽车领域的竞争力。

欧盟各国一直高度重视温室气体排放问题，该问题也是其制定电动汽车相关发展计划的重要考虑因素，包括 FP（Framework Program）系列计划、欧洲燃料电池研究发展计划、欧盟燃料电池巴士示范计划和欧洲电动汽车城市运输系统计划等。从 20 世纪 80 年代开始，欧洲共同体投入大量资金，组织多方力量，开展了多期 FP 计划，对"能源、环境可持续发展"进行了更加深入的研究。欧洲燃料电池研究发展计划对电力生产燃料电池、各种运输

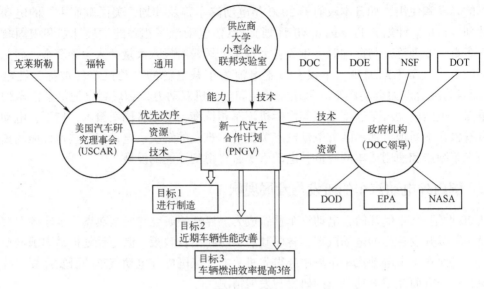

图 1-7　美国 PNGV 计划的组织框架

车辆和船舶用燃料电池、便携式燃料电池和偏远地区特殊用途燃料电池进行了示范应用。欧盟燃料电池巴士示范计划围绕欧洲清洁城市运输和欧洲生态城市运输系统两大项目展开，并通过大巴改装的燃料电池大客车作为示范运行车，选择了不同气候环境和不同使用条件的 8 个国家中的 10 个城市进行示范运营。欧洲电动汽车城市运输系统计划以法国雪铁龙 Berlingos 电动汽车为基本车型，通过建立城市运输中心进行货物和包裹的集散运输工作，选择了 63 辆纯电动汽车和混合动力电动汽车进行评估工作，对电动汽车城市运输系统的效率和环境影响进行评估。2008 年金融危机以后，欧盟各国将汽车产业的发展重心转移到纯电动汽车领域。欧盟从不同层面颁布一系列纯电动汽车发展计划，指引欧洲各国纯电动汽车的发展。法国作为纯电动汽车研发与应用最早的国家之一，推出比较有代表性的车型是电动式标致 106 车型，该车已经在政府部门拥有大量的用户。2011 年德国政府提出了第六能源研究计划，确立了能源发展的两大重点研究方向："可再生能源研究"和"提高能效研究"。在这些利好政策的推动下，大众、戴姆勒–奔驰、宝马等公司进一步加大对电动汽车的技术研发投入，同时也在逐渐将纯电动汽车投放到市场中。2020 年 1 月起，欧盟开始执行全球最严碳排法规，进一步推动了新能源汽车产业的快速发展。

日本是汽车生产大国，人均汽车保有量位居世界前列，面对石油资源极度匮乏、石油几乎全部依赖进口及能源安全的挑战，日本政府从 1971 年就开始制定相关政策促进电动汽车的发展。日本各大汽车公司对电动汽车的开发也十分重视，将发展电动汽车作为确保国家能源安全及提高产业竞争力的战略目标。日本的电动汽车研发计划主要有低公害汽车开发普及行动计划、JHFC 示范工程（Japan Hydrogen & Fuel Cell Demonstration Project）和专项研究计划等。低公害汽车开发普及行动计划包括已处于实用阶段的低公害汽车和燃料电池电动汽车等下一代低公害汽车，处于实用阶段的低公害汽车是指压缩天然气汽车、纯电动汽车、混合动力电动汽车、甲醇汽车、低功耗且低排放的认证车这 5 种；燃料电池电动汽车等下一代低公害汽车是指燃料电池电动汽车和通过技术创新、采用新燃料或新技术而能减轻环境负荷的车辆。JHFC 示范工程由日本经济产业省负责实施，在 2002–2005 年示范应用"燃料电池汽车示范研究"和"燃料电池用氢供给设施示范研究"两大工程。专项研究计划是针对电动汽车某项技术的研究计划，包括燃料电池电动汽车等电动汽车用锂电池技术、氢能利用技术、质子交换膜燃料电池系统技术等。截至目前，日本已经成为世界上电动汽车行业发展最为迅速和成熟的国家之一，其混合动力电动汽车也处于世界领先地位。

我国电动汽车的研究始于20世纪60年代，但当时的研究开发工作都是零散和小规模的，投入也很少。自1980年开始，国内开始掀起电动汽车的研究热潮，电动汽车被国家列为"八五""九五"科技攻关项目，国内一些科研院所和生产企业相继开始研究电动汽车，并取得了一些成果。2001年，国家科技部在国家高新技术研究发展计划（863计划）中，设立了电动汽车重大专项，从国家汽车产业发展战略的高度选择新一代电动汽车技术作为我国汽车科技创新的主攻方向，并组织汽车生产企业、高等院校和科研机构进行联合攻关，以电动汽车的产业化技术平台为工作重点，力争在电动汽车关键技术、系统集成技术等方面取得突破，这对我国汽车产业发展有重大战略意义。电动汽车重大专项确定了"三纵三横"的研发布局及其组织管理模式，如图1-8所示。

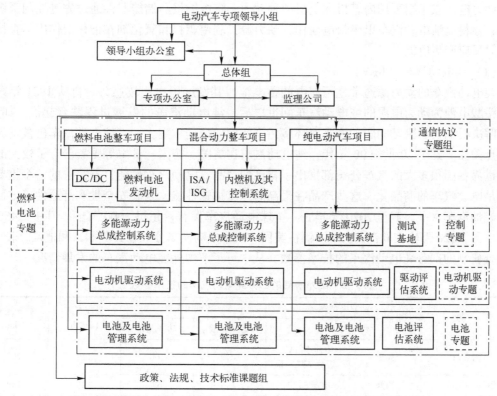

图1-8 电动汽车重大专项"三纵三横"的研发布局及其组织管理模式

"三纵"以燃料电池电动汽车（FCEV）、混合动力电动汽车（HEV）、纯电动汽车（EV）三种车型的整车为主导，"三横"是指多能源动力总成控制系统、驱动电机及其控制系统、动力蓄电池及其管理系统三种共性技术，"三纵"带动"三横"，关键材料和零部件研发紧密结合，基础设施协调发展，政策、法规和技术标准同步研究。国家科学技术部组织实施的国家重点基础研究发展计划（973计划）中，也设立了电动汽车专项，致力于氢能的规模制备、储运及相关的燃料电池基础研究。实施专项计划的目标是开发具有自主知识产权的、可持续发展的、可规模化生产的车载制氢和储氢技术，降低燃料电池的成本，有效解决燃料电池电动汽车产业化的难题，并有利于推广燃料电池的应用领域。《国家中长期科学和技术发展规划纲要（2006—2020年）》分别将"低能耗与新能源汽车"和"氢燃料电池技术"列入优先主题和前沿技术；2007年发布实施《新能源汽车生产准入管理规则》，将电动汽车正式纳入国家汽车新产品公告管理；2008年北京奥运会应用了500多辆自主研发的电动汽车，发挥了大规模的示范作用。随着电动汽车重大专项实施、示范运行深入和地方政府支持，国内各大汽车厂商踊跃地组建产业联盟，也制定了电动汽车产品研发和产业化规划。与此同时，电池、电机等电动汽车关键零部件的产业化全面跟进，生产配套能力显著增强，我国电动汽车研发呈现出蓬勃发展的局面。目前，我国电动汽车研发从基础研究到关键技术，再到产业化均已全面展开，并形成了国际上规模最大的电动汽车零部件产业，已经初步建立了电动汽车的法规、标准与管理体系，为电动汽车的产业化、商业化发展奠定了基础。

2. 国内外电动汽车技术与发展现状

从动力技术上来说，目前国内外开发出的电动汽车主要分为三种类型：纯电动汽车、混合动力电动汽车和燃料电池电动汽车。纯电动汽车完全由二次电池（蓄电池）提供动力；混合动力电动汽车则采用内燃机和电机两种动力，将内燃机与储能器件通过先进控制系统相结合；燃料电池电动汽车以燃料电池作为动力源，利用燃料和氧化剂在催化剂作用下直接经电化学反应产生电能。

（1）纯电动汽车（BEV）

纯电动汽车的动力源通常是可充电的蓄电池，其发展历史比较悠久。自从1881年第一辆以铅酸电池为动力电源的纯电动汽车问世以后，纯电动汽车的发展过程跌宕起伏。如今，作为解决石油资源匮乏问题和汽车对环境污染问题的最佳方案之一，纯电动汽车已被世界各国重点关注。到了20世纪90年代，纯电动汽车在美国、德国、日本等国家已有了较大的发展，世界各国很多大的汽车公司都推出了自己的产品。电动汽车性能日益完善的一个重要标志就是电动汽车的商品化，这些产品在最高时速、加速性能、驾驶安全性和舒适性等方面已接近燃油汽车水平。截至2020年年底，全球电动汽车保有量超过1000万辆。其中，450万辆在中国，320万辆在欧洲，170万辆在美国，剩余电动汽车分散在其他国家和地区。表1-2是国外研制的部分纯电动汽车的技术参数，从中可了解国外纯电动汽车的发展情况。

表1-2 国外研制的部分纯电动汽车的技术参数

车 型	动力电池组		驱动电机		最高车速 /(km/h)	续驶里程 /km
	类 型	性 能	类 型	功率/kW		
通用 EV1	镍氢	电压343 V，容量77 A·h	交流	100	128	200
福特 Ranger	铅酸	电压312 V	交流	67	128	144
奔驰 Aclass-EV	Zcber	电压202 V，功率58 kW	交流	50	130	200
雪铁龙 SAXO	镍镉	电压120 V，功率13 kW	直流	20	90	100
菲亚特 ZIC	镍氢	电压216 V，容量50 A·h	永磁	50	100	160
标志 QCCS106EV	镍镉	电压120 V	直流	20	110	200
丰田 RAV4-EV	镍氢	电压288 V	永磁	45	125	220
本田 EV Plus	镍氢	电压288 V	永磁	49	130	350

车　　　型	动力电池组		驱动电机		最高车速 /（km/h）	续驶里程 /km
	类　型	性　能	类　型	功率/kW		
日产 FEV-II	锂离子	容量 1000A·h	交流	55	120	200
宝马 i3	三元锂电池	能量 42.2kW·h	交流	125	150	340
特斯拉 Model S	三元锂电池	能量 100kW·h	前永磁同步 后交流异步	493	250	663
特斯拉 Model 3	磷酸铁锂电池	能量 60kW·h	永磁同步	202	225	468

　　我国已建立了研发 BEV 的国家技术标准平台、测试检验平台、政策法规平台以及示范应用平台，颁布了 BEV 国家标准 20 余项，并分别在北京、天津、上海、大连等地建立了动力蓄电池公共检测中心（基地）和试验平台。目前，我国纯电动轿车和纯电动客车产品均已通过国家质检中心的型式认证试验，各项指标均满足有关国家标准和企业标准的规定。比亚迪、吉利等单位研发的纯电动轿车，整车的动力性、经济性、续驶里程、噪声等指标已达到甚至超过国外同级别车型。在为 BEV 配套的各种关键技术装备方面，如蓄电池、超级电容器、电流转换器、驱动电机、控制系统和充电设备等，我国已经具备较强的开发和实现产业化的能力。表 1-3 是我国近年研制的部分纯电动汽车的技术参数，可以看出，我国纯电动汽车的技术水平与国外水平已基本相当。

表 1-3　我国近年研制的部分纯电动汽车的技术参数

产品名称	最高车速/（km/h）	续驶里程/km	电池种类	驱动电机	主要研制单位
威乐	120	230	锂离子电池	交流异步电机	天津清源电动车辆 有限责任公司
威安	100	170	锂离子电池	交流异步电机	
Winson EV8300	140	300	锂离子电池	直流电机	深圳温斯特电池 制造有限公司
奇瑞 M1EV	120	110	锂离子电池	永磁同步电机	奇瑞汽车股份有限公司
BK612DEV	81	210	锂离子电池	交流异步电机	北京理工大学
BFC6110EV	95	300	锂离子电池	交流异步电机	
比亚迪 F3e	150	300	锂离子电池	永磁同步电机	比亚迪汽车有限公司
比亚迪 汉	185	605	磷酸铁锂电池	永磁同步电机	
蔚来 ES8	200	415	动力锂电池	前永磁同步电机 后交流异步电机	蔚来
小鹏汽车 P7	170	480	三元锂电池	永磁同步电机	小鹏汽车

　　我国纯电动汽车产业化已具有良好的发展基础。有关资料显示，我国目前电动自行车、电动摩托车等轻型电动车辆的保有量已经超过 5000 万辆，产销量已超过全球的 90%，处于世界领先地位。轻型电动车辆的发展在潜移默化地影响消费者的同时，也带动了我国动力电池、电机等产业的发展。我国已有多家企业在铅酸电池、镍氢电池、锂离子电池方面拥有相关核心技术，并形成了系列产品。另外，我国的电力供应充足，每天超过 9 亿 kW·h 低谷电可供 5000 万辆左右的电动汽车充电。同时，用于生产动力电池和电机的原材料（如锰、铁、钒、稀土永磁材料等资源）在我国储藏丰富，也为纯电动汽车的产业化奠定了资源基础。我国虽然在传统汽车的研发上与世界先进水平相比还有相当大的距离，但是在纯电动汽

车技术开发上几乎是站在同一起跑线上，甚至在某些领域已经达到世界领先水平。

2008年北京奥运会期间，奥运零排放区昼夜不间断运行的50辆纯电动公交车表现出优良的性能，成功完成"零故障运行"的目标。以2010年上海世博会为平台，在世博园区内运行的120辆纯电动客车近半年内经受住高温高湿环境考验，载客9018万人次，车辆完好率为99.8%。在2010年广州亚运会期间，广州就已开通了全市首条纯电动公交线路，首批26辆纯电动公交车在广州大学城广东科学中心至中山纪念堂之间投入运营。从2010年5月开始，深圳市首批50辆纯电动出租车投入试运营。从2010年6月1日起，我国首先在上海、长春、深圳、杭州、合肥五个城市启动了私人购买新能源汽车补贴试点工作，对私人购买插电式混合动力乘用车和纯电动乘用车给予一次性补贴。这些标志着我国的纯电动汽车已从前期小规模示范运行，开始进入市场导入阶段。

从2010年开始，在短短十年间，我国发展培育出了全球最大的电动汽车消费市场，同时成为全球最大的电动汽车生产国。过去十年来，中国电动汽车累计销量占世界总量的47%。在城市试点项目方面，也取得了巨大的成功，城市电动汽车市场累计规模全球领先。2019年，全球最先进的电动汽车城市大半都是中国城市。我国传统汽车制造企业，如比亚迪、吉利、长安、奇瑞等，也相继推出自主研发的电动汽车。尤其是近几年来，互联网公司也纷纷涉足电动汽车行业，为我国电动汽车的发展注入了新的动力。

（2）混合动力电动汽车（HEV）

混合动力电动汽车是一种同时配备电力驱动系统和辅助动力单元的电动汽车，它也是目前发展较为成熟且产品化比较好的一种电动汽车。世界上第一辆混合动力电动汽车是在1898年由德国工程师费迪南德·保时捷（Ferdinand Porsche）设计制造的，曾在1900年的巴黎万国博览会上展出。该车底盘和车身为木制，无变速器，在前轮上配备了电机。电机功率为2.5 kW，配备80 V的铅酸蓄电池，可短时输出最大5.1 kW的功率。整车质量为980 kg，最大时速为58 km，能够连续行驶约3 h。混合动力电动汽车的大批量生产是在1990年以后，最具代表的车型是丰田公司生产的Prius及本田公司生产的Insight。

1997年12月，日本丰田公司推出了世界上第一辆量产的混联式混合动力轿车Prius。与同类型轿车相比，其燃油经济性和排放性大大提高。2001年，丰田公司推出了第二代Prius。2005年，通过与中国第一汽车集团公司的合作，第二代Prius登陆我国。2009年，丰田公司推出了Prius第三代产品。此外，丰田公司还在几款有良好声誉的品牌车型上开发了混合动力类汽车，如RAV4、皇冠、雷克萨斯、凯美瑞等。到2011年2月，丰田公司的混合动力电动汽车全球累计销售突破300万辆。其中最成功的车型是Prius，约占全部销量的70%。

1998年，本田公司推出了轻度混合动力电动汽车Insight，成为第一个成功在北美销售的混合动力车型。几乎与丰田公司同步，本田公司相继推出Insight的第二代和第三代产品，且其混合动力技术相继移植到Civic等车型，已发展到第四代混合动力技术。到2011年初，Insight累计销售量突破10万辆，占其全部电动汽车销量的1/3以上。

美国的混合动力电动汽车开发与应用是在PNGV计划期间开始的，由美国能源部与当时的通用、福特及克莱斯勒三大汽车公司合作。早在1990年，汽车公司已经成功开发出了纯电动轿车EV1。在纯电动汽车受限于电池等技术以及日本混合动力电动汽车市场竞争双重压力下，通用汽车公司以EV1为基础，于1998年开发出了EV1型混合动力电动汽车。福特汽车公司和克莱斯勒汽车公司也致力于混合动力电动汽车的研发。福特汽车公司较成功的混合动力车型主要有Escape、Edge和Fusion等。克莱斯勒汽车公司较成功的混合动力车型主要有 Aspen 和道奇 Durango 等。欧洲的混合动力电动汽车研发则主要在德国和法国。奥迪、宝马、雷诺及 PSA 集团都开发了混合动力车型。

我国混合动力电动汽车的研发与竞争也是空前激烈。除合资公司相继引进国外相应的混合动力车型外，在国家"863"计划电动汽车重大专项的资助和企业的推动下，我国各汽车公司都在开发自主品牌的混合动力电动汽车。较为成功的混合动力品牌主要有东风汽车公司的 EQ6123HEV 混合动力客车、福田汽车公司的欧 V 混合动力客车、比亚迪汽车公司的 F3DM 和 F6DM 以及宋 DM 双模电动轿车、上海汽车集团股份有限公司的荣威混合动力轿车、奇瑞汽车股份有限公司的 A5 混合动力电动汽车、长安汽车股份有限公司的杰勋混合动力电动汽车、吉利帝豪 PHEV 等。

（3）燃料电池电动汽车

燃料电池电动汽车是一种采用燃料电池的电动汽车。燃料电池通过电化学过程直接将燃料（氢、甲醇、汽油等）转换为电能，是继内燃机之后的汽车最佳动力源之一。多年来，燃料电池电动汽车作为最具有实际意义的纯绿色环保车受到了人们的广泛关注。国外最早出现燃料电池电动汽车的时间可以追溯到 20 世纪 60 年代。美国通用汽车公司在 1968 年生产出了世界上第一辆以燃料电池为电源的电动汽车。该燃料电池电动汽车由厢式货车改装而成，装载了最大功率为 150 kW 的燃料电池系统，燃料采用低温冷藏的液态氢，汽车的续驶里程达到了 200 km。由于复杂的燃料电池结构庞大，几乎占去了车内所有的空间，加上当时人们的环境保护意识远不如现在深刻，能源供需矛盾也没有像现在这样突出，故未继续进行该燃料电池电动汽车的后续开发工作。

20 世纪 90 年代，燃料电池电动汽车技术开始受到人们空前的关注。这是因为燃料电池电动汽车的低排放和高效的燃料利用率，对解决汽车环境污染和缓解能源短缺问题十分有效。世界上主要汽车生产大国的政府和各大汽车制造商纷纷制定相关的政策，投入大量的人力和物力研究和开发燃料电池电动汽车，并取得了一系列的成果。

1993 年，加拿大 Ballard 公司研制出了以质子交换膜燃料电池为动力的燃料电池公共汽车。其燃料电池的功率为 105 kW，可载客 20 人。1994 年，当时的克莱斯勒公司推出了 NE-CAR I（New Electric Car I）燃料电池轿车。该车采用 Ballard 公司生产的质子交换膜燃料电池组，功率达 50 kW，所用燃料为压缩氢气。1999 年，重组后的戴姆勒-克莱斯勒公司研制出了第四代燃料电池车 VECAR4，这种 5 座轿车最高车速可达 145 km/h。美国通用汽车公司于 2000 年成功推出了"氢动一号"氢燃料电动汽车。该车采用液态氢为燃料，最高车速可达 140 km/h，一次加氢续驶里程为 400 km。"氢动一号"的诞生标志着燃料电池电动汽车已经从研制向批量化生产迈出了重要一步。2001 年，日本丰田汽车公司推出了 FCHV-3 运动型多功能汽车。该车采用燃料电池+蓄电池的混合动力驱动形式，燃料电池由丰田公司开发，功率为 90 kW，蓄电池采用镍氢电池。2001 年 6 月，丰田汽车公司又推出了 FCHV-4 型燃料电池电动汽车，动力驱动形式与 FCHV-3 一样，采用高压氢为燃料，电机为 80 型永磁同步电机，一次充氢可行驶 250 km 以上。2002 年，美国通用汽车公司又推出了 Hy-wire 燃料电池电动汽车。该车燃料电池的功率为 94 kW（连续）和 129 kW（峰值），工作电压为 125～200 V，最高车速达 160 km/h。

在燃料电池电动汽车领域，我国与国外的差距并不大，也早已开展了富有成效的燃料电池及燃料电池电动汽车的研究。1998 年，清华大学与北京世纪富源燃料电池有限公司合作研制出我国第一辆 PEM-FC 型 8 座小型电动汽车。该车装用 5 kW 燃料电池，车速为 20 km/h，一次加氢可行驶 80 km。2008 年奥运期间，我国自主研发的 20 辆氢燃料电池轿车完成了首次规模化示范运行，用我们自己的燃料电池电动汽车组成的绿色环保车队接送参赛人员。上海汽车集团股份有限公司、同济大学等单位研究开发了三代"超越"系列燃料电池轿车动力系统平台和示范样车。北京清能华通科技发展有限公司与清华大学等共同研发出了"清能 1 号"燃料电池城市客车。一汽、东风、长安、奇瑞等汽车公司也竞相开发出了混合动力性能样车。这些均表明我国也同样十分关注燃料电池电动汽车，并且燃料电池电动汽车技术水平也已接近或达到国外先进水平。由于燃料电池电动汽车的价格高，再加上其安全、高效的储氢和运氢等还存在着问题，所以燃料电池电动汽车的产业化尚需时日。

1.3.3 电动汽车发展展望与关键技术

电动汽车经过 30 多年的飞速发展，其自身技术日渐成熟，产品质量和性能日益完善，已经跨入产业化、商业化的行列，电动汽车在整个运行汽车中的比例正逐步扩大。此外，各种高新技术的应用也赋予了电动汽车新的生命力，呈现出广阔的发展前景。

1. 电动汽车的发展前景

电动汽车发展至今，已经改变了内燃机汽车一统天下的局面。为推动电动汽车的产业化，国家财政部、科学技术部将新能源汽车示范城市扩大为北京、上海、重庆等 13 个城市。根据汽车产业中长期发展规划和行业共识，未来 15 年汽车电动化将加速发展，市场占有量将快速提升。预计 2025 年，新能源汽车保有量超过 2500 万辆，销量占比为 15%～25%；2030 年保有量超 8000 万台，销量占比为 30%～40%；2035 年保有量超 1.6 亿辆，销量占比为 50%～60%，纯电动汽车占比在 90%以上。

在纯电动、混合动力和燃料电池这三种电动汽车中，纯电动汽车和燃料电池电动汽车均有关键的难题在短期内不能得到很好的解决，而混合动力电动汽车作为向纯电动汽车的一种过渡，得到了较快的发展，也是目前产业化率较高的电动汽车。但是，混合动力电动汽车通常使用内燃机作为汽车动力源之一，不能实现零排放，且仍然需要消耗石油资源，因此混合动力电动汽车不可能是长期发展的目标。

实际上，美国、日本等汽车工业发达国家早已将纯电动汽车和燃料电池电动汽车作为产业化的重点。在 2010 年中国国际新能源汽车发展高峰论坛上，领导和专家较为一致的观点是：新能源汽车是指采用新型动力系统，主要或全部使用新型能源的汽车。据此，新能源汽车主要包括纯电动汽车、插电式混合动力电动汽车和燃料电池电动汽车，而普通混合动力电动汽车已不算新能源汽车。国家财政部、科学技术部、工业和信息化部、发展和改革委员会联合印发的《关于开展私人购买新能源汽车补贴试点的通知》，也仅补贴纯电动汽车和插电式混合动力电动汽车。这些均表明了我国电动汽车的发展方向，即以纯电动汽车作为我国汽车工业转型的主要战略趋向，重点推进纯电动汽车、插电式混合动力电动汽车的产业化，同时继续开展燃料电池技术的研究。

普通混合动力电动汽车只是一种节能减排型汽车，中期发展插电式混合动力电动汽车已经成为业界的共识。插电式混合动力电动汽车通常配备一台功率较小的内燃机，在城市街道行驶时通常采用纯电动，而发动机只是用于带动发电机对蓄电池进行充电，以增加电动汽车的续驶里程（故也被称为增程式电动汽车），当车辆长途行驶时才进入混合动力模式。由于这种混合动力电动汽车的小功率发动机可持续在最佳状态下运行，油耗和排气污染都很低，加之配用的蓄电池容量可比纯电动汽车小 30%左右，因此插电式混合动力电动汽车在今后一段时间里还将得到发展。电动汽车的发展趋势已越来越清晰，即纯电动汽车和燃料电池电动汽车是未来电动汽车的发展方向。

2. 电动汽车的关键技术

电动汽车要向前发展，还面临许多需要解决的关键问题，如车载电源、电机驱动与控制技术、能量管理系统、电动汽车系统优化等问题。

（1）车载电源

目前，任何一种蓄电池都不可能同时满足对比能量、比功率和价格的要求。在不久的将来，锂基电池如锂离子电池和锂聚合物电池在现代电动汽车中的应用将会有很好的前景；超级电容器和超高速飞轮由于其高的比功率将也有希望用于电动汽车；燃料电池能从根本上解决电动汽车续驶里程短的问题，被公认为是目前电动汽车最重要的能源之一。但锂电池虽有较高的比能量，其比功率却较低；而超级电容器和超高速飞轮虽具有较高比功率，但其能量密度很低。因此，为了满足电动汽车的应用需求，可采用多能源系统即混合动力系统提供动力。对于采用两个能量源的混合动力系统，可以选用一个能量源具有高的比能量，而另一个具有高的比功率。有蓄电池和蓄电池相结合的混合动力，也有采用蓄电池和超级电容器、蓄电池和超高速飞轮以及燃料电池和蓄电池相结合的混合动力。内燃机和蓄电池结合是混合动力系统的一种特例，其中燃油的高比能量能保证汽车足够长的行驶里程，而蓄电池的高比功率有利于提高汽车的加速性能并减少废气排放。

（2）电机驱动与控制技术

电机驱动与控制系统是将电源的电能转换为机械能，并通过传动机构驱动车轮转动。电机及其控制器的性能高低对电动汽车的动力性和经济性均有较大的影响。对电动汽车电机及控制器的基本要求是：起动转矩大且具有较宽的恒功率范围；功率密度高；具有较大的转速范围（足以覆盖恒转矩区和恒功率区）；具有快速的转矩响应特性；在转矩/转速特性的较宽范围内具有高的效率；再生制动时的能量回收效率高；在各种工作环境下的工作可靠性好，且工作噪声小；结构尺寸小，质量小，成本低。20世纪80年代后期和90年代，转差频率控制、矢量控制、直接转矩控制等交流电机的调速技术日趋成熟，交流电机驱动系统在电动汽车上的应用逐渐增多。近年来，开关磁阻电机驱动系统开始在电动汽车中应用。开关磁阻电机具有效率高、动态响应好、高起动转矩和低起动功率等特点，但在降低噪声和转矩波动、电机模型和控制技术等方面还需进一步的探索。研发更高效的电机，匹配最优化的控制技术，使电动汽车的电驱动系统能达到最理想的工作状态，也是电动汽车发展过程中必须解决的关键技术之一。

（3）电动汽车能量管理系统

电动汽车能量管理系统的作用是充分地发挥电动汽车有限的车载能量，延长电动汽车的续驶里程和蓄电的使用寿命。因此，要求电动汽车能量管理系统所具有的功能主要有：对蓄电池组的电压与电流进行监测；能对蓄电池的终止充放电进行控制；对蓄电池组中单格蓄电池状态进行监测，并能进行蓄电池均衡充电控制；能在减速与制动时进行能量回收控制等。由于准确可靠的蓄电池模型的建立、蓄电池荷电状态（SOC）参数的监测技术等还有待进一步提高，因此，研究并开发出一个最理想的电动汽车能量管理系统，也是今后电动汽车产业化进程中需要攻克的技术难题。

（4）电动汽车整车系统优化

电动汽车是一个涉及多学科技术的复杂系统，电动汽车的性能受多学科相关因素的影响，通过系统优化来改进电动汽车的性能和降低车辆的成本，是电动汽车研发的重要方向。计算机仿真是一项很重要的技术，它有利于制造商减少开发新产品的时间，降低成本，并能迅速进行概念评价。因此，利用计算机辅助技术进行电动汽车系统优化设计，是电动汽车系统设计的一个关键技术问题。

1.4 电动汽车驱动与控制系统

驱动与控制系统是电动汽车行驶过程中的主要执行机构，担负着将电能转变为机械能，并通过传动装置将能量传递到车轮进而驱动车辆按照人的意志行驶的重任。电动汽车的整个驱动系统包括电驱动系统与机械传动机构两个部分。电动汽车的驱动电机、功率变换器和控制单元是电驱动系统的关键部件。电动汽车所使用的电机通常具备电动、发电两项功能，要求能够频繁地起动/停车、加速/减速，低速爬坡时要求高转矩，高速行驶时要求低转矩，并且要求变速范围大。功率变换器按所选电机类型，可以采用直流功率变换器、交流功率变换器等，其作用是将电池直流电转换成电机的驱动电流和电压，而电机的控制系统主要用于调节电机运行状态，以满足整车运行要求。

1. 电动汽车驱动电机

驱动电机是电动汽车的动力源，其性能的好坏直接决定了电动汽车动力性能的好坏。直流电机技术成熟、控制简单，早期的电动汽车较多采用直流电机作为驱动电机，但由于直流电机电刷和换向器的存在，导致过载能力不强，而且难以实现较高的转速。因此，在新开发的电动汽车动力总成中，除了部分固定场地车、高尔夫球场车还在继续采用直流电机作驱动电机以外，家用轿车和大巴车等乘用车已基本上不再采用直流电机作为驱动电机。永磁同步电机结构简单，比功率高，效率高，控制精度也较高，是电动汽车驱动电机的理想选择。但永磁同步电机成本较高，控制也相对复杂，目前比亚迪、北汽新能源、吉利帝豪等多采用永磁同步电机作为电动汽车的驱动电机。开关磁阻电机结构简单、控制灵活、调速范围宽，但这类电机转矩脉动大，必须通过增加相应的滤波处理器件（如大电容），这将增大驱动控制器的体积。所以，除了在部分科研项目、少量实验试制样车外，开关磁阻电机也还未见到量产的产品。交流异步电机结构简单，成本低廉，可靠性高，维护简单，实用性强，但控制相对复杂，随着近年来矢量控制理论的发展与进步，针对异步电机的各种控制算法应运而生，从理论上解决了异步电机的控制难题；同时，IGBT 等功率器件的广泛应用大幅降低了使用成本，DSP 和 ARM 等控制芯片的快速发展，为异步电机的复杂控制创造了有利条件。目前，交流异步电机在特斯拉 Model S/Model Y、蔚来 ES8、江铃 E200 等车型中有一定的应用。

2. 电动汽车功率变换器

电动汽车功率变换器是连接动力电池和驱动电机的纽带，负责将电池输出的直流电变换成适宜驱动电机运行的电能。电动汽车功率变换系统中，利用不同的控制技术与功率器件配合，来达到向驱动电机提供不同极性、不同电压、不同相序、不同频率的供电电压的目的，实现对驱动电机驱动转矩和转速的控制，从而完成电动汽车的起动、巡航、转向和停车等行驶过程。功率半导体器件是实现电能变换的载体，目前电动汽车中常用的功率器件有 IGBT、GTO、MOSFET、BJT 等。尤其是 IGBT 的性能较为优越，它集合了 BJT 和 MOSFET 的特点，工作频率高达 10~20kHz，同时 IGBT 的门极驱动功率低、导通电流密度大、电压阻断峰值高。基于上述优点，近年来功率器件 IGBT 已经被广泛应用于电动汽车驱动控制器中。

3. 电动汽车驱动控制单元

电动汽车驱动控制单元是电动汽车驱动系统稳定、安全、可靠运行的基础，主要由微处理器和控制算法组成。在实际应用中，电动汽车驱动控制单元应根据性能要求和算法的复杂程度，选择合适的微处理器，较为简单的有单片机，复杂的可选用 DSP 控制器，最新出现的电机驱动专用芯片可以满足一些辅助系统电机控制的需求。近年来，随着电机及驱动系统的发展，电动汽车驱动控制单元趋于智能化和数字化。变结构控制、自适应控制、模糊控制、神经网络、专家系统、遗传算法等非线性智能控制技术，都将各自或结合用于电动汽车的驱动控制系统。这些技术或不需要精确建模，或善于处理非线性问题，它们的应用将使系统结构简单、响应迅速、抗干扰能力强、参数变化具有鲁棒性，可大大提高整个驱动系统的性能。

虽然目前我国电动汽车驱动控制系统新技术层出不穷，在某些关键技术上也取得了突破，并初步实现了电动汽车的商用化。但相较于国外而言，我国电动汽车的研发还存在诸多短板，特别是在驱动控制领域，以驱动电机和控制算法为代表的核心技术受制于人，制约了我国电动汽车产业的长远发展。因此，深入系统地研究电动汽车驱动控制系统的基础理论，研发或完善能同时满足车辆行驶过程中的各项性能要求，并具有坚固耐用、造价低、效能高等特点的电动汽车驱动系统显得极其重要，是提高电动汽车性价比，使其尽快普及应用，从而做好节能减排工作的有效途径，也是实现我国汽车产业弯道超车的重要技术保障。

1.5 本章小结

在能源危机和环境污染的双重压力下，发展能源利用率高、污染排放量低的电动汽车已成为各国政府、学术界和企业界的共识。本章首先对发展电动汽车的背景及意义进行了系统阐述。进而，根据电动汽车行驶动力来源的不同，分别对纯电动汽车、混合动力汽车和燃料电池汽车三种类型的电动汽车进行了介绍。在此基础上，对电动汽车的发展历史、发展现状及发展前景进行了详细总结。最后，对电动汽车的驱动与控制系统进行了简要介绍。

习题

1. 为什么要发展电动汽车？相比传统燃油汽车，电动汽车的优势有哪些？
2. 什么是电动汽车？目前主要分为哪几类？各自特点是什么？
3. 简述电动汽车的发展历史。
4. 电动汽车发展过程中面临的关键技术有哪些？
5. 简述电动汽车驱动控制系统的构成及各部分的功能。

第2章　电动汽车基本结构与工作原理

电动汽车沿袭了传统燃油汽车的基本结构，但在驱动系统和能源系统上两者有较为明显的区别。传统的燃油汽车采用内燃机驱动，用液态的汽油或柴油等化石燃料作为能源；而电动汽车采用电机驱动，用动力电池、燃料电池、超级电容或高速飞轮作为相应的能源。与传统燃油汽车相比，电动汽车取消了发动机和油箱，增加了电源系统、电力电子驱动控制系统、驱动电机系统等模块，底盘上的传动机构也发生了相应的改变。由于采用电能作为动力传输，电动汽车的结构布置更为灵活，导致其在工作原理上与传统燃油汽车有较大的差别。本章对电动汽车的基本结构和工作原理进行介绍。首先，对电动汽车的组成和结构进行介绍。在此基础上，分析电动汽车驱动系统的形式及特点。进而，从受力分析角度出发，建立电动汽车的运动方程，并介绍电动汽车的几个关键性能指标。最后，对电动汽车研发中常用的几种典型工况进行说明。

2.1　电动汽车的构成

电动汽车的组成结构如图2-1所示，主要包括三部分：电力电子驱动子系统、能量子系统和辅助子系统。其中，电力电子驱动子系统由电子控制器、功率变换器、驱动电机、机械传动装置和车轮组成，其作用是将电能转换成机械能，驱动电动汽车行驶；能量子系统是电动汽车行驶的能量来源，主要由能量管理系统、能量源和充电单元组成；辅助子系统主要由辅助动力源、动力转向单元、驾驶室显示操纵台和其他辅助装置组成。

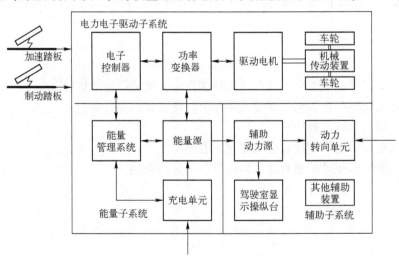

图2-1　电动汽车的组成结构

电动汽车行驶过程中，来自加速踏板的信号输入电子控制器，通过控制功率变换器功率装置的通断来调节驱动电机与能量源（动力电池）之间的功率流，实现对电机输出转矩或转速的调节，进而通过传动系统驱动车轮转动。电动汽车行驶时，能量源经功率变换器向电机供电；制动时，驱动电机运行在发电状态，将汽车的部分动能回馈给能量源对其充电，从而延长电动汽车的续驶里程。

2.1.1 电力电子驱动子系统

电力电子驱动子系统主要由电子控制器、功率变换器、驱动电机、机械传动装置和车轮等组成。电子控制器不仅是电力驱动主模块的控制中心，也起着对电动汽车的整车控制进行调节的作用。它根据加速踏板与制动踏板的输入信号，向功率变换器发出相应的控制指令，对电机进行起动、加速、减速以及制动控制。功率变换器与电机必须配套使用，目前对电机的调速主要采用调压、调频等方式实现。当前，电动汽车上应用较广泛的是电力晶体管（如 GTO、BTR、IGBT、MOSFET 等）斩波调速，电子控制器发出相应的控制指令来控制功率变换器的电力晶体管通断，从而可以均匀地改变电动汽车驱动电机的端电压和相电流，从而实现电机的无级调速。当采用直流电机驱动时，可以通过直流转换器进行调压调速控制；当采用交流异步电机驱动时，可通过交流转换器进行调频调压矢量控制。

功率变换器是电力电子驱动子系统的核心部件，它的功能是调节电机和电源之间的功率流，一般包括 DC/DC 转换和 DC/AC 转换。DC/DC 转换器能把动力电池的直流电压转换为可变的直流电压，并将制动过程中电机产生的再生能量进行反向转换。DC/AC 转换器用于交流电机驱动系统，它将动力电池的直流电转换为频率和电压均可调的交流电。

机械传动装置的作用是将驱动电机的驱动转矩传递给电动汽车的驱动轴。由于电机可以带负载起动，所以电动汽车上无须安装传统内燃机汽车的离合器。另外，由于驱动电机的转向可以通过电子控制器的电路控制实现变换，因此电动汽车无须内燃机汽车变速器中的倒档装置。当采用电机无级调速控制时，电动汽车可以省去传统汽车的变速器。在采用电动轮驱动时，电动汽车也可以省去传统内燃机汽车传动系统的差速器。由此可见，相较于传统燃油汽车，电动汽车的机械传动装置大为简化。

2.1.2 能量子系统

能量子系统是驱动电机的动力来源，驱动电机将能量源（动力电池）中存储的电能转化为机械能，再通过传动装置驱动车轮行驶。能量子系统中的能量管理系统和电子控制器一起控制再生制动及其制动能量的回收，能量管理系统和充电单元一同控制动力电池的充电并监测电源的使用情况。动力电池是目前制约电动汽车发展的主要因素，电动汽车的动力电池应该具有高比能量和高比功率等性能，以满足其动力性和续驶里程的要求。除此之外，还应具长寿命、高效率、低成本和免维护等特点。目前，电动汽车动力电池主要有铅酸电池、钠硫电池、镍铬电池、镍氢电池、锂电池、燃料电池、飞轮电池等。蓄电池在车上安装前需要通过串并联的方式组合成所要求的电压（一般为 12 V 或 24 V 的低压电源），而电机驱动一般要求为高压电源，并且所采用的电机类型不同，其要求的电压等级也不同。为满足该要求，可以用多个 12 V 或 24 V 的蓄电池串联成 96~384 V 高压直流电池组，再通过 DC/DC 或 DC/AC 转换器供给电机所需的不同电压。

能量管理系统主要负责监测动力电池的使用情况以及控制电动汽车再生制动过程中向动力电池充电。为保证动力电池性能的稳定性，延长其使用寿命，需要实时监控电源的使用情况，对动力电池的温度、电解液浓度、内阻、端电压、剩余电量、放电时间、放电电流或放电深度等状态参数进行检测，并按动力电池对环境温度的要求进行调温控制，通过限流控制避免动力电池过度充/放电，对有关参数进行显示和报警，其信号流向辅助子系统的驾驶室显示操纵台，以便驾驶员随时掌握并配合其操作，按需要及时对动力电池充电并进行维护保养。

充电单元主要将来自电网的交流电压转化为直流电压，并在能量管理系统的控制下完成电池的充电工作。能量单元开始时为恒流充电阶段，当电池电压上升到一定值时，充电器进入恒压充电阶段，输出电压维持在相应值，充电器进入恒压充电阶段后，电流逐渐减小。当充电电流减小到一定值时，充电器进入涓流充电阶段。此外，为便于电动汽车在短时间内完成充电过程，还可以采用脉冲式电流对其进行快速充电。

2.1.3 辅助子系统

辅助子系统包括辅助动力源、动力转向单元、驾驶室显示操纵台和其他辅助装置等。各个装置的功能与传统汽车基本相同，其结构原理根据电动汽车的特点和需求的不同有所区别。辅助动力源系统供给电动汽车辅助系统不同等级的电压并提供必要的动力，一般为12 V或24 V的直流低压电源，主要给动力转向、制动力调节控制、照明、空调、电动窗门等各种辅助装置提供其所需的能源。动力转向单元是为实现汽车的转弯而设置的，它由方向盘、转向器、转向机构与转向轮等组成。作用在方向盘上的控制力，通过转向器和转向机构使转向轮偏转一定的角度，实现汽车的转向。驾驶室显示操纵台类似于传统汽车驾驶室的仪表盘，不过其功能根据电动汽车驱动系统的特点有所增减，其信息指示更多地选用数字或液晶屏幕显示。辅助装置主要有照明、各种声光信号装置、车载音响设备、空调、刮水器、风窗除霜清洗器、电动门窗、电控玻璃升降器、电控后视镜调节器、电动座椅调节器、车身安全防护装置控制器等。它们主要是为提高汽车的操控性、舒适性、安全性而设置的，有些是必要的，有些是可选的。

2.2 电动汽车的驱动形式

相较于传统燃油汽车，电动汽车的驱动系统布置形式更为灵活。按照机械传动方式的不同，电动汽车驱动系统主要有传统机械驱动方式、电机-驱动桥组合式、电机-驱动桥整体式以及轮毂电机分散式4种基本结构形式。

2.2.1 传统机械驱动方式

传统机械驱动方式是指在电动汽车中，电机通过机械方式驱动汽车行驶。这一驱动方式保留了传统燃油汽车的基本结构，只是用电机替换了传统汽车的内燃机，其驱动系统的整体结构与传统燃油汽车的差异很小。图2-2所示为这种驱动方式的结构原理：功率变换器根据电子控制器的指令将动力电池输出的电能转化成适当电压/频率的电能驱动电机旋转，电机输出转矩经过离合器传递到变速器，利用变速器进行减速增扭后，经传动轴传递到主减速器，然后经过差速器的差速作用，由半轴将动力传输至驱动轮驱动汽车行驶。

传统机械驱动方式的工作原理类似于传统汽车，离合器用来接通或在必要时切断驱动电机到车轮之间的动力传递；变速器是一套能够提供不同速比的齿轮机构，驾驶员按照驾驶需要选择不同的档位来达到减速增扭的目的，使电动汽车在低速时获得大转矩，而高速时获得小转矩；驱动桥内的机械式差速器可以实现电动汽车转弯时左右车轮以不同的转速行驶。这种构型保留了传统汽车的变速器、传动轴、后桥和半轴等传动部件，省去了较多的设计工作，控制也相对容易实现，适于在原有传统汽车上进行改造。但是，由于电机至驱动轮之间的传动链较长，所以它的传动效率也相对较低，无法充分发挥电机效率高的优势，但有利于研发人员集中精力进行电机及其控制系统的开发，所以早期的电动汽车开发常采用这种驱动方式。

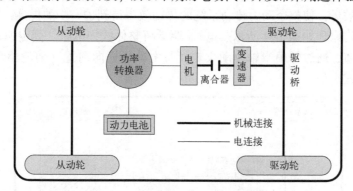

图2-2　传统机械驱动方式的结构原理

2.2.2　电机-驱动桥组合式

在传统机械驱动方式的结构基础上，结合驱动电机的特点，可对电动汽车的驱动系统进行简化，得到电机-驱动桥组合式构型，如图2-3所示。同传统机械驱动方式相比，这一构型采用一个固定速比的减速器代替离合器和变速器，使传动系统更加简化，传动效率得以提高，同时还使整车机械系统的质量和体积得以缩小，有利于整车布置。另外，减速器的使用还能够改善电动汽车行驶时电机工作点的分布，从而提高电机利用效率。这种驱动形式在驱动电机端盖的输出轴处加装主减速器和差速器，使电机、固定速比减速器、差速器一起组合成一个驱动整体，通过固定速比的减速作用来放大驱动电机的输出转矩。

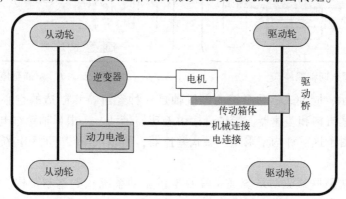

图2-3　电机-驱动桥组合式的结构原理

电动汽车的驱动电机具有比较宽的调速范围，并且电机的输出特性曲线与车辆行驶时所要求的理想驱动特性曲线比较接近，采用电机-驱动桥组合驱动布置方式能够充分利用驱动电机的这一优点。这一构型的传动系统采用固定速比的减速器、差速器和半轴等较少的机械传动零部件来传递电机的驱动转矩，使动力传动系统得到简化，能够有效扩大汽车动力电池的布置空间和汽车的乘坐空间。除此之外，此构型还具有良好的通用性和互换性，便于在传统汽车底盘上安装、使用，维修也较方便。但这种布置形式对驱动电机的调速要求比较高，与传统机械驱动方式相比，此构型要求电机在较窄速度范围内能够提供较大转矩。

2.2.3 电机-驱动桥整体式

同电机-驱动桥组合式相比，电机-驱动桥整体式驱动系统进一步减少了动力传动系统的机械传动元件数量，使整个动力传动系统的传动效率得到进一步的提高，同时可以节省更多的空间，其结构原理如图2-4所示。电机-驱动桥整体式把电机、固定速比减速器和差速器集成为一个整体，通过两根半轴驱动车轮，与发动机横向前置（前轮驱动）的传统内燃机汽车的布置方式类似。

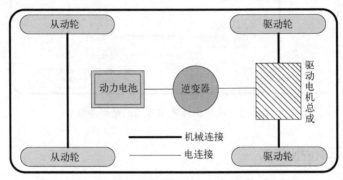

图2-4 电机-驱动桥整体式的结构原理

根据电机同驱动半轴的连接方式不同，电机-驱动桥整体式驱动系统布置形式有同轴整体式和双联整体式两种，如图2-5和图2-6所示。

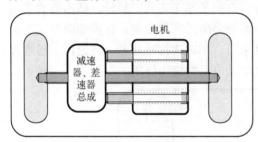

图2-5 同轴整体式

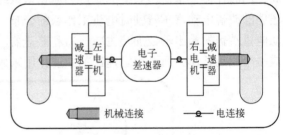

图2-6 双联整体式

如图2-5所示，同轴式驱动系统的电机轴是一种经过特殊制造的空心轴，在电机一端输出轴处装有减速机构和差速器。半轴直接由差速器带动，一根半轴穿过电机的空心轴驱动另一端的车轮。由于这一种构型采用机械式差速器，所以汽车转弯时和传统汽车类似，其控制比较简单。

图2-6所示为双联式驱动系统（又称双电机驱动系统）的基本结构。这一构型取消了机械差速器，在左右两台电机中间安装有电子差速器，利用电子差速实现汽车的换向，每台驱动电机的转速可以独立地调节控制。但与同轴式驱动系统相比，在不同条件下对两台驱动电机进行精确控制的可靠性还有待进一步提高。

电机-驱动桥整体式构型，已不再是在传统汽车驱动系统上进行改动，其结构与传统汽车存在很大差异，已形成了电动汽车所独有的驱动系统布置形式。这一构型便于采用电子集中控制，使电动汽车网络化和自动化控制的实现成为可能。

2.2.4 轮毂电机分散式

在电机-驱动桥整体式基础上，对机械驱动系统进行进一步简化，便可得到轮毂电机分散式构型。如图 2-7 所示，这一驱动方式就是把驱动电机安装在电动汽车的车轮轮毂中，电机输出转矩直接带动驱动轮旋转，从而驱动电动汽车行驶。这种布置方式把电机-驱动桥整体驱动布置方式中的半轴也取消掉了，其结构更为简洁、紧凑，整车质量更小。同传统汽车相比，轮毂电机分散式电动汽车把传统汽车的机械动力传动系统所占空间完全释放出来，使动力电池、行李箱等有足够的布置空间。同时，它还可以对每台驱动电机进行独立控制，有利于提高车辆的转向灵活性和主动安全性，可以充分利用路面的附着力，便于引进电子控制技术。采用轮毂电机分散式的动力系统必须要解决的问题是如何保证车辆行驶的方向稳定性，同时动力系统的驱动电机及其减速装置必须能够布置在有限的车轮空间内，要求该驱动电机体积较小。

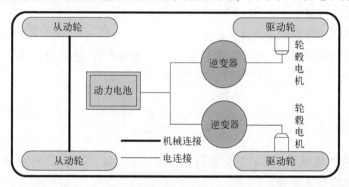

图 2-7 轮毂电机分散式的结构原理

轮毂电机分散式电动汽车是当前的一大研究热点，但是这一构型并不是近年才出现的。早在 1900 年，保时捷公司就研制了名为洛纳德的前轮驱动双座电动汽车，该车的两个前轮就装有轮毂电机。后来，由于内燃机汽车在续驶里程、动力性等方面都明显优于电动汽车，所以内燃机汽车成为主流，而电动汽车则在很大程度上放缓了发展的脚步，轮毂电机电动汽车也没有继续研发下去。近年来，随着电动汽车的再次兴起，国内众多汽车生产厂商、高校、研究院等对轮毂电机分散式电动汽车进行了大量的研究。香港中文大学开发了四轮驱动/四轮转向的多方向运动车，通过控制四个车轮的驱动和转向实现了原地转向和横向移动。吉林大学仿真与控制国家重点实验室开发了全线控四轮轮毂电机独立驱动电动汽车。上海交通大学、哈尔滨工业大学、武汉理工大学等高校在轮毂电机和电驱动轮开发与产品化方面也进行了大量研究工作。

目前，日产的 FEV、福特的 Ecostar 都采用了轮毂电机分散布置方式，通用公司也称将在它的电动汽车和混合动力电动汽车上采用这样的布置方式。轮毂电机分散式是未来电动汽车驱动系统布置方式的发展趋势。

2.3 电动汽车的基本原理

电动汽车是指以车载电源为动力，用电机驱动车轮行驶，符合道路交通、安全法规各项要求的车辆。电动汽车与传统汽车在总体结构上类似，但电动汽车在驱动系统、工作原理上有较大的差别，有必要对其进行说明。

2.3.1 电动汽车受力分析

以纯电动汽车为例，分析车轮在行驶过程中的受力情况。如图 2-8 所示，电动汽车行驶过程中的运动特性，取决于其前进方向上的合力，行驶过程中所受到的力主要分为牵引力 F_t 和总阻力 F_r（包括加速阻力 F_j）两种。

当电动汽车处于静止或匀速行驶状态时，其行驶方程可以表示为

$$F_t = F_r \qquad (2-1)$$

当电动汽车加速行驶时，加速度可表示为

$$\frac{\mathrm{d}v}{\mathrm{d}t} = \frac{F_t - F_r}{\delta M} \qquad (2-2)$$

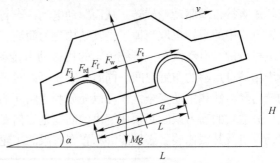

图 2-8 车辆受力分析

式中，v 为电动汽车速度（km/h）；δ 为车辆动力系统中表征旋转组件效应的质量系数；M 为车辆的总质量。该式表明电动汽车的速度和加速度取决于牵引力、阻力和车辆的质量。

牵引力 F_t 为

$$F_t = \frac{\eta_T i_g i_0 T_{tp}}{r_d} \qquad (2-3)$$

式中，η_T 为传动系的机械效率；i_g 为变速器的传动比；i_0 为主减速器的传动比；T_{tp} 为电机输出转矩；r_d 为车轮的有效半径。

总阻力 F_r 主要包含车轮的滚动阻力 F_f、空气阻力 F_w、爬坡时的坡度阻力 F_{rd}（即重力在电动汽车行驶方向上的分力）和行驶过程中的加速阻力 F_j。由此，可得到电动汽车行驶阻力合力方程为

$$F_r = F_f + F_w + F_{rd} + F_j \qquad (2-4)$$

（1）滚动阻力 F_f

如图 2-9 所示，电动汽车在行驶过程中，轮胎与地面接触的区域产生的相互作用力，使得轮胎和路面都产生一定的变形。一般情况下，路面变形很小，轮胎的变形则比较明显。受轮胎变形的影响，其内部材料分子产生相互摩擦，使得轮胎产生了弹性迟滞损失，导致地面对轮胎的作用力的分布往前偏移。车轮的滚动阻力为

$$F_f = P f_r \qquad (2-5)$$

式中，f_r 为滚动阻力系数；P 为作用于滚动车轮中心的铅垂方向的载荷。

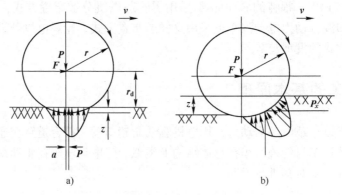

图 2-9 不同路面轮胎的变形和受力情况

a）硬路面上轮胎变形与滚动阻力　b）软路面上轮胎变形与滚动阻力

如果此时车轮在坡上行驶，车轮的滚动阻力为

$$F_f = P f_r \cos\alpha \qquad (2\text{-}6)$$

式中，α 为坡路的倾斜角。

滚动阻力系数 f_r 取决于轮胎材料、轮胎结构、轮胎温度、轮胎充气压力、外轮胎面的几何形状、路面粗糙程度、路面材料以及路面上有无液体等因素，它对应于各种不同特征路面的典型值列于表 2-1。近年来，研究人员已开发出用于轿车的低阻力轮胎，其滚动阻力系数小于 0.01。

表 2-1　滚动阻力系数

路面状况	滚动阻力系数	路面状况	滚动阻力系数
良好的沥青或混凝土路面	0.010~0.018	泥泞土路（雨季或解冻期）	0.100~0.250
一般的沥青或混凝土路面	0.018~0.020	干砂	0.100~0.300
碎石路	0.020~0.030	湿砂	0.060~0.150
良好的卵石路面	0.035~0.050	结冰路面	0.015~0.030
压紧土路（干燥） 压紧土路（雨后）	0.025~0.035 0.050~0.150	压紧的雪道	0.030~0.050

表 2-1 中，滚动阻力系数的大小没有考虑轮胎与车速之间的变化关系。实际上，行驶车速对滚动阻力系数有很大影响。在车辆性能计算中，为了便于分析，可认为滚动阻力系数是速度的线性函数。对于在混凝土路面上行驶的电动汽车，可采用如下适合于一般充气压力范围的计算公式：

$$f_r = 0.01 \times \left(1 + \frac{v}{100}\right) \qquad (2\text{-}7)$$

（2）空气阻力 F_w

空气阻力是指电动汽车在行驶过程中，空气动力作用在车辆行驶方向上的分力。通常，空气阻力是车速 v、车辆迎风正面的面积 A_f、空气密度 ρ 和车辆形状的函数，可定义为

$$F_w = \frac{1}{2}\rho A_f C_D (v + v_w)^2 \qquad (2\text{-}8)$$

式中，C_D 为表示车辆形状特征的空气阻力系数；v_w 为车辆运行方向上的风速分量，当它取向与车速方向相反时为正值，而与车速方向相同时则为负值。

从式（2-8）可以看出，空气阻力与 C_D 及 A_f 成正比。车辆迎风正面的面积 A_f 受车内空间限制不宜变小，所以减小 C_D 是降低空气阻力的主要手段。20 世纪 50~70 年代初，轿车的 C_D 维持在 0.4~0.6 之间，到 20 世纪 90 年代已降到 0.3 左右。典型汽车的空气阻力系数和迎风面积相关数据见表 2-2。

表 2-2　典型汽车的空气阻力系数和迎风面积相关数据

车　型	迎风面积 A_f/m^2	空气阻力系数 C_D	$C_D A_f/\text{m}^2$	备　注
典型轿车 货车 客车	1.7~2.1 3~7 4~7	0.30~0.41 0.6~1.0 0.5~0.8		
吉尔 130 空车 载货用且篷布盖好 后面装有厢式车厢 油罐车	4 4.65 5.8 4	0.941 0.816 0.564 0.716	3.764 3.794 3.271 2.864	模型试验

车　　　型	迎风面积A_f/m^2	空气阻力系数C_D	C_DA_f/m^2	备　　注
菲亚特 Uno 70i. c.	1.81	0.30	0.546	
宝马 753i	2.11	0.33	0.696	
奥迪 100	2.05	0.30	0.615	"Motor Fan" 滑行试验，假设 f_r 为常数求得
本田雅阁 Ex2.0i-16	1.70	0.33	0.561	
雷克萨斯 LS 400	2.06	0.32	0.659	
奔驰 300SE/500SE	2.10	0.34	0.714	
桑塔纳 X15	1.89	0.425	0.803	

（3）爬坡坡度阻力F_{rd}

爬坡阻力一般指电动汽车上下坡时，其自身重量将产生一个始终指向下坡方向的分力F_g。这一分力阻碍上坡时向前的运动，即

$$F_g = Mg\sin\alpha \tag{2-9}$$

式中，α 为坡路的倾斜角。

轮胎的滚动阻力和爬坡阻力合称为爬坡坡度路面阻力，即

$$F_{rd} = F_f + F_g = Mg(f_r\cos\alpha + \sin\alpha) \tag{2-10}$$

当路面倾角比较小时，路面阻力可以简化为

$$F_{rd} = F_f + F_g = Mg\left(f_r + \frac{H}{L}\right) \tag{2-11}$$

令 $\psi = f_r + H/L$，ψ 为道路阻力系数，则路面阻力可以表示成

$$F_{rd} = Mg\psi \tag{2-12}$$

（4）加速阻力F_j

电动汽车加速行驶时，用来克服其加速运动时的惯性力，就是加速阻力。电动汽车的质量分为平移质量和旋转质量两部分，加速时不仅平移质量产生惯性力，旋转质量也要产生惯性力偶矩。为了便于计算，一般把旋转质量的惯性力偶矩转化为平移质量的惯性力，对于固定传动比的汽车，常以系数 δ 作为计入旋转质量惯性力偶矩后的汽车旋转质量换算系数，因而电动汽车的加速阻力可写为

$$F_j = \delta M\frac{dv}{dt} \tag{2-13}$$

式中，$\delta > 1$ 为电动汽车旋转质量换算系数；dv/dt 为其加速度。

电动汽车旋转质量换算系数 δ 主要与飞轮的转动惯量、车轮的转动惯量及传动系的传动比有关，计算公式如下：

$$\delta = 1 + \frac{1}{M}\frac{\sum I_w}{r_d^2} + \frac{1}{M}\frac{I_f i_g^2 i_0^2 \eta_r}{r_d^2} \tag{2-14}$$

式中，I_w 为车轮的转动惯量；I_f 为飞轮转动惯量；r_d 为车轮有效半径；i_g 为变速器传动比；i_0 为主减速器传动比。

2.3.2　电动汽车动力学方程

根据图 2-8 所示的电动汽车纵向受力情况，作用在车辆上的主要外力包括：前、后车轮的滚动阻力F_{rf}和F_{rr}（它们分别能够产生滚动阻力矩T_{rf}和T_{rr}）；空气阻力F_w；爬坡阻力F_{rd}；加速阻力F_j；分别作用于前、后车轮的牵引力F_{tf}和F_{tr}。对后轮驱动的车辆而言，F_{tf}为 0；而

对前轮驱动的车辆，则F_{tr}为 0。

电动汽车纵向运动的动力学方程可表示为

$$M\frac{\mathrm{d}v}{\mathrm{d}t}=(F_{tf}+F_{tr})-(F_{rf}+F_{rr}+F_w+F_{rd}) \tag{2-15}$$

式中，等号右边的第一个括号中是总牵引力，第二个括号中是总阻力；$\mathrm{d}v/\mathrm{d}t$ 为电动汽车沿纵向的线加速度；M 为电动汽车的质量。

若想获得轮胎与地面接触面所能支持的最大牵引力，必须确定前、后车轴上铅垂方向的载荷。通过累加作用于点 R（轮胎与地面接触面的中心）的所有力矩，便可得到前轴上铅垂方向的载荷W_f：

$$W_f=\frac{Mg\,L_b\cos\alpha-\left(T_{rf}+T_{rr}+F_wh_w+Mgh_g\sin\alpha+Mh_g\dfrac{\mathrm{d}v}{\mathrm{d}t}\right)}{L} \tag{2-16}$$

同理，可得到作用于后轴上的铅垂方向载荷W_r：

$$W_r=\frac{Mg\,L_a\cos\alpha-\left(T_{rf}+T_{rr}+F_wh_w+Mg\,h_g\sin\alpha+M\,h_g\dfrac{\mathrm{d}v}{\mathrm{d}t}\right)}{L} \tag{2-17}$$

对于电动汽车，假设空气阻力作用点高度h_w近似于车辆质心的高度h_g，则式（2-16）和式（2-17）可简化为

$$W_f=\frac{L_b}{L}Mg\cos\alpha-\frac{h_g}{L}\left(F_w+F_g+Mgf_r\frac{r_d}{h_g}\cos\alpha+M\frac{\mathrm{d}v}{\mathrm{d}t}\right) \tag{2-18}$$

$$W_r=\frac{L_a}{L}Mg\cos\alpha+\frac{h_g}{L}\left(F_w+F_g+Mgf_r\frac{r_d}{h_g}\cos\alpha+M\frac{\mathrm{d}v}{\mathrm{d}t}\right) \tag{2-19}$$

式中，r_d为车轮的有效半径。

根据式（2-9）和式（2-11），可将式（2-18）、式（2-19）重写为

$$W_f=\frac{L_b}{L}Mg\cos\alpha-\frac{h_g}{L}\left[F_t-F_r\left(1-\frac{r_d}{h_g}\right)\right] \tag{2-20}$$

$$W_r=\frac{L_a}{L}Mg\cos\alpha+\frac{h_g}{L}\left[F_t-F_r\left(1-\frac{r_d}{h_g}\right)\right] \tag{2-21}$$

式（2-20）和式（2-21）中，等号右边的第一项分别是当电动汽车静止在水平地面上时作用在前、后车轴上的静载荷，第二项分别为其铅垂方向载荷的动态分量；$F_t=F_{tf}+F_{tr}$为车辆的总牵引力；F_r为车辆的滚动阻力。

轮胎与地面接触面所能支持的最大牵引力（大于该最大牵引力的任意小量的变化将引起轮胎在地面上的自旋），通常以铅垂方向载荷和路面附着系数 μ 的乘积方式给出。

对前轮驱动的车辆有

$$F_{tmax}=\mu W_f=\mu\left\{\frac{L_b}{L}Mg\cos\alpha-\frac{h_g}{L}\left[F_{tmax}-F_r\left(1-\frac{r_d}{h_g}\right)\right]\right\} \tag{2-22}$$

$$F_{tmax}=\frac{\mu Mg\cos\alpha\dfrac{L_b+f_r(h_g-r_d)}{L}}{1+\mu\dfrac{h_g}{L}} \tag{2-23}$$

式中，f_r为滚动阻力系数。

而对于后轮驱动的车辆有

$$F_{tmax}=\mu W_f=\mu\left\{\frac{L_a}{L}Mg\cos\alpha-\frac{h_g}{L}\left[F_{tmax}-F_r\left(1-\frac{r_d}{h_g}\right)\right]\right\} \tag{2-24}$$

$$F_{tmax}=\frac{\mu Mg\cos\alpha\dfrac{L_a+f_r(h_g-r_d)}{L}}{1+\mu\dfrac{h_g}{L}} \tag{2-25}$$

车辆行驶时，通过传动装置并由动力装置转换而来的驱动轮上的最大牵引力，不应超过轮胎与地面间附着力的最大值，否则驱动轮将在地面上打转，导致车辆行驶不稳定。

2.3.3 电动汽车行驶的附着条件与附着率

电动汽车动力系统所输出的驱动力是决定其动力性的一个主要因素。驱动力大，加速性能更好，爬坡能力也更强，但是当电动汽车的实际驱动力超过最大驱动力的限度时，驱动轮将在地面上打转。因此，电动汽车的动力性不仅受驱动力的制约，还受到轮胎与地面附着条件的影响。

地面对轮胎切向反作用力的极限值称为附着力，在硬路面上，它与驱动轮法向反作用力F_Z成正比，常写成

$$F_{Xmax}=F_\varphi=F_Z\varphi \tag{2-26}$$

式中，φ为附着系数。

作用在驱动轮上的力矩T_r引起的地面切向反作用不能大于附着力，否则会发生驱动轮滑转现象，即对于后轮驱动的汽车有

$$\frac{T_t-T_{fr}}{r}=F_{Xr}\leqslant F_{Zr}\varphi \tag{2-27}$$

式（2-27）就是汽车行驶的附着条件，又可写成

$$\frac{F_{Xr}}{F_{Zr}}\leqslant\varphi \tag{2-28}$$

式中，F_{Xr}/F_{Zr}称为后轮驱动汽车驱动轮的附着率$C_{\varphi t}$。

则

$$C_{\varphi t}<\varphi \tag{2-29}$$

同理，对于前轮驱动汽车，其前驱动轮的附着率不能大于地面附着率。

综上所述，汽车的附着力取决于附着系数和地面作用于驱动轮法向的反作用力，而附着系数则主要取决于路面种类、路面状况及行驶车速等。汽车在不同路面上行驶时的附着系数见表2-3。

表2-3 汽车在不同路面行驶时的附着系数

路面种类	峰值附着系数	滑动附着系数
沥青或混凝土（干）	0.8~0.9	0.75
沥青（湿）	0.5~0.7	0.45~0.6
混凝土（湿）	0.8	0.7

路面种类	峰值附着系数	滑动附着系数
砾石	0.6	0.55
土路（干）	0.68	0.65
土路（湿）	0.55	0.4~0.5
雪（压紧）	0.2	0.15
冰	0.1	0.07

从表 2-3 可以看出，当电动汽车行驶在潮湿、结冰、积雪或软土路面上时，轮胎与地面间的附着力是影响车辆性能的主要因素。在这种情况下，作用于驱动轮的牵引力矩将使车轮在上述地面上发生显著滑移。因此，作用于驱动轮的最大牵引力取决于轮胎与地面间的附着力所能提供的纵向力，而不是电机所能供给的最大转矩。

在良好铺砌的干燥路面上，轮胎的弹性导致轮胎滑移的可能性很小，而在其他类型的地面上，驱动轮的最大牵引力与运动车轮的滑移却紧密相关。

轮胎的滑移率 s 通常定义为

$$s = \left(1 - \frac{v}{r\omega}\right) \times 100\% = \left(1 - \frac{r_d}{r}\right) \times 100\% \tag{2-30}$$

式中，v 为轮胎中心的平移速度；ω 为轮胎的角速度；r 为自由滑动轮胎的滚动半径；r_d 为轮胎的有效滚动半径，即轮胎中心的平移速度与轮胎角速度之比。

当车辆处于牵引情况下时，其速度 v 小于 $r\omega$，因此轮胎滑移率是一个 0~1.0 的正值。然而，在制动期间轮胎滑移率则应被定义为

$$s = \left(1 - \frac{r\omega}{v}\right) \times 100\% = \left(1 - \frac{r}{r_d}\right) \times 100\% \tag{2-31}$$

可见，此时滑移率 s 也是一个 0~1.0 的正值。

对于一定的滑移率，轮胎的最大牵引力通常表示为

$$F_x = P\mu \tag{2-32}$$

式中，P 为轮胎铅垂方向的载荷；μ 为牵引力系数，它是滑移率的函数。

牵引力系数与纵向轮胎滑移率之间遵循图 2-10 所示的关系。在小滑移范围内（OA 段），牵引力几乎线性地正比于滑移率，此时轮胎与地面并没有发生真正的相对滑动。当牵引力矩施加到轮胎上时，在轮胎与地面接触的坑槽处形成了牵引力，同时轮胎压向前方，并在其接触的坑槽处受到压力，随之便在轮胎的侧壁产生相应的形变。随着车轮力矩和牵引力的逐渐增加，部分轮胎与地面接触时将产生滑移。在这种情况下，牵引力和滑移率之间的关系是非线性

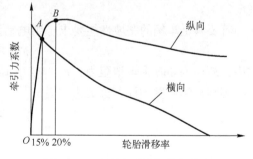

图 2-10 牵引力系数与纵向轮胎滑移率间的变化关系

的，即图中的曲线 AB 段。牵引力在滑移率为 15%~20% 处到达峰值，因为负的动摩擦系数小于静摩擦系数，故在 B 点达到最大值后又逐渐降低，当滑移率超过此值并进一步增加时将导致运行状态的不稳定。因此，正常的驱动状态下，轮胎的滑移率必须限制在 15%~20% 的范围内。

2.4 电动汽车的性能指标

电动汽车的性能指标很多，主要包括动力性能、制动性能、燃料经济性、操纵稳定性、平顺性及通过性等。本节重点介绍电动汽车的动力性能、制动性能和燃料经济性。

2.4.1 电动汽车的动力性能

电动汽车动力性能是反映其性能的重要指标，通常可以通过加速性能、爬坡性能和最高车速三个指标来进行评定。

（1）加速性能

电动汽车的加速性能一般由其加速时间来进行衡量，也可通过平直路面上电动汽车从零加速到某一确定高速所行驶的距离予以表征。

应用牛顿第二定律，电动汽车的加速度可以表示为

$$a_j = \frac{dv}{dt} = \frac{F_t - F_f - F_w}{\delta M} = \frac{\dfrac{T_{tp} i_g i_0 \eta_T}{r_d} - Mg f_r - \dfrac{1}{2}\rho\, C_D A_f v^2}{\delta M} \tag{2-33}$$

由加速度表达式（2-33）可知，电动汽车从低速 v_1 加速到高速 v_2 的加速时间 t_a 和行程 S_a 分别为

$$t_a = \int_{v_1}^{v_2} \frac{\delta M}{\dfrac{T_{tp} i_g i_0 \eta_T}{r_d} - Mg f_r - \dfrac{1}{2}\rho\, C_D A_f v^2}\, dv \tag{2-34}$$

$$S_a = \int_{v_1}^{v_2} \frac{\delta M v}{\dfrac{T_{tp} i_g i_0 \eta_T}{r_d} - Mg f_r - \dfrac{1}{2}\rho\, C_D A_f v^2}\, dv \tag{2-35}$$

一般而言，驱动电机的起动性能和短时过载能力决定了电动汽车的加速性能。

（2）爬坡能力

爬坡能力通常定义为电动汽车以最大驱动力在良好的路面行驶过程中，所能爬行的最大坡度。

若要满足车辆的爬坡性能要求，则电动汽车行驶方程为

$$F_t = F_g + F_f + F_w \tag{2-36}$$

式中，$F_g = Mg\sin\alpha$ 为坡道阻力；$F_f = Mg f_r\cos\alpha$ 为滚动阻力；α 为坡道角度。

则车辆爬坡度的计算公式为

$$\alpha = \arcsin \frac{F_t - F_w}{Mg\sqrt{1+f_r^2}} = \arctan f_r \tag{2-37}$$

对于电动汽车而言，其最大爬坡度一般要求大于 20%，爬坡度的大小通常取决于驱动电机的最大转矩特性与短时过载能力。

（3）最高车速

电动汽车的最高车速是指在水平良好的路面上，电机全功率情况下电动汽车所能达到的恒定巡航速度。电动汽车最高车速取决于车辆牵引力和阻力之间或动力装置的最大转速和传动装置的传动比之间的平衡。牵引力和阻力之间的平衡可表达为

$$\frac{T_{tp}i_g i_0 \eta_T}{r_d} = Mg f_r \cos\alpha + \frac{1}{2}\rho C_D A_f v^2 \quad (2-38)$$

式（2-38）表明，当其左端项表示的牵引力等于右端表示的阻力时，车辆达到最高车速。此时，牵引力曲线与阻力曲线的交点即为电动汽车的最高车速，如图2-11所示。

对于电动汽车而言，其最高车速取决于驱动电机、动力电池组的等级和汽车最小的减速比。

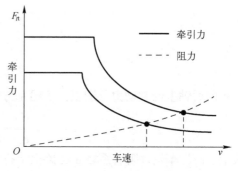

图2-11 电动汽车动力平衡图

2.4.2 电动汽车的制动性能

电动汽车的制动性能指汽车能在短距离内停车且维持行驶方向稳定性和下长坡时能维持一定速度的能力。制动性能是电动汽车最为重要的特性之一，它直接关系到行驶的安全性，一些重大交通事故往往与制动距离太长有关，所以具有良好的制动性能是电动汽车行驶安全的重要保障。影响电动汽车制动性能的因素主要有汽车的制动机构、人体机能以及路面的状况等。

（1）制动力

电动汽车制动过程中，制动片紧压在制动盘上，在制动盘上产生了摩擦力矩。该制动力矩使轮胎与地面在接触表面上产生制动力，可表示为

$$F_b = \frac{T_b}{\tau_d} \quad (2-39)$$

制动力随着制动力矩的增大而增大，当制动力到达轮胎与地面间的附着力所能支持的最大制动力时，即使制动力矩继续增大，制动力也不再增大。这一受制于附着力的最大制动力可表达为

$$F_{bmax} = \mu_b W \quad (2-40)$$

式中，μ_b是轮胎与地面间的附着系数；W为车轮的垂直载荷。

与牵引情况类似，附着系数随轮胎的滑移而变化。在轮胎滑移率为15%~20%的范围内显示最大值，而后稍呈衰减降至100%的滑移处。

（2）制动力分配

图2-12所示为平坦路面上电动汽车制动时作用于车辆上的力。与制动力相比，滚动阻力和空气阻力很小，因此在图中忽略。a_b是车辆制动时的负加速度，可表述为

$$a_b = \frac{F_{bf} + F_{br}}{M} \quad (2-41)$$

式中，F_{bf}和F_{br}分别是作用于前后轮上的制动力。

最大制动力受限于轮胎与地面之间的附着力，同时正比于作用在轮胎上的铅垂方向的载荷。因而，由制动力矩产生的实际制动力也应正比于铅垂方向的载荷，其结果是前后轮同时获得了最大制动力。制动期间，载荷将从后轴转移到前轴。考虑前后轮与地面接触点A和B的力矩平衡关系，可得作用在前后轴上的铅垂方向的载荷W_f、W_r分别为

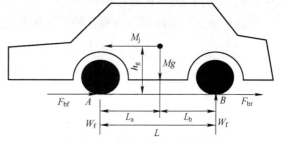

图2-12 制动时车辆的受力图

$$W_\mathrm{f} = \frac{Mg}{L}\left(L_\mathrm{b} + h_\mathrm{g}\frac{a_\mathrm{b}}{g}\right) \tag{2-42}$$

$$W_\mathrm{r} = \frac{Mg}{L}\left(L_\mathrm{a} + h_\mathrm{g}\frac{a_\mathrm{b}}{g}\right) \tag{2-43}$$

前后轴上的制动力分别正比于铅垂方向的载荷，于是可得

$$\frac{F_\mathrm{bf}}{F_\mathrm{br}} = \frac{W_\mathrm{f}}{W_\mathrm{r}} = \frac{L_\mathrm{b} + h_\mathrm{g}a_\mathrm{b}/g}{L_\mathrm{b} - h_\mathrm{g}a_\mathrm{b}/g} \tag{2-44}$$

式中，a_b 为车辆以附着系数 μ 在路面上行驶时获得的最大加速度。

将式（2-42）~式（2-44）联立求解，可得作用于前后轴上的理想制动力，其分布曲线如图 2-13 所示。理想制动力分布曲线（简称为 I 曲线）是非线性的双曲线。若要在任何路面上都能同时使前后轮制动，则作用于前后轮上的制动力必须完全与这一曲线相符。

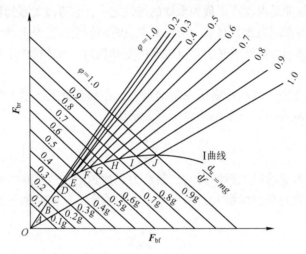

图 2-13　作用于前后轴上的理想制动力分布曲线

在车辆设计中，作用于前后轴上的实际制动力分布通常被设计为一个不变的线性比例关系。这一比例关系为前轴上的制动力与车辆总制动力之比，即

$$\beta = \frac{F_\mathrm{bf}}{F_\mathrm{b}} \tag{2-45}$$

式中，$F_\mathrm{b} = F_\mathrm{bf} + F_\mathrm{br}$ 为车辆的总制动力。

而前后轴上的实际制动力随 β 的变化而变化，故可将它们表示为

$$F_\mathrm{bf} = \beta F_\mathrm{b} \tag{2-46}$$

$$F_\mathrm{br} = (1-\beta)F_\mathrm{b} \tag{2-47}$$

于是可得

$$\frac{F_\mathrm{bf}}{F_\mathrm{br}} = \frac{\beta}{1-\beta} \tag{2-48}$$

理想和实际制动力分布曲线（分别标记为 I 曲线和 β 曲线）如图 2-14 所示，II 曲线为车辆满载时前后轮制动力分配曲线。显然，它们仅有一个交点，即仅在此情况下前后轴被同时抱死，称此点处的附着系数为同步附着系数，所对应的制动减速度称为临界减速度。这一交点表明了一个特定的路面附着系数 μ_0，将式（2-44）中的 a_b/g 用 μ_0 替代，即得

$$\frac{\beta}{1-\beta}=\frac{L_b+\mu_0 h_g}{L_a-\mu_0 h_g} \quad (2\text{-}49)$$

从而由式 (2-49) 可导出

$$\mu_0=\frac{l\beta-L_b}{h_g} \quad (2\text{-}50)$$

$$\beta=\frac{L_b-\mu_0 h_g}{L} \quad (2\text{-}51)$$

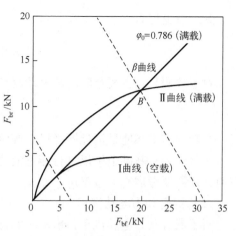

图 2-14 理想和实际制动力分布曲线

电动汽车制动时，当附着系数小于 μ_0 时（对应于 β 曲线位于 I 曲线下方的区间），前轮将首先抱死；相反，当路面附着系数大于 μ_0 时（对应于 β 曲线位于 I 曲线上方的区间），则后轮首先抱死。当后轮首先抱死时，车辆将丧失方向的稳定性，后轮胎承受横向力的能力降低到零。此时，侧风、路面的侧倾或离心力等都会导致车辆产生侧滑力矩，甚至使车头调转；先抱死前轮将会引发方向失控，驾驶员不可能再进行有效的操纵。应该指出的是，抱死前轮不会引起方向上的不稳定性，这是因为每当前轮发生侧向运动时，由于车辆的惯性力将对后轴偏转中心产生自校正力矩，从而有助于使车辆返回到直线路径。

2.4.3 电动汽车的燃料经济性

与传统燃油汽车不同，电动汽车主要采用电能作为动力源，因此其燃料经济性并非传统意义上燃油汽车的燃油经济性。纯电动汽车和混合动力电动汽车的燃料经济性计算有所不同，下面分别进行讨论。

（1）纯电动汽车

纯电动汽车的燃料经济性是指在动力电池完全充电状态下，以一定的行驶工况能连续行驶的最大距离（单位为 km）。纯电动汽车的燃料经济性有能量消耗率、比能量消耗率以及能量经济性三个指标。

1）能量消耗率：电动汽车经过规定的试验循环后，对动力电池重新充电至试验前的容量，从电网上得到的电能除以行驶里程所得到的数值称为能量消耗率，单位为 W·h/km。

2）比能量消耗率：电动汽车能量消耗率与整车质量的比值，单位为 W·h/(km·t)。

3）能量经济性：电动汽车以各种预定行驶规范达到的续驶里程与动力电池再充电恢复到原有的充电状态所需要的交流电能量之比，单位为 km/(kW·h)。

纯电动汽车恒速行驶时，其功率需求为

$$P_B=\frac{P_\Sigma(v)}{\eta_m(n_m,P_m)\eta_t} \quad (2\text{-}52)$$

式中，P_B 为电动汽车行驶需求总功率；$P_\Sigma(v)$ 为车辆行驶驱动功率；$\eta_m(n_m,P_m)$ 为电机驱动系统效率；η_t 为传动系统效率。

其动力系统在时间 T 内的能量消耗为

$$E_B=\int_0^T U_B(P_B)I_B(P_B)\mathrm{d}t \quad (2\text{-}53)$$

式中，E_B 为能量消耗（W·h）；$U_B(P_B)$ 为驱动系统母线电压；$I_B(P_B)$ 为驱动系统母线电流。

其续驶里程为

$$S = \frac{E_B}{1000\, P_B} \times v \qquad (2-54)$$

对于按照某一工况行驶的纯电动汽车,其续驶里程为

$$S = \int_0^t v(t)\,\mathrm{d}t \qquad (2-55)$$

其功率需求和能量消耗同样可以按照式(2-53)和式(2-54)来进行计算。

在上述公式基础上可以进行能量消耗率、比能量消耗率和能量经济性的计算,但是在计算时,还需要考虑充电效率η_{charge}。

(2)混合动力电动汽车

对于混合动力电动汽车,由于车辆行驶的能量不仅来自于动力电池组,还消耗了车载燃油,因此其燃料经济性的评价需要考虑两个方面:燃油消耗量和外界输入电量。为统一标准,采用百公里运行成本来评价,即

$$C_{\mathrm{hev}} = C_{\mathrm{fuel}} Q_s + C_{\mathrm{elect}} E_{\mathrm{Grid}} \qquad (2-56)$$

式中,C_{hev}为混合动力电动汽车百公里运行成本[元/(100 km)];C_{fuel}为燃油价格(元/L);C_{elect}为工业用电价格[元/(kW·h)];Q_s为百公里燃油消耗率,E_{Grid}为电池组百公里电网充电电量均值[kW·h/(100 km)]。

单位里程的能耗$e(\mathrm{kW/km})$在某些文献中称为电动汽车的效率。在一些文献中,将电动汽车的能量经济性定义为电动汽车以各种预定行驶规范达到的续驶里程与动力电池再充电恢复到原状态所需要的交流电能量之比,即

$$\text{电动汽车能量经济性} = \frac{\text{预定行驶规范达到的续驶里程}}{\text{动力电池再充电恢复到原状态所需的交流电能量}} \qquad (2-57)$$

设电动汽车行驶时单位里程能耗为e,电动汽车总质量为M,电动汽车行驶的比能耗为e_0,则有

$$e_0 = \frac{e}{M} \qquad (2-58)$$

设电动汽车上动力电池组充满电的总能量为E,则电动汽车的续驶里程为

$$S = \frac{E}{e} = \frac{E}{e_0 M} \qquad (2-59)$$

实际情况并不像计算的那样简单,由于空气阻力消耗的能量与质量无关,同时动力电池存在放电效率、放电深度、放电电流以及自放电现象(有的动力电池甚至每天自放电率高达10%以上),均影响动力电池组的输出总能量。另外,行驶规范的差别等因素都将影响电动汽车的续驶里程。因此,式(2-59)为电动汽车的续驶里程的近似估算。

2.5 电动汽车的典型行驶工况

车辆行驶工况又称道路循环工况,是用于表示车速与时间关系的一系列数据的集合,是电动汽车实际道路行驶状况的反映。行驶工况对于电动汽车的性能参数,如续驶里程具有决定性意义。此外,行驶工况还可以用来对电动汽车性能进行仿真研究,通过设计特定的道路循环工况模型来对发动机、传动系统、电驱动系统及能量源系统等的性能进行预测。因此,

行驶工况是汽车工业一项共性核心技术，是对电动汽车性能进行研究的前提。

如今，世界上很多国家都以标准、指令或法规的形式制定了不同车型在各种应用条件下的标准行驶工况。世界范围内车辆排放测试用的行驶工况主要分成三类：美国行驶工况（USDC）、欧洲行驶工况（EDC）和日本行驶工况（JDC）。其中，以美国 FTP72 为代表的瞬态工况和以欧洲 NEDC 为代表的模态工况为世界各国所采用。

目前，我国采用四工况循环作为城市汽车标准测试工况。四工况循环制定于 20 世纪 70 年代后期，根据当时我国城市汽车的运行特点，在北京、天津、西安等典型城市进行了大量的工况实测，并在统计分析的基础上得出四工况循环标准，后来又根据实际情况在其基础上进行了修改。但是，近年来随着我国城市道路交通的大幅发展，车辆数量迅猛提高，四工况循环已不能完整反映城市汽车的真实运行状态，无法作为电动汽车研发与性能评价的重要依据。因此，有必要结合我国实际情况，参考国外先进的道路循环工况标准对道路循环工况进行研究。下面，对电动汽车研发过程中常用的行驶工况进行介绍。

2.5.1 美国行驶工况

美国行驶工况种类繁多，用途各异，大致分为认证用（FTP 系）、研究用（WVU 系）和短工况（I/M 系）三大体系。

（1）UDDS 工况

UDDS 工况又称 FTP72 工况，是美国环保局（EPA）1972 年提出的用于排放测试的工况，见表 2-4。该工况由冷态过渡工况（0～505 s）和稳态工况（506 s～1370 s）部分组成。UDDS 工况如图 2-15 所示。

表 2-4　UDDS 工况

时间/s	距离/km	最高车速/(km/h)	平均车速/(km/h)	怠速时间/s	怠速次数
1369	11.99	91.25	31.51	259	17

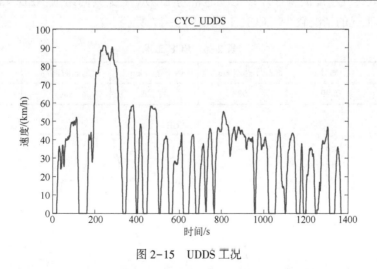

图 2-15　UDDS 工况

（2）FTP75 工况

FTP75 工况是由 UDDS 工况发展而来的。1975 年，美国环保局在 UDDS 工况的基础上，添加了热浸车工况和热态过渡工况，持续时间为 2475 s，见表 2-5。FTP75 工况如图 2-16 所示。

表 2-5 FTP75 工况

时间/s	距离/km	最高车速/(km/h)	平均车速/(km/h)	急速时间/s	急速次数
2475	17.77	91.25	25.82	361	22

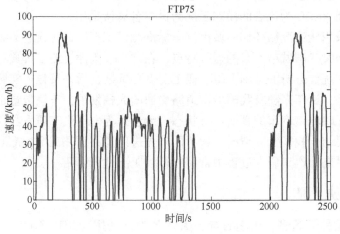

图 2-16 FTP75 工况

2.5.2 欧洲行驶工况

为了寻求适合欧洲交通状况的工况，科研人员系统研究了不同车辆的行驶特征，并依据道路拥挤程度和流量大小，分类定义成不同道路区域（如市区、郊区）和高速以及平均速度、加速度的多种层级归类，人为地开发和层叠成稳定的速度和加速度段。

（1）ECE 工况

ECE 工况是欧洲市区工况的代表，见表 2-6，包含了 4 种代表性市区驾驶状况，具有低速、低负荷和低排气温度的特性。该工况通常与 EUDC 工况共同组成 NEDC 工况进行测试，单独采用 ECE 工况的情况较少。ECE 工况如图 2-17 所示。

表 2-6 ECE 工况

时间/s	距离/km	最高车速/(km/h)	平均车速/(km/h)	急速时间/s	急速次数
195	0.99	50	18.26	64	3

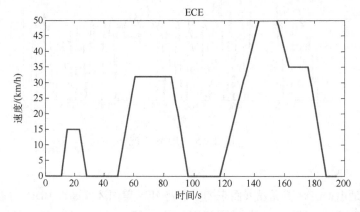

图 2-17 ECE 工况

（2）EUDC 工况

由于车辆城郊运行比例增加，1992 年开发了代表高速行驶工况的 EUDC 工况，见表 2-7，该工况是欧洲郊区工况的代表。EUDC 工况如图 2-18 所示。

表 2-7 EUDC 工况

时间/s	距离/km	最高车速/(km/h)	平均车速/(km/h)	怠速时间/s	怠速次数
400	6.95	120	62.44	42	1

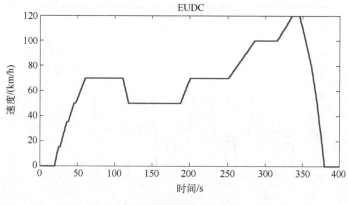

图 2-18 EUDC 工况

（3）NEDC 工况

NEDC 工况是欧洲循环工况的典型代表，见表 2-8，该工况局部行驶速度是恒定的，是一种稳态工况，共包括 4 个市区运行工况（ECE 工况）和 1 个郊区运行工况（EUDC 工况）。我国的排放测试多采用该工况。NEDC 工况如图 2-19 所示。

表 2-8 NEDC 工况

时间/s	距离/km	最高车速/(km/h)	平均车速/(km/h)	怠速时间/s	怠速次数
1184	10.93	120	33.21	298	13

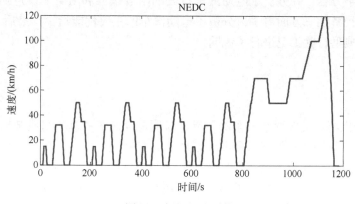

图 2-19 NEDC 工况

2.5.3 日本行驶工况

在 1976 年之前，日本一直采用 10 工况来模拟市内行驶工况，重复 6 次，对后 5 次取样，即所谓热起动。1976 年以后生产的车型，采用 11 工况，从冷起动开始，重复 4 次工况，对全过程采样，行驶距离为 4.08 km，平均速度为 30.6 km/h。1991 年提出的 10-15 工况主要应用于日本的乘用车测试，由欧洲的 NEDC 工况演变而来，包括 3 个低速循环和 1 个高速循环，见表 2-9。10-15 工况如图 2-20 所示。

表 2-9　10-15 工况

时间/s	距离/km	最高车速/(km/h)	平均车速/(km/h)	怠速时间/s	怠速次数
660	4.16	70	22.68	215	7

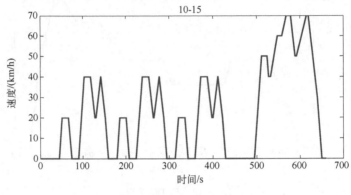

图 2-20　10-15 工况

2.6　本章小结

本章对电动汽车的基本结构与工作原理进行了介绍。首先，在对比分析电动汽车与传统燃油汽车差异的基础上，系统介绍了电动汽车独有的 3 个主要构成部分：电力电子驱动子系统、能量子系统和辅助子系统。然后，围绕着电机轴的布置方式，详细介绍了 4 种电驱动系统形式并分析了各自的优缺点。在此基础上，通过对电动汽车的受力情况进行分析，建立了电动汽车的动力学方程，并分析了电动汽车行驶的附着条件和附着率。进而，从动力性能、制动性能和燃料经济性三方面着手，分析了电动汽车的主要性能指标。最后，对电动汽车研发过程中常用的典型行驶工况进行了说明。

习题

1. 结合电动汽车与传统燃油汽车的差异，说明电动汽车的基本组成结构和特点。
2. 电动汽车常见的驱动形式有哪些？说明其各自特点。
3. 画出电动汽车在斜坡上的受力情况，并据此写出电动汽车的动力学方程。
4. 通常用于反映电动汽车性能的指标有哪些？
5. 什么是行驶工况？列举出几种典型的行驶工况。

第3章　电动汽车驱动电机技术

电动汽车驱动电机把车载电源的电能转化成机械能，并通过传动机构将能量传递到车轮上，进而驱动车辆按照驾驶人员的意志行驶，并在车辆制动时将车辆的动能再生为电能反馈到动力电池中，以提升电动汽车的续驶里程。驱动电机是电动汽车的关键系统之一，其特性决定了电动汽车行驶的主要性能指标。根据结构及工作原理的不同，电动汽车驱动电机可分为多种类型，不同类型驱动电机的工作原理、控制方法和适用场合也有很大区别。本章对电动汽车的驱动电机技术进行介绍。首先，根据电动汽车的行驶特点对驱动电机的基本要求及分类进行归纳。在此基础上，分别对直流电机、交流异步电机、永磁同步电机以及无刷直流电机的基本结构、工作原理、数学模型、控制方法及特点等进行详细的介绍，以使读者对电动汽车的驱动电机技术有更深入的了解。

3.1　电动汽车驱动电机概述

3.1.1　电动汽车对驱动电机的要求

电机是一种驱动性的电气装备，能够把电能转化为机械能，再使其转化为动能。用于电动汽车上的驱动电机与常规工业用驱动电机有很大的不同，工业用驱动电机通常优化在额定的工作点，而电动汽车用驱动电机通常频繁地运行在驱动/停车、加速/减速等不同工况的转换中，要求低速或爬坡时具有高转矩，高速行驶时具有低转矩，并且应具有较大的调速范围。电动汽车对驱动电机性能的具体要求主要包括如下几个方面。

1）过载能力强。为保证电动汽车具有较好的动力性，要求驱动电机具有较好的转矩过载和功率过载能力，峰值转矩一般为额定转矩的 2 倍以上，峰值功率一般为额定功率的 1.5 倍以上，且峰值转矩和峰值功率的工作时间一般要求在 5 min 以上。

2）转矩响应快。电动汽车驱动电机一般采用低速恒转矩和高速恒功率的控制方式，要求转矩响应快、波动小、稳定性好。

3）调速范围宽。要求驱动电机具有较宽的调速范围，最高转速是基速的 3 倍以上，并且能够在四象限工作。

4）功率密度高。为便于驱动电机及其控制系统在电动汽车有限的空间内安装布置，要求电机具有很高的功率密度。

5）可靠性高。电动汽车的驱动电机应该能够在恶劣环境下长期正常工作，同时还应具有机械强度高，抗震性好，耐温、耐潮性能强，电磁兼容性好，易于维护等特性。

6）能够实现能量回馈。电动汽车在减速或制动时对车辆的制动能量进行部分回收，使车辆具有更高的能量利用率，以有效提升续驶里程。

7）低成本。电动汽车要取得与燃油汽车竞争的优势，在满足性能要求的前提下必须考虑降低各零部件的成本，而驱动电机成本的高低是决定电动汽车是否能够实现产业化的一个重要因素。

3.1.2 电动汽车驱动电机分类

按照结构、工作原理及常用电源性质的不同，电动汽车驱动电机可分为如图3-1所示的基本类型。

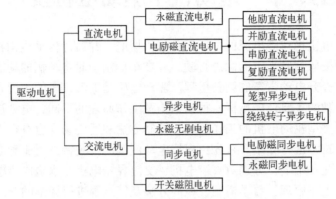

图 3-1　电动汽车驱动电机的基本类型

早期应用的直流电机虽易于控制，调速性能好，但由于存在换向装置导致可靠性较低，维修成本也较高。随着交流变频调速技术和机械制造技术的发展，交流异步电机、永磁同步电机的优势逐渐凸显，在电动汽车领域获得了广泛应用。另外，开关磁阻电机是一种很具发展潜力的电机，在同样具备结构简单、坚固耐用、工作可靠、效率高等优势外，它的调速系统可控参数多，经济指标更好，但目前尚未得到普及。4种典型电机的性能比较见表3-1。

表 3-1　4种典型电机的性能比较

性能＼类型	直流电机	交流异步电机	永磁同步电机	开关磁阻电机
转速范围/(r/min)	4000~6000	12000~20000	4000~10000	>15000
功率密度	低	中	高	较高
功率因数	—	82~85	90~93	60~65
峰值效率(%)	80~87	94~95	95~97	85~90
负荷效率(%)	80~87	90~92	85~97	78~86
过载能力(%)	200	300~500	300	300~500
恒功率区比例	—	1:5	1:2.25	1:3
电机重量	重	中	轻	轻
电机外形尺寸	大	中	小	小
可靠性	一般	好	优良	好
结构坚固性	差	好	一般	优良
控制操作性能	最好	好	好	好
控制器成本	低	高	高	一般

接下来，本章将详细介绍目前电动汽车常用的直流电机、交流异步电机、永磁同步电机和无刷直流电机的相关内容。

3.2 直流电机

直流电机（Direct Current Machine）是指通入直流电而产生机械运动的电机。按励磁方式的不同，直流电机分为电励磁直流电机和永磁直流电机两种，前者的励磁磁场是可控的，后者的励磁磁场是不可控的。由于控制方式简单、控制技术成熟，直流电机曾广泛应用于早期电动汽车驱动系统中。

3.2.1 直流电机的基本结构

直流电机可概括地分为静止的定子（励磁）和旋转的转子（电枢）两部分，定子和转子之间的间隙称为气隙。直流电机结构如图3-2所示。

图3-2 直流电机结构

1. 直流电机的定子

直流电机的定子是电机静止不动的部分，其主要作用是产生气隙磁场，由主磁极、换向极、机座和电刷装置组成。

（1）主磁极

它的作用是产生主极磁场。主磁极由主磁极铁心和套装在铁心上的励磁绕组构成，结构如图3-3所示。主磁极铁心靠近转子一端扩大的部分称为极靴，它的作用是使气隙磁阻减小，改善主磁场分布，并使励磁绕组容易固定。为了减少转子转动时由于磁槽移动引起的损耗，主磁极铁心采用1~1.5 mm的低碳钢板冲压成一定形状叠装固定而成。主磁极上装有励磁绕组，整个主磁极用螺杆固定在机座上。主磁极的个数一定是偶数，励磁绕组的连接必须使得相邻主磁极的极性按N、S极交替出现。

（2）换向极

换向极是安装在两相邻主磁极之间的一个小磁极，它的作用是改善直流电机的换向情况，使直流电机运行时不产生有害的火花。换向极结构和主磁极类似，由换向极铁心和套在铁心上的换向极绕组组成，并用螺杆固定在机座上，如图3-4所示。换向极的个数一般与主磁极的极数相等，但在功率很小的直流电机中，也有不装换向极的。换向极绕组在使用中和电枢绕组相串联，需要流过较大的电流，因此和主磁极的串励绕组一样，换向极绕组导线有较大的截面积。

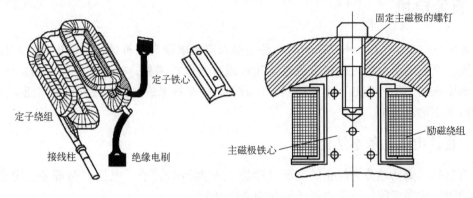

图 3-3　主磁极结构

（3）机座

机座一般用铸钢铸成或用厚钢板焊接而成，通常有两个作用：一是用来固定主磁极、换向极和电机端盖；二是作为磁场的通路。定子导磁部分称为磁轭，底脚用于固定电机。机座需要具有良好的导磁性能、足够的机械强度和刚度。

（4）电刷装置

电刷装置的作用是把直流电压、直流电流引入或引出。电刷的数目一般等于主磁极的数目。电刷装置由电刷、电刷盒、刷瓣和压簧等部分组成。图 3-3 中的电刷

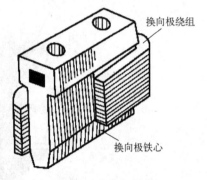

图 3-4　换向极结构

是由石墨或金属石墨组成的导电块，放在电刷盒内用弹簧以一定的压力按压在换向器的表面，旋转时与换向器表面形成滑动接触。

（5）端盖

端盖装在基座两端并通过端盖中的轴承支撑转子，将定子连为一体，同时端盖对直流电机内部起到防护作用。

2. 直流电机的转子

转子是直流电机的转动部分，又称为电枢。转子部分包括电枢铁心、电枢绕组、换向器、转轴、轴承以及风扇等，如图 3-5 所示。

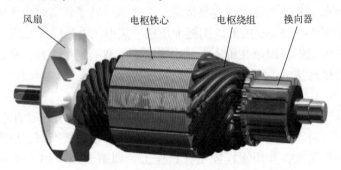

图 3-5　直流电机的转动部分

（1）电枢铁心

电枢铁心既是主磁路的组成部分，
又是电枢绕组支撑部分。电枢绕组嵌放
在电枢铁心的槽内，为减小电枢铁心内
的涡流耗损，铁心一般用厚 0.5 mm 且
冲有齿、槽的型号为 DR530 或 DR510
的硅钢片叠压加紧而成，如图 3-6 所
示。小型直流电机的电枢铁心冲片直

图 3-6　电枢铁心的结构

接压装在轴上，大型直流电机的电枢铁心冲片先压装在转子支架上，然后将支架固定在轴
上。为改善通风，冲片可沿轴向分成几段，以构成径向通风道。

（2）电枢绕组

电枢绕组由一定数目的电枢线圈按一定的规律连接组成，它是直流电机的电路部分，也
是感应电动势产生电磁转矩进行机电能量转换的部分。线圈用绝缘的圆形或矩形截面导线绕
成，分上下两层嵌放在电枢铁心槽内，上下层以及线圈与电枢铁心之间绝缘并用槽楔压紧，
如图 3-7 所示。大型直流电机电枢绕组的端部通常紧扎在绕组支架上。

（3）换向器

换向器是直流电机的关键部件之一。在直流发电机中，换向器起整流作用；在直流电动
机中，换向器起逆变作用。换向器由许多鸽尾形的换向片排成一个圆筒，其间用云母片绝
缘，两端用两个 V 形环压紧而成，每个电枢线圈首端和尾端的引线分别焊入相应换向片内，
如图 3-8 所示。小型直流电机常用塑料换向器，这种换向器用换向片排成圆筒，再用塑料
通过热压而成。

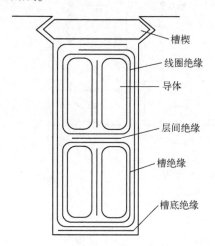

图 3-7　电枢绕组导体在槽内的布置

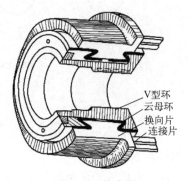

图 3-8　换向器

3.2.2　直流电机的工作原理

直流电机是将直流电能转换为机械能的电机，其模型如图 3-9 所示。在一对静止的磁
极 N 和 S 之间，装设一个可以绕中心横轴转动的圆柱形铁心（这个转动的部分通常称为电
枢），在它上面装有矩形线圈 abcd。线圈的末端 a 和 d 分别接到称为换向片的两个半圆形铜
环上。换向片之间彼此绝缘，它们和电枢装在同一根轴上，可随电枢一起转动。A 和 B 是两

个固定不动的碳质电刷，它们和换向片之间滑动接触，来自直流电源的电流就是通过电刷和换向片流到电枢的线圈中。

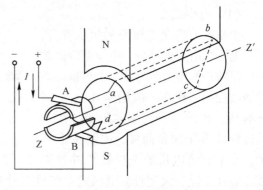

图 3-9　直流电机模型

1. 直流电机的工作原理

电机接入直流电源以后，电刷 A 为正极性，电刷 B 为负极性。电流从正电刷 A 经线圈 $ab{\rightarrow}cd$，到负电刷 B 流出。根据电磁力定律，在载流导体与磁力线垂直的条件下，线圈每一个有效边将受到一电磁力的作用，电磁力的方向可用左手定则判断。在换向器与静止电刷的相互配合作用下，线圈不论转到何处，电刷 A 始终与运动到 N 极下的线圈边相接触，而电刷 B 始终与运动到 S 极下的线圈边相接触，这就保证了电流总是由电刷 A 经 N 极下的导体流入，再沿 S 极下的导体经电刷 B 流出。因而，电磁力和电磁转矩的方向始终保持不变，使电机能沿逆时针方向连续转动。

2. 直流电机的励磁方式

通过对直流电机的原理分析可知，直流电机工作时，首先需要建立一个磁场，该磁场由定子结构中的主磁极产生，主磁极可以是永磁体或励磁绕组。由永磁体形成磁场的电机叫永磁直流电机；由励磁绕组形成磁场的直流电机，根据励磁绕组和电枢绕组连接方式的不同，直流电机可分为他励式直流电机、并励式直流电机、串励式直流电机和复励式直流电机，如图 3-10 所示。

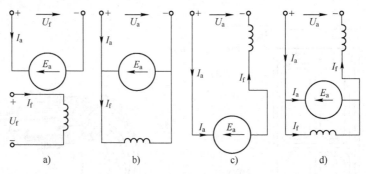

图 3-10　直流电机的励磁方式
a) 他励式　b) 并励式　c) 串励式　d) 复励式

（1）他励式直流电机

他励式直流电机的励磁绕组与电枢绕组的电源没有连接关系（见图 3-10a），而由其他直流电源对励磁绕组供电，因此励磁电流不受电枢端电压或电枢电流的影响，永磁直流电机也可以看作是这一类。

他励式直流电机在运行过程中励磁磁场稳定而且容易控制，易于实现电动汽车的再生制动要求。当采用永磁励磁时，虽然电机效率高，质量和体积小，但由于励磁磁场恒定不变，电机的机械特性不理想，难以满足电动汽车起动和加速时的大转矩要求。

（2）并励式直流电机

并励直流电机的励磁绕组与电枢绕组并联，如图 3-10b 所示。其特点是励磁电流 I_f 不仅与励磁回路电阻有关，还受电枢端电压 U_a 的影响。

（3）串励式直流电机

励磁绕组和电枢绕组串联在同一电源上，如图 3-10c 所示。励磁绕组通过的电流和电枢绕组的电流大小相等，电机的磁场随着电枢电流的改变有显著的变化。为了使励磁绕组不产生较大的损耗，励磁绕组的电阻越小越好，所以串励式直流电机通常用较粗的导线绕成匝数较少的绕组。

串励式直流电机在低速运行时，能给电动汽车提供足够大的转矩；在高速运行时，电机电枢绕组中的反电动势增大，与之串联的励磁绕组中的励磁电流减小，电机高速运行时的弱磁调速功能易于实现，因此串励式直流电机驱动系统能较好地满足电动汽车的运行特性需求。但串励式直流电机由低速到高速运行时弱磁调速特性不理想，随着行驶速度的提高，电机输出转矩快速减小，不能满足电动汽车高速行驶时为克服风阻所需要较大输出转矩的要求。

（4）复励式直流电机

复励式直流电机的励磁绕组既有并联绕组，又有串联绕组，串励绕组和并励绕组共同接在主磁极上。如图 3-10d 所示，并励匝数较多，串励匝数较少，所以具有串励和并励直流电机的特点。若串、并励磁动势方向相同，则为积复励；若串、并励磁动势方向相反，则为差复励。

3. 直流电机的铭牌数据

表征电机额定运行情况的各种数据称为额定值。额定值一般都标注在电机的铭牌上，所以也称为铭牌数据，它是合理选用电机的依据。直流电机的额定数据主要有以下几种。

（1）额定电压 $U_N(V)$

在额定情况下，电刷两端输出（发电机）或输入（电动机）的电压称为额定电压 U_N。

（2）额定电流 $I_N(A)$

在额定情况下，允许电机长期流出或流入的电流称为额定电流 I_N。

（3）额定功率（额定容量）$P_N(kW)$

电机在额定情况下允许输出的功率称为额定功率 P_N。对于发电机，额定功率是指向负载输出的电功率，即 $P_N = U_N I_N$；对于电动机，额定功率是指电机轴上输出的功率，即 $P_N = U_N I_N \eta_N$。

（4）额定转速 $n_N(r/min)$

在额定功率、额定电压、额定电流时电机的转速称为额定转速 n_N。

（5）额定效率 η_N

输出功率与输入功率之比，称为电机的额定效率，即

$$\eta_N = \frac{输出功率}{输入功率} \times 100\% = \frac{P_2}{P_1} \times 100\% \tag{3-1}$$

电机在工作时，由于负载的变化，并不能一直保持在额定状态下运行。电机在接近额定的状态下运行，才是较经济的。

3.2.3 直流电机的数学模型

直流电机的数学模型比较简单，可由电枢绕组的等效电路和励磁绕组的等效电路来进行表示。如图 3-11 所示，电枢绕组等效电路为直流电源（电压 U）、电阻（大小为线圈的直

流电阻）、理想电机（即无电阻电机）和导线组成的一个串联回路。要建立直流电机的数学模型，首先需要知道直流电机电枢电动势和电磁转矩的表达式，然后根据基尔霍夫电压定律和牛顿定律列出电机主电路电压平衡方程式、励磁电路电压平衡方程式和转轴上转矩平衡方程式等基本方程式。

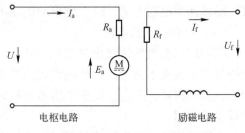

图 3-11　直流电机的等效电路

1. 电枢电动势

电枢电动势是直流电机在正常工作时，电枢绕组切割气隙磁场所产生的电动势。根据直流电机的运行原理，可以推导出电枢电动势 E_a 为

$$E_a = \frac{pN}{60a}\Phi n = C_e\Phi n \qquad (3-2)$$

式中，p 为电机磁极对数；N 为电枢绕组总的导体数；a 为电枢绕组的支路对数；Φ 为电机的每极磁通（Wb）；n 为转速（r/min）；$C_e = \dfrac{pN}{60a}$ 为电动势常数，仅与电机结构有关。

2. 电磁转矩

电磁转矩是直流电机的电枢绕组流过电流时，载流导体在磁场中受力而产生的总转矩。根据直流电机的运行原理，可以推导出电磁转矩 T_{em} 为

$$T_{em} = \frac{pN}{2\pi a}\Phi I_a = C_T\Phi I_a \qquad (3-3)$$

式中，I_a 为电枢电流；$C_T = \dfrac{pN}{2\pi a}$ 为转矩常数。

3. 直流电机的基本方程

直流电机的基本方程式包括电压平衡方程、电磁转矩平衡方程和功率平衡方程。在列直流电机的基本方程之前，各有关物理量如电压、感应电动势、电流转矩等，都应事先规定好其参考方向。直流电机各参考量的方向是任意的，但一旦标定好后就不应当再改变，所有的方程均按参考方向的标定进行列写。图 3-12 所标定的参考方向称为电机惯例标注参考方向。

根据电机惯例，电机主电路电压平衡方程式如下：

$$U = E_a + R_a I_a \qquad (3-4)$$

励磁电路电压平衡方程式如下：

$$U_f = R_f I_f \qquad (3-5)$$

转轴上转矩平衡方程式如下：

$$T_{em} = T_2 + T_0 \qquad (3-6)$$

式中，T_0 为空载转矩；T_2 是电机转轴上的输出机械转矩（即负载转矩）。

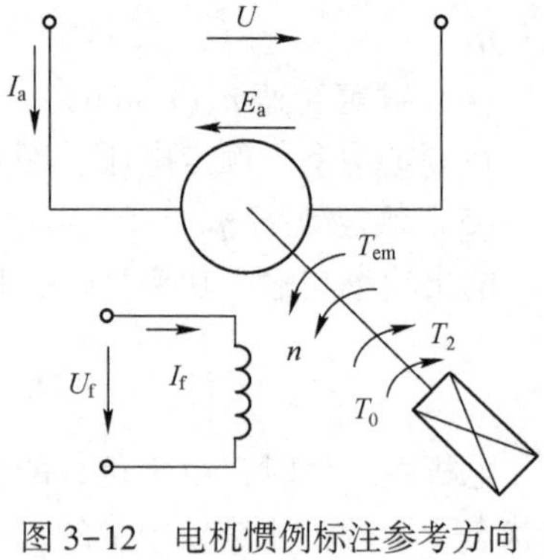

式（3-4）两端同时乘以 I_a，可得功率平衡方程为

$$P_1 = P_{em} + P_{Cua} \qquad (3-7)$$

图 3-12　电机惯例标注参考方向

式中，$P_1 = UI_a$ 为直流电源输入给电机的电功率；$P_{em} = E_a I_a$ 为电磁功率；$P_{Cua} = R_a I_a^2$ 为电枢回路铜损耗。

式（3-6）两端同时乘以机械角速度 Ω，可得

$$T_{em}\Omega = T_2\Omega + T_0\Omega \tag{3-8}$$

即

$$P_{em} = P_2 + P_0 \tag{3-9}$$

式中，P_{em} 为电磁功率；P_2 为电机输出的机械功率；P_0 为空载功率损耗。

P_0 又称为不变损耗，其在电机空载时就已经存在，且数值基本不变，主要由电机机械损耗 P_{mec}（包括轴承、电刷摩擦损耗，定、转子空气摩擦损耗，通风损耗等）、铁心损耗 P_{Fe}（主极磁通在转动的电枢铁心中交变，引起磁滞和涡流损耗）以及附加损耗 P_{ad} 组成。

综上，可得直流电机功率平衡方程为

$$P_1 = P_{em} + P_{Cua} = P_2 + P_{mec} + P_{Fe} + P_{ad} = P_2 + \Sigma P \tag{3-10}$$

式中，$\Sigma P = P_{mec} + P_{Fe} + P_{ad}$ 为总的损耗。

直流电机的效率可通过下式进行计算：

$$\eta = \frac{P_2}{P_1} = 1 - \frac{\Sigma P}{P_2 + \Sigma P} \tag{3-11}$$

4. 直流电机的机械特性

电机机械特性表征电机轴上所产生的电磁转矩 T_{em} 和相应的运行转速 n 之间的关系，以函数 $n = f(T_{em})$ 表示。

根据式（3-2）和式（3-4），可得直流电机的机械特性数学方程式为

$$n = \frac{U}{C_e\Phi} - \frac{R_a + R_c}{C_e C_T \Phi^2}T_{em} = n_0 - \beta T_{em} \tag{3-12}$$

式中，R_a 为电枢绕组内电阻；R_c 为电枢外接电阻；$n_0 = U/(C_e\Phi)$ 为理想空载转速；$\beta = (R_a + R_c)/(C_e C_T \Phi^2)$ 为机械特性斜率。

3.2.4　直流电机的控制

电动汽车的运行模式一般包括前进、倒车、制动、空档、驻车和停车 6 种。在实际行驶过程中，也常会遇到上坡、平路以及下坡等不同路况。为满足电动汽车不同的运行模式需求，需要对直流电机进行起动、反转以及调速等控制。下面对直流电机的常用控制方法进行说明。

1. 直流电机的起动

直流电机的转速从零增加到稳定运行速度的过程称为起动过程（或称起动）。要使电机起动过程达到最优，应考虑的问题包括以下几个。

1）要有足够大的起动转矩。

2）起动电流要限制在一定的范围内。

3）起动设备要简单、可靠。

4）起动过程是否平滑。

5）起动过程中的能量耗损和发热量的大小。

直流电机在起动过程中，要求起动电流不能很大，起动转矩要足够大，以便缩短起动时间、提高生产效率。为了限制起动电流，直流电机通常采用电枢回路串电阻起动或降低电枢电压起动。无论采用哪种起动方法，起动时都应保证电机的磁通达到最大值。这是因为在同样的电流下，Φ 越大则 T_{st} 越大；而在同样的转矩下，Φ 越大则 I_{st} 可以小一些。

（1）电枢回路串电阻起动

电机起动前，应使励磁回路调节电阻 $R_{st} = 0$，这样励磁电流 I_f 最大，使得磁通 Φ 最大。

电枢回路串接起动电阻 R_{st}，在额定电压下的起动电流为

$$I_{st} = \frac{U_N}{R_a + R_{st}} \tag{3-13}$$

式中，R_{st} 应使 I_{st} 不大于允许值。对于普通直流电机，一般要求 $I_{st} \leqslant (1.5 \sim 2)I_N$。

在起动电流产生的起动转矩作用下，电机开始转动并逐渐加速，随着转速的升高，电枢电动势（反电动势）E_a 逐渐增大，使电枢电流逐渐减小，这样转速的上升就逐渐缓慢下来。为了缩短起动时间，需保持电机在起动过程中的加速度不变，就要求在起动过程中电枢电流维持不变，因此随着电机转速的升高，应将起动电阻平滑地切除，最后使电机转速达到运行值。

实际上，平滑地切除电阻是不可能的，一般是在电阻回路中串入多级（通常是 2~5 级）电阻，在起动过程中逐级加以切除。起动电阻的级数越多，起动过程就越快且越平稳，但所需要的控制设备就越多，投资也越大。图 3-13 所示是采用三级电阻起动时电机的电路原理图及其机械特性。

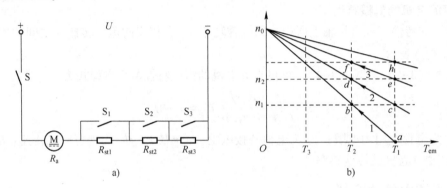

图 3-13　直流电机的三级电阻起动
a）电路原理图　b）机械特性

起动开始时，接触器的触点 S 闭合，而 S_1、S_2、S_3 断开，如图 3-13a 所示，额定电压加在电枢回路总电阻 $R_3(R_3 = R_a + R_{st1} + R_{st2} + R_{st3})$ 上，起动电流为 $I_1 = U_N/R_3$，此时起动电流 I_1 和起动转矩 T_1 均达到最大值（通常取额定值的 2 倍左右）。

接入全部起动电阻时的人为特性如图 3-13b 中的曲线 1 所示。起动瞬间对应的 a 点，因为起动转矩 T_1 大于负载转矩 T_L，所以电机开始加速，电动势 E_a 逐渐增大，电枢电流和电磁转矩逐渐减小，工作点沿曲线 1 箭头方向移动。当转速升高到 n_1，电流降至 I_2〔I_2 称为切换电流，一般取 $I_2 = (1.1 \sim 1.2)I_N$，$T_2 = (1.1 \sim 1.2)T_N$〕，转矩减至 T_2（图中 b 点）时，触点 S_3 闭合，切除电阻 R_{st3}。切除 R_{st3} 后，电枢回路电阻减小为 $R_2 = R_a + R_{st1} + R_{st2}$，与之对应的人为特性如图 3-13b 中的曲线 2 所示。在切除电阻瞬间，由于机械惯性，转速不能突变，所以电机的工作点由 b 点沿水平方向跃变到曲线 2 上的 c 点。选择适当的各级起动电阻，可使 c 点的电流仍为 I_1，这样电机又处在最大转矩 T_1 下进行加速，工作点沿曲线 2 箭头方向移动。当到达 d 点时，转速升至 n_2，电流又降至 I_2，转矩也降至 T_2。此时，触点 S_2 闭合，将 R_{st2} 切除，电枢回路电阻变为 $R_1 = R_a + R_{st1}$，工作点由 d 点平移到人为特性曲线 3 上的 e 点。e 点的电流和转矩仍为最大值，电机又处在最大转矩 T_1 下加速，工作点在曲线 3 上移动。当转速升至 n_3 时，即在 f 点切除最后一级电阻 R_{st1} 后，电机将过渡到固有特性上，并加速到 h 点稳定运行，起动过程结束。

（2）减压起动

当直流电源电压可调时，可以采用减压方法起动。起动时，以较低的电源电压起动电机，起动电流便随电压的降低而正比减小。随着电机转速的上升，反电动势逐渐增大，再逐渐提高电源电压，使起动电流和起动转矩保持在一定的数值上，从而保证电机按需要的加速度升速。减压起动虽然需要专用电源，设备投资较大，但它起动平稳，起动过程中能量损耗小，因而得到了广泛的应用。

2. 直流电机的反转

许多生产机械要求电机做正、反转运行，如起重机的升降、龙门刨床的前进与后退等。直流电机的转向是由电枢电流方向和主磁场方向确定的，要改变其转向，一是改变电枢电流的方向，二是改变励磁电流的方向。如果同时改变电枢电流和励磁电流的方向，则电机的转向不会改变。

3. 直流电机的制动

根据电磁转矩 T_{em} 和转速 n 方向之间的关系，可以把电机分为两种运行状态。当 T_{em} 与 n 方向相同时，称为电动运行状态，简称电动状态；当 T_{em} 与 n 方向相反时，称为制动运行状态，简称制动状态。直流电机的制动有能耗制动、反接制动和回馈制动三种方式，下面分别加以介绍。

（1）能耗制动

图 3-14 是能耗制动的接线图。开关 S 接电源侧时为电动运行状态，此时电枢电流 I_a、电枢电动势 E_a、转速 n 及电磁转矩 T_{em} 的方向如图所示。当需要制动时，将开关 S 投向制动电阻 R_B 上，电机便进入能耗制动状态。

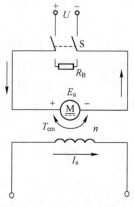

图 3-14　能耗制动接线图

初始制动时，因为磁通保持不变，电枢存在惯性，其转速 n 不能马上降为零，而是保持原来的方向旋转，于是 n 和 E_a 的方向均不改变。但是，E_a 在闭合回路内产生的电枢电流 I_{aB} 却与电动状态时电枢电流 I_a 的方向相反，由此而产生的电磁转矩 T_{emB} 也与电动状态时 T_{em} 的方向相反，变为制动转矩，于是电机处于制动运行状态。制动运行时，电机靠生产机械惯性力的拖动而发电，将生产机械储存的动能转换成电能，并消耗在电阻上，直到电机停止转动为止，所以这种制动方式称为能耗制动。

能耗制动时的机械特性，就是在 $U=0$、$\Phi=\Phi_N$、$R=R_a+R_B$ 条件下的一条人为机械特性，即

$$n=-\frac{R_a+R_B}{C_e C_T \Phi_N^2}T_{em} \qquad (3-14)$$

或

$$n=-\frac{R_a+R_B}{C_e \Phi_N}I_a \qquad (3-15)$$

可见，能耗制动时的机械性是一条通过坐标原点的直线，其理想空载转速为零，特性的斜率 $\beta=-\dfrac{R_a+R_B}{C_e C_T \Phi_N^2}$，与电动状态下电枢串电阻 R_B 时的人为特性的斜率相同，如图 3-15 中直线 BC 所示。

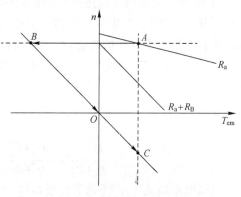

图 3-15　能耗制动时的机械特性

能耗制动时，电机工作点的变化情况可用机械特性曲线进行说明。设制动前工作点在固有特性曲线 A 点处，其 $n>0$，$T_{em}>0$ 为驱动转矩。开始制动时，因转速 n 不能突变，工作点将沿水平方向跃变到能耗制动特性曲线上的 B 点。在 B 点，$n>0$，$T_{em}<0$，电磁转矩变为制动转矩，于是电机开始减速，工作点沿 BO 方向移动。

若电机拖动反抗性负载，则工作点到达 O 点时，$n=0$，$T_{em}=0$，电机便停转。若电机拖动位能性负载，则工作点到达 O 点时，虽然 $n=0$，$T_{em}=0$，但在位能负载的作用下，电机反转并加速，工作点将沿曲线 OC 方向移动。此时 E_a 的方向随 n 的反向而反向，即 n 和 E_a 的方向均与电动状态时相反，而 E_a 产生的 I_a 方向与电动状态时相同，随之 T_{em} 的方向也与电动状态时相同，即 $n<0$，$T_{em}>0$，电磁转矩仍为制动转矩。随着反向转速的增加，制动转矩也不断增大，当制动转矩与负载转矩平衡时，电机便在某一转速下处于稳定的制动状态运行，即匀速下放重物，如图 3-15 中的 C 点。

改变制动电阻 R_B 的大小，可以改变能耗制动特性曲线的斜率，从而改变起始制动转矩的大小以及下放位能负载时的稳定速度。R_B 越小，特性曲线的斜率越小，起始制动转矩越大，而下放位能负载的速度越小。减小制动电阻，可以增大制动转矩，缩短制动时间，提高工作效率。但制动电阻太小，将会造成制动电流过大，通常限制最大制动电流不超过 2~2.5 倍的额定电流。因此，选择制动电阻的原则是

$$I_{aB}=\frac{E_a}{R_a+R_B}\leqslant I_{max}=(2\sim2.5)I_N \tag{3-16}$$

即

$$R_B\geqslant\frac{E_a}{(2\sim2.5)I_N}-R_a \tag{3-17}$$

式中，E_a 为制动瞬间（制动前电动状态时）的电枢电动势。如果制动前电机处于额定运行状态，则 $E_a=U_N-R_aI_N\approx U$。

能耗制动操作简单，实现方便，但随着转速的下降，电动势减小，制动电流和制动转矩也随之减小，制动效果变差。若为了使电机能更快停转，可以在转速降低到一定程度时，切除一部分制动电阻，使制动转矩增大，从而加强制动作用。

（2）反接制动

反接制动通过反接相序，使电机产生起阻滞作用的反向转矩以便制动电机，通常分为电压反接制动和倒拉反接制动两种。

1）电压反接制动。电压反接制动时的接线图如图 3-16 所示。开关 S 投向"电动"侧时，电枢接正极性的电源电压，此时电机处于电动状态运行。进行制动时，开关 S 投向"制动"侧，此时电枢回路串入制动电阻 R_B 后，接上极性相反的电源电压，即电枢电压由原来的正值变为负值。此时，在电枢回路内，U 与 E_a 顺向串联，共同产生很大的反向电流：

$$I_{aB}=\frac{-U_N-E_a}{R_a+R_B}=-\frac{U_N+E_a}{R_a+R_B} \tag{3-18}$$

反向电枢电流 I_{aB} 产生很大的反向电磁转矩 T_{emg}，从而产生很强的制动作用，这就是电压反接制动。

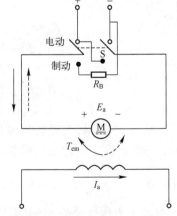

图 3-16　电压反接制动接线图

电动状态时，电枢电流的大小由 U_N 与 E_a 之差决定，而反接制动时，电枢电流的大小由 U_N 与 E_a 之和决定，因此反接制动时电枢电流是非常大的。为了限制过大的电枢电流，反接制动时必须在电枢回路中串接制动电阻 R_B。反接制动时电枢电流不超过电机的最大允许值 $I_{max}=(2\sim2.5)I_N$，因此应串入的制动电阻值为

$$R_B \geqslant \frac{U_N+E_a}{(2\sim2.5)I_N}-R_a \tag{3-19}$$

电压反接制动时的机械特性就是在 $U=U_N$，$\Phi=\Phi_N$，$R=R_a+R_B$ 条件下的一条人为特性，即

$$n=-\frac{U_N}{C_e\Phi_N}-\frac{R_a+R_B}{C_e C_T \Phi_N^2}T_{em} \tag{3-20}$$

$$n=-\frac{U_N}{C_e\Phi_N}-\frac{R_a+R_B}{C_e \Phi_N}I_a \tag{3-21}$$

可见，其特性曲线是一条通过 $-n_0$ 点、斜率为 $(R_a+R_B)/(C_e C_T \Phi_N^2)$ 的直线，如图 3-17 中线段 BC 所示。

电压反接制动时电机工作点的变化情况可用图 3-17 进行说明。设电机原来工作在固有特性上的 A 点，反接制动时，由于转速不突变，工作点沿水平方向跃变到反接制动特性上的 B 点，之后在制动转矩作用下，转速开始下降，工作点沿 BC 方向移动，当到达 C 点时，制动过程结束。在 C 点，$n=0$，但制动的电磁转矩 $T_{emB}=T_C\neq0$，如果负载是反抗性负载，且 $|T_c|\leqslant|T_L|$ 时，电机便停止不转。如果 $|T_c|\geqslant|T_L|$ 时，这时在反向转矩作用下，电机将反向起动，并沿特性曲线加速到 D 点，进入反向电动状态运行。当制动的目的就是停车时，那么在电机转速接近于零时，必须立即断开电源。

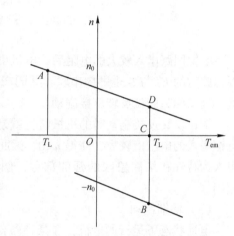

图 3-17 电压反接制动时的机械特性

反接制动过程中（图 3-17 中 BC 段），U、I_a、T_{em} 均为负，而 n、E_a 为正。输入功率 $P_1=UI_a>0$，表明电机从电源输入电功率；输出功率 $P_2=T_2\Omega\approx T_{em}\Omega<0$，表明轴上输入的机械功率转变成电枢回路的电功率。由此可见，反接制动时，从电源输入的电功率和从轴上输入的机械功率转变成的电功率一起全部消失在电枢回路的电阻 (R_a+R_B) 上，其能量损耗是很大的。

2）倒拉反转反接制动。倒拉反转反接制动只适用于位能性恒转矩负载。现以起重机下放重物为例来进行说明。

图 3-18a 所示为正向电动状态（提升重物）时电机的各物理量方向，此时电机工作在固有特性（见图 3-18c）上的 A 点。如果在电枢回路中串入一个较大的电阻 R_B，便可实现倒拉反转反接制动。串入 R_B 将得到一条斜率较大的人为特性，如图 3-18c 中的直线 BCD 所示。制动过程如下：串电阻瞬间，因转速不能突变，所以工作点由固有特性上的 A 点沿水平跳跃到人为特性上的 B 点，此时电磁转矩 T_B 小于负载转矩 T_L，于是电机开始减速，工作点沿人为特性由 B 点向 C 点变化，到达 C 点时，$n=0$，电磁转矩为堵转转矩 T_K，因 T_K 仍小于负载转矩 T_C，所以在重物的重力作用下电机将反向旋转，即下放重物。因为励磁不变，

所以 E_a 随 n 的方向而改变方向，由图 3-18b 可以看出 I_a 的方向不变，故 T_{em} 的方向也不变。这样，电机反转后，电磁转矩为制动转矩，电机处于制动状态，如图 3-18c 中的 CD 段所示。随着电机反向转速的增加，E_a 增大，电枢电流 I_a 和制动的电磁转矩 T_{em} 也相应增大，当到达 D 点时，电磁转矩与负载转矩平衡，电机便以稳定的转速匀速下放重物。若电机串入 R_B 越大，最后稳定的转速越高，下放重物的速度也越快。

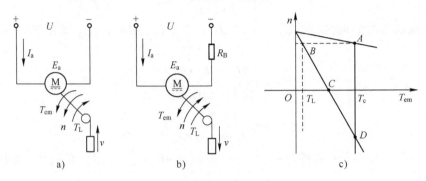

图 3-18　倒拉反转反接制动
a）正向电动状态　b）反向电动状态　c）机械特性图

电枢回路串入较大的电阻后，电机出现反转制动运行，主要是位能负载的倒拉作用，又因为此时的 E_a 与 U 也顺向串联，共同产生电枢电流，这一点与电压反接制动相似，因此把这种制动称为倒拉反转反接制动。

倒拉反转反接制动时的机械特性就是电动状态时电枢串联电阻的人为特性，只不过此时电枢串入的电阻值较大，使得 $n<0$。因此，倒拉反转反接制动特性曲线是电动状态电枢串电阻人为特性在第四象限的延伸部分，倒拉反转反接制动时的能量关系和电压反接制动时相同。

（3）回馈制动

电动状态下运行的电机，在某种条件下（如电动汽车下坡时）会出现运行转速 n 高于理想空载转速 n_0 的情况，此时 $E_a>U$，电枢电流反向，电磁转矩的方向也随之改变，由驱动转矩变成制动转矩。从能量传递方向看，电机处于发电状态，将电动汽车下坡时失去的位能变成电能回馈给动力电池，因此这种状态称为回馈制动状态。

回馈制动时电机的机械特性与电动状态时相同，只是运行在特性曲线上不同的区段而已。当电动汽车下坡出现回馈制动时，其机械特性位于第二象限，如图 3-19 中的 n_0-A 段。当电机拖动起重机下放重物出现回馈制动时，其机械特性位于第四象限，如图 3-19 中的 $-n_0$-B 段。图 3-19 中的 A 点是电机处于正向回馈制动稳定运行点，表示电动汽车以恒定的速度下坡。图 3-19 中的 B 点是电机处于正向回馈制动稳定运行点，表示重物匀速下放。

除以上两种回馈制动外，还有一种发生在动态过程中的回馈制动过程，如降低电枢电压的调速过程和弱磁状态下增磁调速过程。下面对这两种情况进行说明。

在图 3-20 中，A 点是电动状态运行的工作点，对应电压为 U_1，转速为 n_A。当进行降压（U_1 降为 U_2）调速时，因转速不突变，工作点由 A 点平移到 B 点，此后工作点在降压人为特性的 $B_{n_{02}}$ 段上变化的过程即为回馈制动过程，它起到了加快电机减速的作用，当转速到 n_{02} 时，制动过程结束。从 n_{02} 降到 C 点转速 n_C 的过程为电动状态减速过程。

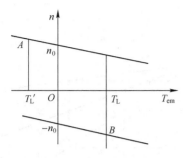

图 3-19　回馈制动机械特性

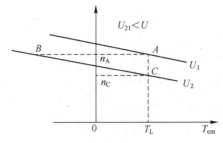

图 3-20　降压调速时产生回馈制动

在图 3-21 中，磁通由 Φ_1 增大到 Φ_2 时，工作点的变化情况与图 3-20 相同，其工作点在 Bn_{02} 段上变化时也为回馈制动过程。

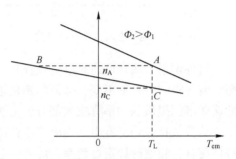

图 3-21　增磁调速时产生回馈制动

回馈制动时，由于有功率回馈到电网或储能装置，因此与能耗制动和反接制动相比，回馈制动是比较经济的。

4. 直流电机的调速

为了提高生产率和保证产品质量，大量的生产机械要求在不同的条件下采用不同的速度。负载不变时，人为地改变生产机械的工作速度称为调速。稳态时，电机的电磁转矩 T_{em} 由负载 T_L 决定，根据式（3-12）所示的直流电机的机械特性方程，要调节转速 n，可以采用改变电源电压 U、改变电枢回路总电阻 R_Σ 和改变磁通 Φ 三种方法。

（1）降低电源电压调速

降压调速的原理可用图 3-22 说明。设电机拖动恒转矩负载 T_L，在额定电压 U_N 下运行。电机工作于 A 点，转速为 n_A，如图 3-22 中曲线 1 所示。现将电源电压降为 U_1，忽略电磁惯性，电机的机械特性如图 3-22 中曲线 2 所示。由于电机的转速不能突变，机械特性由特性 1 变为特性 2，电机的运行点由 A 点变为 C 点。在 C 点，对应的电磁转矩为 T_C，$T_C<T_L$，电机将减速。随着转速的下降，反电动势 E_a 减小，电流增加，电磁转矩亦增大，减速过程沿特性 2 由 C 点至 B 点，到达 B 点以后，$T_B=T_L$，电机进入新的稳态以转速 n_B 运行。

同理，当将电源电压从 U_1 降为 U_2 时，电机稳定后在转速 n_D 下运行。从图 3-22 中可看出，当逐步降低电源电压时，稳态转速也依次降低。

降压调速可以得到较大的调速范围，只要电源电压连续可调，就可实现转速的平滑调节，即无级调速。

（2）电枢回路串电阻调速

电枢回路串电阻调速原理可用图 3-23 来说明。设电机拖动恒转矩负载，运行于 A 点，当电枢回路串入电阻 R_{e1}，电机的机械特性变为 2。由于电机的转速不能突变，于是电机的运行点将由 A 点变为 C 点，C 点所对应的电磁转矩为 T_C，显然 $T_C<T_L$，电机将减速，在到达 B 点以前，T_{em} 始终小于 T_L，故减速过程沿机械特性 2 由 C 点向 B 点进行，在 B 点 $T_B=T_L$ 进入新的稳态，于是电机的转速由 n_A 至 n_B。

同理，当电枢回路串入电阻 R_{e1} 变为 R_{e2} 时，电机稳定后在转速 n_D 下运行。从图 3-23 中可看出，当电枢回路串入电阻变大时，稳态转速也依次降低。

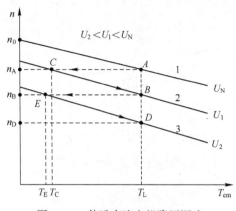

图 3-22　他励直流电机降压调速

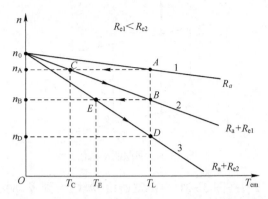

图 3-23　他励直流电机电枢回路串电阻调速

这种调速方法在低速时电能损耗较大。对于恒转矩负载，调速前后稳态电流不变，故从储能装置吸收的功率不变，降低转速使输出功率减小，说明损耗增大。所以，串电阻调速在低速时电源提供的功率有较大部分转变为电阻损耗，从而使系统效率降低。

从机械特性还可看出，当电机空载或轻载时，串电阻调速范围很小；而速度调得越低，特性越软，转速的稳定性越差。此外，这种调速方法只能实现有级调速，平滑性较差。这种调速方法的优点是设备不太复杂，操作比较简单。

（3）弱磁调速

弱磁调速原理可用图 3-24 来说明。设电机带恒转矩负载 T_L，运行于固有特性 1 上的 A 点。弱磁后，机械特性由 1 变为 2，因转速不能突变，电机的运行点由 A 点变为 C 点。由于磁通减小，反电动势也减小，导致电枢电流增大。尽管磁通减小，但由于电枢电流增加很多，使电磁转矩大于负载转矩，电机将加速，一直加速到新的稳态运行点 B 点，使电机的转速大于固有特性的理想空载转速，所以一般弱磁调速用于升速。

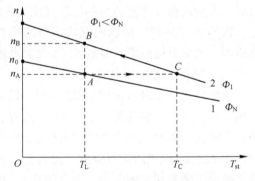

图 3-24　他励直流电机弱磁调速

弱磁调速是在励磁回路中调节，因电压较低、电流较小而较为方便，但调速范围一般较小。直流调速一般在额定转速以下用降压调速，而在额定转速以上用弱磁调速。

3.2.5　直流电机的特点及应用

直流电机是将直流电能转换为机械能的电机，因其良好的调速性能而在电力拖动中得到广泛应用。直流电机的特点如下。

1）调速性能好。直流电机可以在重负荷条件下，实现平滑的无级调速，而且调速范围较宽。

2）起动转矩大。可以均匀且经济地实现转速调节，因此凡是在重负荷下起动或者要求均匀调节转速的机械，都可以使用直流电机。

3）控制简单。一般用斩波器控制，其具有效率高、控制灵活、质量和体积小、响应速度快等优点。

4）易磨损。由于存在电刷、换向器等易损件，所以必须进行定期维护或更换。

作为电动汽车驱动电机的直流电机主要分为他励式直流电机（包括永磁直流电机）、串励式直流电机和复励式直流电机 3 种类型。小功率（<10 kW）的电机多采用小型高效的永磁式直流电机，一般应用在小型、低速的车辆上，如电动自行车、电动观光车、电动叉车、警用巡逻车等；中等功率（10~100 kW）的电机多采用复励式，可以用于结构简单、转矩较大的电动火车上；大功率（>100 kW）的电机多采用串励式，可以用于低转速、大转矩的大型专用电动车上，如电动矿石搬运车、电动玻璃搬运车等。

直流电机的效率和转速相对较低，运行时需要电刷和机械换向装置，在换向过程中容易出现电火花及电磁干扰，不宜在多尘潮湿、易燃易爆的环境中使用。由于机械磨损、电刷和换向器需要定期维护更换，加之直流电机造价高且质量体积大，这些缺点大大降低了直流电机的可靠性和适用范围，一定程度上也限制了其在电动汽车领域的发展及应用。在早期的电动汽车或希望获得更简单结构的电动汽车中（如场地电动车和专用电动车），直流电机应用较多，但随着电力电子技术及电机控制技术的发展，直流电机与其他类型的电机相比已明显处于劣势。

3.3 交流异步电机

交流异步电机是由气隙旋转磁场与转子绕组感应电流相互作用产生电磁转矩，从而将电能转换为机械能的一种交流电机。交流异步电机是各类电机中应用最广、需求量最大的一种。按转子结构来分，交流异步电机可分为笼型和绕线转子两种；按定子绕组相数来分，则可分为单相交流异步电机和三相交流异步电机两类。在电动汽车中，笼型交流异步电机应用较为广泛，具有结构简单、制造成本低、维护方便等优点。

3.3.1 交流异步电机的基本结构

交流异步电机的基本结构如图 3-25 所示，它由静止的定子和可以旋转的转子组成。定子和转子之间为气隙，交流异步电机的气隙一般为 0.5~2.0 mm，气隙的大小对交流异步电机的性能有很大影响。

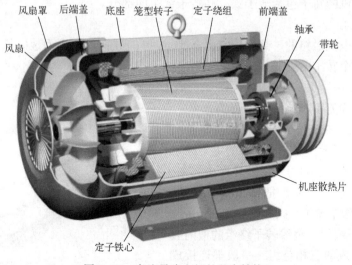

图 3-25 交流异步电机的基本结构

1. 交流异步电机的定子组成

交流异步电机主要由定子铁心、定子绕组、机座等部分组成。

（1）定子铁心

定子铁心作为电机主磁路的一部分，主要用来嵌放定子绕组。为了降低定子铁心的铁损耗，定子铁心一般由0.35~0.50mm厚、表面涂有绝缘漆的硅钢片叠压而成。在铁心的内圆中有均匀分布的槽，用以嵌放定子绕组。定子铁心槽型分为开口槽、半开口槽和半闭口槽3种。其中，开口槽用于大、中型容量的高压异步电机；半开口槽用于中型500V以下的异步电机；半闭口槽用于小型容量的低压异步电机。

（2）定子绕组

定子绕组是电机的电路部分，其作用是吸收电功率和产生旋转磁场。定子绕组由3个在空间上互隔120°、对称排列结构完全相同的绕组（每个绕组为一相）组成。定子绕组可根据需要连接成Y或△。对于大、中型容量的高压异步电机定子绕

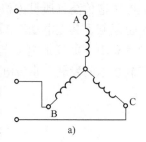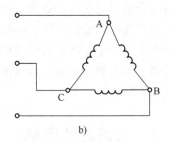

图3-26　定子绕组接法
a）Y联结　b）△联结

组，常采用Y联结，只有3根引出线，如图3-26a所示。对于中、小型容量的低压异步电机，通常把定子三相绕组的6根出头线头都引出来，根据需要可接成Y或△。△联结如图3-26b所示，定子绕组用绝缘的铜（或铝）导线绕成，嵌放在定子槽内。

（3）机座

机座主要用于固定定子铁心和前、后端盖，支撑转子并起到防护和散热等作用，一般不作为工作磁路的组成部分。大多数采用铸铁铸造而成，大容量的异步电机采用钢板焊接而成，微型异步电机多采用铸铝或塑料制成。电机的防护方式、冷却方式和安装方式的不同，机座的样式也不尽相同。

2. 交流异步电机的转子组成

交流异步电机的转子包括转子铁心和转子绕组两部分。

（1）转子铁心

转子铁心是电机磁路的一部分，它由0.5mm厚的硅钢片叠压而成。铁心固定在转轴或转子支架上，整个转子的外表呈圆柱形。

（2）转子绕组

转子绕组分为笼型和绕线转子两类。

1）笼型绕组：笼型绕组是一个自身短路的绕组。如图3-27所示，在转子铁心的每个槽里嵌放一根导体，在铁心的两端用端环连接起来，形成一个短路的绕组。如果把转子铁心拿掉，剩下的绕组形状像个笼子，因此叫作笼型转子。

2）绕线转子绕组：绕线转子绕组的槽内嵌放用绝缘导线组成的三相绕组，一般都连接成Y。转子绕组的3条引线分别接到3个集电环

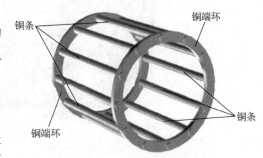

图3-27　笼型转子

上，用一套电刷装置引出来，这就可以把外接电阻串联到转子绕组回路，以改善电机的起动性能或调节电机的转速。

与笼型转子相比较，绕线转子结构复杂、价格较高，主要应用于起动电流小、起动转矩大或需平滑调速的场合。

3.3.2 交流异步电机的工作原理

异步电机工作时，由定子、转子共同建立气隙基波磁场，并与转子绕组的感应电流相互作用产生电磁力，从而形成电磁转矩。

1. 气隙旋转磁场和感应电动势

电磁转矩克服负载转矩输出机械能，实现了从电能到机械能的能量转换。异步电机能够正常工作必须满足以下两个基本条件。

1）电机的定子、转子基波磁动势必须能合成，并在气隙内建立旋转磁场。

2）转子转速必须小于气隙旋转磁场的转速，并且两者保持一定的差值，以保证转子与旋转磁场之间存在相对运行。

气隙基波旋转磁场也就是主磁场，其旋转速度与电源频率的关系为

$$n_s = \frac{60f}{p} \tag{3-22}$$

式中，n_s 为同步转速；f 为定子绕组的供电频率；p 为电机的磁极对数。

当异步电机通入对称的三相交流电时，将会产生一个旋转的气隙磁场，其中通过气隙到达转子的基波磁场称为主磁场；只交链定子绕组就形成闭合回路，未能到达转子的磁场称为漏磁场。该旋转磁场会同时切割定子、转子绕组，这样在两个绕组内会产生相应的感应电动势。由此可见，在这种情况下整个气隙磁场全部是由定子绕组内的三相对称电流产生。为此，定子磁动势又称为励磁磁动势，定子电流也称为励磁电流。由于定子绕组的三相交流电是完全对称的，在此以异步电机 U 相为例进行说明。当 U 相电流达到最大值时，它所对应的磁动势也达到最大。转子不转的异步电机相当于一台二次侧开路的三相变压器，其中定子绕组是一次绕组，转子绕组是二次绕组，只是在磁路中，异步电机定子、转子铁心中多了一个气隙磁路。三相交流电与旋转磁场的对应关系如图 3-28 所示。

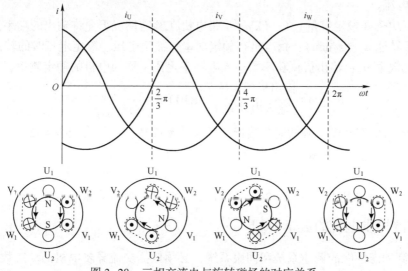

图 3-28　三相交流电与旋转磁场的对应关系

2. 交流异步电机的工作原理

异步电机定子绕组接通三相交流电源后，电机内变形成圆形旋转磁动势以及圆形旋转磁通密度，设其方向为顺时针。若转子不转，笼型转子导条与旋转磁通密度有相对运动，导条中有感应电动势 E_e，方向由右手定则确定。由于转子导条彼此在端部短路，于是导条中有电流，不考虑电动势与电流的相位差时，电流方向与电动势方向相同。这样，导条就在磁场中受力 f，用左手定则确定受力方向，由图 3-29 可知为顺时针旋转方向。

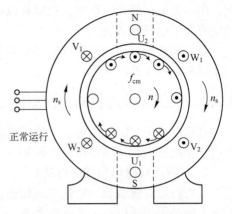

图 3-29 异步电机工作原理

转子受力后，产生转矩 T_{em} 为电磁转矩，方向与旋转磁动势方向相同，转子便在该方向上旋转起来。转子旋转后，转速为 n，只要 $n<n_s$（n_s 为旋转磁动势同步转速），转子导条与磁场仍有相对运动，产生与转子不转时相同方向的电动势、电流及受力，电磁转矩 T_{em} 仍旧为顺时针方向，转子继续旋转，稳定运行在 $T_{em}=T_L$ 的情况下。

由异步电机的工作原理可知，异步电机稳定运行时，转子转速 n 不能等于旋转磁场的同步转速 n_s，存在转差转速 $\Delta n=n_s-n$。转差转速 Δn 与同步转速之比为异步电机的转差率，用 s 表示，即

$$s=\frac{\Delta n}{n_s}=\frac{n_s-n}{n_s} \tag{3-23}$$

转差率是异步电机的一个重要参数，正常运行时异步电机转子转速接近于同步转速 n_s，转差率一般为 $0.01\sim0.05$。

3. 交流异步电机铭牌数据

与直流电机类似，交流异步电机铭牌上也标注有表征电机额定运行情况的各种额定数据，主要如下。

1）额定电压 U_N（V）：指电机额定运行状态下加在定子绕组上的线电压。

2）额定电流 I_N（A）：指电机在定子绕组上施加额定电压、轴上输出额定功率时，定子绕组中的线电流。

3）额定功率（额定容量）P_N（kW）：指电机在额定情况下允许输出的功率。

4）额定转速 n_N（r/min）：指电机在额定功率、额定电压、额定电流时的转速。

5）额定效率 η_N：输出机械功率与输入电功率之比，称为电机的额定效率，即

$$\eta=\frac{输出机械功率\ P_2}{输入电功率\ P_1}\times100\%=\frac{P_2}{\sqrt{3}\ UI\cos\varphi} \tag{3-24}$$

电机空载时效率甚低，满载时或接近满载时效率最高，一般为 $75\%\sim92\%$。

6）额定频率 f_N：我国规定工业用电的频率是 50 Hz。

7）额定功率因数 $\cos\varphi$：指电机在额定负载时，定子侧的功率因数。

除此之外，铭牌上还标明了相数、绕组接法、温升、绝缘等级等内容。

3.3.3 交流异步电机的数学模型

要实现高动态性能的调速系统和伺服系统，必须依据交流异步电机的动态数学模型来设计系统。交流异步电机的数学模型是一个高阶、非线性、强耦合的多变量系统。在研究交流

异步电机的数学模型时，常做如下假设。

1）三相绕组对称，在空间上互差 120°，磁动势在空间按正弦分布。

2）忽略铁心损耗。

3）不考虑磁路饱和，即认为各绕组间互感和自感都是线性的。

4）不考虑温度和频率变化对电机参数的影响。

无论电机转子是绕线转子还是笼型转子，都将它等效成三相绕线转子，并折算到定子侧，折算后的定子和转子绕组匝数都相等。这样，实际电机绕组可等效成图 3-30 所示的三相异步电机的物理模型。

在图 3-30 中，定子三相绕组轴线 A、B、C 在空间上是固定的。以 A 轴为参考坐标轴，转子绕组轴线 a、b、c 随转子旋转，转子 a 轴和定子 A 轴间的电角度 θ 为空间角位移变量。规定各绕组电压、电流、磁链的正方向符合电机惯例和右手螺旋定则，这时交流异步电机的数学模型由下述电压方程、磁链方程、转矩方程和运动方程组成。

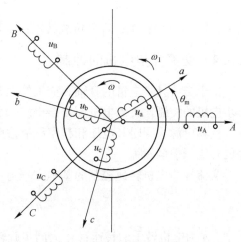

图 3-30　三相异步电机的物理模型

（1）三相定子的电压方程

$$\begin{cases} U_A = r_1 i_A + \dfrac{\mathrm{d}\psi_A}{\mathrm{d}t} \\[2mm] U_B = r_1 i_B + \dfrac{\mathrm{d}\psi_B}{\mathrm{d}t} \\[2mm] U_C = r_1 i_C + \dfrac{\mathrm{d}\psi_C}{\mathrm{d}t} \end{cases} \tag{3-25}$$

式中，U_A、U_B、U_C 为定子三相电压；i_A、i_B、i_C 为定子三相电流；ψ_A、ψ_B、ψ_C 为定子三相绕组磁链；r_1 为定子各相绕组电阻。

三相转子绕组折算到定子侧后的电压方程为

$$\begin{cases} U_a = r_2 i_a + \dfrac{\mathrm{d}\psi_a}{\mathrm{d}t} \\[2mm] U_b = r_2 i_b + \dfrac{\mathrm{d}\psi_b}{\mathrm{d}t} \\[2mm] U_c = r_2 i_c + \dfrac{\mathrm{d}\psi_c}{\mathrm{d}t} \end{cases} \tag{3-26}$$

式中，U_a、U_b、U_c 为转子三相电压；i_a、i_b、i_c 为转子三相电流；ψ_a、ψ_b、ψ_c 为转子三相绕组磁链；r_2 为转子各相绕组电阻。

（2）磁链方程

$$\begin{bmatrix} \psi_A \\ \psi_B \\ \psi_C \\ \psi_a \\ \psi_b \\ \psi_c \end{bmatrix} = \begin{bmatrix} L_{AA} & L_{AB} & L_{AC} & l_{Aa} & l_{Ab} & l_{Ac} \\ L_{BA} & L_{BB} & L_{BC} & l_{Ba} & l_{Bb} & l_{Bc} \\ L_{CA} & L_{CB} & L_{CC} & l_{Ca} & l_{Cb} & l_{Cc} \\ L_{aA} & L_{aB} & L_{aC} & l_{aa} & l_{ab} & l_{ac} \\ L_{bA} & L_{bB} & L_{bC} & l_{ba} & l_{bb} & l_{bc} \\ L_{cA} & L_{cB} & L_{cC} & l_{ca} & l_{cb} & l_{cc} \end{bmatrix} \begin{bmatrix} i_A \\ i_B \\ i_C \\ i_a \\ i_b \\ i_c \end{bmatrix} = \boldsymbol{L}\boldsymbol{i} \tag{3-27}$$

式（3-27）中，矩阵 $\boldsymbol{L}$ 是 6×6 电感矩阵，对角线元素 L_{AA}、L_{BB}、L_{CC}、L_{aa}、L_{ab}、L_{cc} 是各有关绕组的自感，其余各项则是绕组间的互感；$\boldsymbol{i} = (i_A, i_B, i_C, i_a, i_b, i_c)^T$。

（3）电磁转矩方程

$$T_e = \frac{1}{2} p \boldsymbol{i}^T \frac{\partial \boldsymbol{L}}{\partial \theta} \boldsymbol{i} \tag{3-28}$$

式中，p 为电机极对数；θ 为角位移。

（4）运动方程

$$T_e - T_L = \frac{J}{p} \frac{d\omega}{dt} \tag{3-29}$$

式中，T_e 为电磁转矩；T_L 为负载转矩；ω 为电机机械角速度；J 为转动惯量。

3.3.4 交流异步电机的控制

由于交流异步电机的直轴和交轴的耦合作用，导致其动态模型呈高度非线性，使得交流异步电机的控制比直流电机要复杂得多。交流异步电机控制系统的主要作用是为电机提供变压、变频电源，同时其电压和频率能够按照一定的控制策略进行调节，以使驱动系统具有良好的转矩–转速特性。

交流异步电机转速控制的基本方程为

$$n = n_s(1-s) = \frac{60f}{p}(1-s) \tag{3-30}$$

式中，n 为电机转子的转速；n_s 为同步旋转磁场的转速；s 为转差率；p 为磁极对数；f 为电源频率。

1. 交流异步电机的起动

将交流异步电机接入电源，电机由静止不动到以稳定转速运行中所经历的过程称为起动。在刚接入电源的一瞬间，电机转速 $n=0$，此时旋转磁场与转子之间相对运动速度最大。转子绕组中产生的感应电动势和感应电流最大，定子电流也最大，通常为额定电流的 4~7 倍。如果电机不是频繁起动就不会有热量的积累，对电机本身没有多大的影响。但是，过大的起动电流会在供电线路上产生较大的电压降，降低了电网供电的电压，影响到同一供电系统上其他电气设备的正常工作。

另外，交流异步电机在刚起动时，虽然起动电流大，但由于 $s=1$，转子感抗大，这使转子功率因数较小，所以起动转矩并不大，不能带动较大的负载起动。可见，异步电机起动时存在着起动电流大、起动转矩小的问题。因此，常采用不同的起动方法来改善电机的起动性能。

（1）直接起动

通过开关或接触器将电机直接接入电源的起动方法称为直接起动。这种起动方法简单、容易实现，但是否允许电机直接起动，取决于电机容量和供电电源容量之间的比例。

1）若电机的电源具有独立变压器供电，对于不经常起动的交流异步电机，其功率不能超过电源容量的 30%；对于频繁起动的异步电机，其功率不应超过电源容量的 20%。

2）如果没有独立变压器供电，异步电机直接起动时所产生的电压降不应超过额定电压的 5%。

（2）减压起动

对于不允许直接起动的电机，可以采用减压起动的方法来减小起动电流。减压起动时，首先降低加在定子绕组上的电压，待电机的转速接近额定值时，再将定子绕组的电压恢复到额定值，使电机进入正常运行状态。

由于交流异步电机的起动转矩与电源电压的二次方成正比，在降低起动电压、限制起动电流的同时，也大大降低了起动转矩。

2. 交流异步电机的调速

由式（3-30）可知，改变 s、p 和 f 可以调节电机转速，因此可以将交流异步电机的调速方式分为 3 种：变转差率调速、变极调速和变频调速。

（1）变转差率调速

该种调速方式是在绕线转子异步电机的转子绕组中串联接入电阻，通过改变转差率来实现调速。变转差率调速的机械特性如图 3-31 所示。

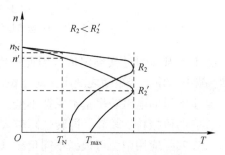

图 3-31 变转差率调速的机械特性

这种调速方法的特点是：旋转磁场转速不变，但其改变了机械特性运行段斜率，转子串入的电阻越大，斜率越大（机械特性越软），随着负载转矩的增加，转速下降就越快，但最大转矩不变。这种调速方法设备简单，可实现连续调速，但在调速电阻上增加了能量损耗。

（2）变极调速

变极调速是通过改变异步电机定子旋转磁场的磁极对数来改变旋转磁场转速 n_s，从而改变电机的转速。每当磁极对数增加一倍，旋转磁场的转速 n_s 就降低一半，转子转速也将降低一半，显然这种调速方法是有级调速。

（3）变频调速

变频调速是通过改变电机的电源频率进行调速。根据交流异步电机的转速公式即式（3-30），在电机极对数一定的情况下，当转差率 s 变化不大时，n 近似正比于频率 f，即改变电源频率就能改变异步电机的转速。

在变频调速中，总希望主磁通 Φ_m 保持不变。若 $\Phi_m > \Phi_{mN}$（Φ_{mN} 为正常运行时的主磁通），则磁路过饱和而使励磁电流增大，功率因数降低；若 $\Phi_m < \Phi_{mN}$，则电机转矩将会下降。在忽略定子漏磁阻抗的情况下，有

$$U_1 \approx E_1 = 4.44 f_1 N_1 k_{w1} \Phi_m \tag{3-31}$$

式中，N_1 为每相定子绕组匝数；k_{w1} 为比例常数。

为了使变频时 Φ_m 维持不变，定子端电压和频率应该成比例变化，即 U_1/f_1 为常值。在实际应用中，由于受电机的额定电压值限制，在有的情况下不能保持 U_1/f_1 为恒定，这样就出现了不同的变频调速控制方式。

1）恒转矩变频调速。该种调速方式是将 f_1 从额定值往下调（同时减少 U_1），由于频率减小，电机转速低。在这种变频调速过程中，由于 $U_1 = 4.44 f_1 N_1 k_{w1} \Phi_m$，$T = C_T \Phi_m I_2 \cos\varphi_2$，如果负载转矩不变，磁通又是恒定的，则转子电流不变，电机输出转矩也不变，故为恒转矩调速。这种保持磁通恒定、输出转矩不变的变频调速机械特性如图 3-32a 所示。这种调速方法的机械特性较硬，即转速降较小，调速范围较宽，但低速性能较差。如果电源频率 f_1 能实现连续调节，就能实现无极变频调速。

2）恒功率变频调速。该种方式是将频率 f_1 从额定值向上调。由于一般不允许将电机的

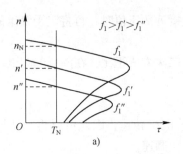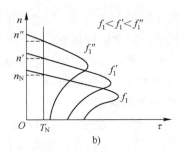

图 3-32　变频调速机械特性

a）磁通恒定、输出转矩不变　b）恒功率

电源电压升高超过其额定值，因此在电源电压 U_1 不变的情况下，提高电源频率会使磁通 Φ_m 减小，输出转矩随之减小。对于恒功率负载，若电机转速升高，其输出转矩会减小，从而异步电机的电磁功率基本保持不变。这种恒功率变频调速方式的机械特性如图 3-31b 所示，它的机械特性较软，即转速降较大，这种调速方式也称为恒压弱磁变频调速。

在实际应用中，可根据不同负载采用不同的调速方式，通常恒转矩负载采用恒转矩调速方式，恒功率负载采用恒功率调速方式。

3）变频器调速。若实现变频调速就要有变频电源，变频电源是由变频器提供的。变频器主要由主电路和控制电路组成，其基本结构如图 3-33 所示。

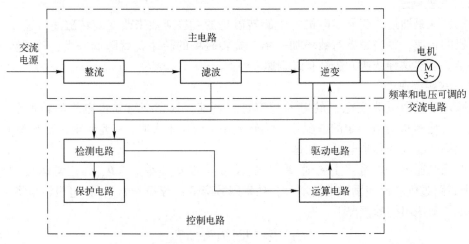

图 3-33　变频器的基本结构

主电路包括整流、滤波和逆变三部分。它的工作原理是：首先将工频交流电压通过整流器转换为直流电压，经过滤波后，通过逆变器将直流电压转换为频率可调的交流电压。

控制电路的功能是向主电路提供控制信号，它包括对电压和频率进行运算的运算电路，对主电路进行电流、电压监测的检测电路，将运算电路的控制信号进行放大的驱动电路以及主电路和控制电路的保护电路。

在现代变频器中，普遍采用正弦波脉冲调制（SPWM）方式，将直流电转换为频率和电压可调的交流电。它是通过改变输出的脉冲宽度，使输出电压的平均值接近于正弦波，即使脉冲序列的占空比按正弦规律来排列。当正弦值为最大值时，脉冲的宽度也最大，当正弦值较小时，脉冲的宽度也较小。如果脉冲间的间隔小，相应的输出电压大；反之，脉冲间的间隔较大，相应的输出电压也较小。变频器输出电压波形如图 3-34 所示。

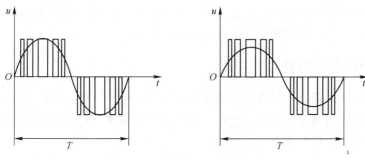

图 3-34　变频器输出电压波形

3. 交流异步电机的制动

当切断三相异步电机供电电源后，电机会依靠惯性继续转动一段时间后才停止。为了保证生产机械工作的准确性和提高生产效率，需要对电机实行制动，即强迫电机迅速停止转动。下面介绍交流异步电机常用的三种制动方法。

（1）能耗制动

这种制动方法是在电机断电之后，立即在定子绕组中通入直流电流，以产生一个与转子旋转方向相反的电磁转矩，迫使电机迅速停下来。如图 3-35 所示，这种利用消耗转子的动能来实现制动的方法称为能耗制动。

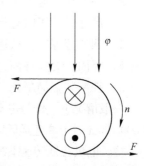

图 3-35　能耗制动原理图

图 3-36 所示为能耗制动电路，电机正常运转时，开关 Q_1 合向"运行"侧；当制动时，开关 Q_1 断开，Q_2 合向"制动"侧；当电机停转后，打开开关 Q_2，切断直流电源。这种制动方法消耗能量小，制动效果较好，但须配直流电源。

（2）反接制动

反接制动是将接到电机定子绕组三相电源的三根导线中的任意两根对调位置，如图 3-37 所示，即通过改变接入电机三相电源的相序来实现制动。当三相电源的相序改变时，电机旋转磁场立即反向旋转，产生的电磁转矩方向与原来的方向相反，即与电机由于惯性仍在转动的方向相反，因此起到了制动的作用。当电机转运降为零时，应及时切断电源，否则电机将反向起动。

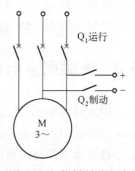

图 3-36　能耗制动电路

在反接制动时，旋转磁场与转子相对速度（n_s+n）很大，因而会在定子、转子中产生很大的电流，为了限制这个电流，通常在定子绕组中串入限流电阻 R。这种制动方法简单，制动转矩大，制动效果好，但能量消耗较大。

（3）发电反馈制动

当转子转速 n 超过旋转磁场转速 n_s，转子所产生的转矩为制动转矩，由于 $n>n_s$，这时转子中产生的感应电动势及感应电流的方向均与电机的电动状态相反，由此产生制动转矩，在制动转矩的作用下，电机转速减小。

在采用变频器对异步电机进行调速时，降低变频器的输出频率使电机处在减速过程中。在减速瞬间，旋转磁场的转速低于电

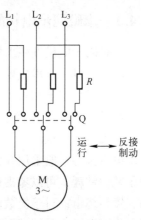

图 3-37　反接制动电路

机的实际转速，异步电机便成为异步发电机，它将机械负载和电机所具有的机械能量反馈给变频器，并在电机中产生制动转矩，故称为发电反馈制动。

3.3.5 交流异步电机的特点及应用

交流异步电机成本低且可靠性高，逆变器即便损坏而产生短路时也不会在电机中产生反电动势，所以不会出现紧急制动的可能性。因此，交流异步电机广泛应用于大型、高速的电动汽车中。交流异步电机具有以下性能特点。

1）小型轻量化。
2）易实现转速大于 10000 r/min 的高速旋转。
3）高速低转矩时运行效率高。
4）调速范围广，低速转矩高。
5）坚固，可靠性高，成本低。
6）控制装置简单化，轻量化。

一般情况下，作为电动汽车专用的电机，由于安装条件受限制和小型轻量化要求，电机在 10000 r/min 以上高速运转时，大多采用一级齿轮减速器实现减速。此外，由于振动等恶劣的工作环境，电机在低转速下需要高转矩，并且要求在较宽的速度范围内具有恒功率输出特性，所以电动汽车用交流异步电机与一般工业用电机不同，在设计上采用了各种新技术、新方法。

交流异步电机由于成本低、坚固耐用、速度范围宽等特点，特别适合作为电动汽车驱动电机使用。目前，采用交流异步电机驱动系统的车辆主要有美国通用公司的 EV-1 型电动汽车、福特公司生产的电动汽车以及为人所熟知的特斯拉电动汽车等。

3.4 永磁同步电机

由永磁体励磁产生同步旋转磁场的同步电机，称为永磁同步电机。永磁同步电机（Permanent Magnet Synchronous Motor，PMSM）具有高效、高控制精度、高转矩密度、良好的转矩平稳性及低振动噪声的特点，通过合理设计永磁磁路结构能获得较高的弱磁性能，在电动汽车驱动系统中具有很高的应用价值。因而，永磁同步电机近年来受到国内外电动汽车界的高度重视，是最具竞争力的电动汽车驱动电机之一。

3.4.1 永磁同步电机的基本结构

永磁同步电机按照工作电流可以分为正弦波驱动电流的永磁同步电机和方波驱动电流的永磁同步电机。这里主要介绍由三相正弦波驱动的永磁同步电机。与传统电机一样，永磁同步电机主要由定子和转子两大部分组成，其结构如图 3-38 所示。

1. 永磁同步电机的定子组成

永磁同步电机的定子与普通电机基本相同，由电枢铁心和电枢绕组构成，如图 3-39 所示。电枢铁心一般采用 0.5mm 硅钢冲片叠压而成，对于具有高效率指标或频率较高的电机，为了减少铁耗，可以考虑使用 0.35mm 的低损耗冷轧无取向硅钢片。电枢绕组则普遍采用分布、短距绕组；对于极数较多的电机，则普遍采用分数槽绕组；需要进一步改善电动势波形时，也可以考虑采用正弦绕组或其他绕组。

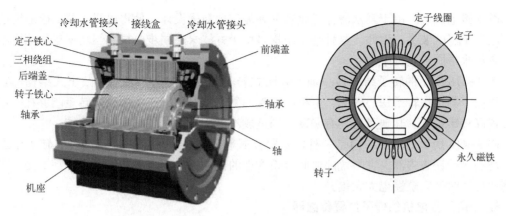

图 3-38　永磁同步电机的结构

2. 永磁同步电机的转子组成

永磁同步电机的转子主要由永磁体、转子铁心和转轴等构成，如图 3-40 所示。其中，永磁体主要采用铁氧体永磁和钕铁硼永磁材料；转子铁心可根据磁极结构的不同，选用实心钢，采用钢板或硅钢片冲制后叠压而成。

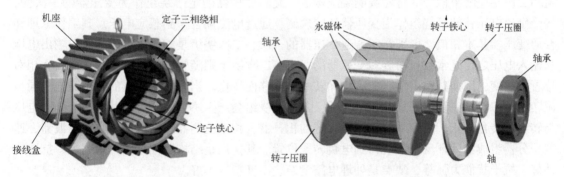

图 3-39　永磁同步电机的定子结构　　　图 3-40　永磁同步电机的转子结构

根据永磁体在转子上的位置进行划分，永磁同步电机转子主要由表贴式（SPM）和内置式（IPM）两种结构。

图 3-41a 所示的转子结构是一种外表贴式转子结构。其永磁体通常呈瓦片形状，安装在转子铁心的外表面上，具有结构简单、制造成本低、转动惯量小等优点，一般多用于中小

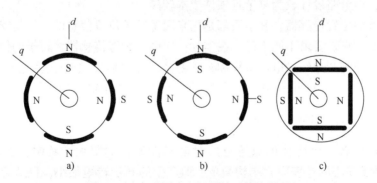

图 3-41　永磁同步电机的转子结构类型
a）外表贴式　b）内表贴式　c）内置径向式

功率的永磁电机中。由于其永磁体优化容易并能实现最优设计，使得电机气隙的磁通密度波形更趋近于正弦波形。因此，这种转子结构多用于方波永磁同步电机和恒功率运行范围不宽的正弦波永磁同步电机中。

图 3-41b 所示的转子结构是一种内表贴式转子结构。相比外表贴式凸出式结构，它的永磁体由于固定在转子铁心内侧，电机的交直轴磁路不对称，产生的磁阻转矩能够在一定程度上提高转矩密度。其缺点是具有漏磁，制造成本大于表贴式凸出式转子结构。

图 3-41c 所示的转子结构是一种内置径向式转子结构。一般来说，内置式转子中永磁体深埋在转子铁心内部。它与气隙之间有铁磁性的极靴保护，永磁体也不太容易退磁，在转子高速旋转时的安全性也大大提升。

3. 永磁同步电机的转子位置传感器

与普通电机相比，永磁同步电机必须装有转子永磁体位置传感器，转子位置传感器与电机轴连在一起，用来检测磁极位置，同时电机控制器的处理器可以对位置信号进行处理获得电机转子转速信号，并以此对电枢电流进行控制，达到对永磁同步电机驱动控制的目的。

目前，PMSM 的位置传感器有很多种，主要有旋转变压器、光电编码器等。

1) 旋转变压器主要由定子侧的一次励磁绕组和二次感应绕组、转子侧的与一次励磁绕组和二次感应绕组耦合的特殊线圈绕组构成。旋转变压器的定子绕组作为变压器的一次侧，接受励磁电压；转子绕组作为变压器的二次侧，通过电磁耦合得到感应电压。其工作原理和普通变压器基本相似，区别在于普通变压器的一次、二次绕组是相对固定的，所以输出电压和输入电压之比是常数，而旋转变压器的一次、二次绕组则随转子角位移的变化而发生相对位置的改变，因而其输出电压的大小随转子角位移而变化。当旋转变压器的转子随电机同步旋转时，二次励磁绕组外加励磁电压后，其输出绕组会产生感应电动势，其大小为励磁电压与转子旋转角的正、余弦乘积。通过内部的积分器、相敏检测器、乘法器、数字滤波器、速度积分器组成的闭环反馈系统得到电机转子位置。其优点是结构坚固耐用、耐高温、抗冲击性好、抗干扰能力强等，缺点是处理电路复杂、温度特性不好。

2) 光电编码器通常分为绝对式、增量式和复合式 3 种。绝对式光电编码器在任意位置都可以根据格雷码直接输出转子的绝对位置，不需要转子的初始位置检测，但其工艺复杂、成本较高且精度较低；增量式光电编码器输出数字量，具有精度高、抗干扰能力强和处理电路简单等优点；复合式光电编码器输出两路正交的方波信号，脉冲数对应角位移增量，旋转1 周通过输出 1 个 Z 脉冲清零，主要采用格雷码信号进行粗定位，再用增量式光电脉冲信号进行精确定位，但电路设计较为复杂且硬件成本较高。

无论采用哪种位置传感器，其本质都是用来测量转子位置信息的，只是安装的体积、方便程度、成本及可靠性要求不同而已。在实际使用中，位置传感器将转子的位置信号电平反馈给控制芯片，控制芯片经过电流采样和数学变换，并根据反馈的位置信息经过闭环运算，重新按新的 PWM 占空比输出，来触发功率器件（IGBT 或 MOSFET）。

3.4.2 永磁同步电机的工作原理

永磁同步电机转子永磁体的放置方式对电机性能影响很大。其中，表贴式转子结构（永磁体位于转子铁心的外表面）结构简单，但产生的异步转矩很小，仅适合于起动要求不高的场合，应用范围较小；内置式转子结构（永磁体位于笼型导条和转轴之间的铁心中）起动性能好，目前绝大多数永磁同步电机都采用这种结构。

1. 永磁同步电机的工作原理

永磁同步电机的起动和运行是由定子绕组、转子笼型绕组和永磁体这三者产生的磁场相互作用而实现的。电机静止时，给定子绕组通入三相对称电流，产生定子旋转磁场，定子旋转磁场相对于转子旋转在笼型绕组内产生电流，形成转子旋转磁场，定子旋转磁场与转子旋转磁场相互作用产生的异步转矩使转子由静止开始加速转动。在这个过程中，转子永磁磁场与定子旋转磁场转速不同，会产生交变转矩。当转子加速到速度接近同步转速的时候，转子永磁磁场与定子旋转磁场的转速接近相等，定子旋转磁场速度稍大于转子永磁磁场，它们相互作用产生转矩将转子牵入同步运行状态。在同步运行状态下，转子绕组内不再产生电流。此时转子上只有永磁体产生磁场，它与定子旋转磁场相互作用，产生驱动转矩。由此可知，永磁同步电机是靠转子绕组的异步转矩实现起动的。起动完成后，转子绕组不再起作用，由永磁体和定子绕组产生的磁场相互作用从而产生驱动转矩。

2. 永磁同步电机的驱动电路

永磁同步电机的驱动电路如图 3-42 所示，定子绕组产生旋转磁场的机理与异步电机是相同的，其转子通过永久磁铁产生磁场，两个磁场相互作用产生转矩。定子绕组产生的旋转磁场，可看作是一对旋转磁极吸引转子的磁极随其一起旋转。永磁同步电机的驱动电路主要包括逆变器、驱动电路、控制电路和位置传感器等部分。电机的转子位置信号由位置传感器测量得到，该信号作为输入信号送入控制电路的控制芯片内进行处理，通过数学计算分析获取到电机的转速和转子位置信号，并利用驱动电路输出六路逆变器功率开关驱动信号。逆变器在驱动电路信号的控制下输出三相交流电，该交流电输入永磁同步电机定子形成旋转磁场，从而驱动永磁同步电机工作。

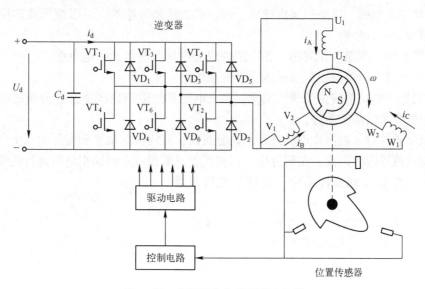

图 3-42　永磁同步电机的驱动电路

3. 永磁同步电机的工作分析

永磁同步电机工作原理如图 3-43 所示，n 为电机转速，n_0 为同步转速，T 为转矩，θ 为功率角。电机的转子是一个永磁体，N、S 极沿圆周方向交替排列，定子可以看成是一个以速度 n_0 旋转的磁场。电机运行时，定子存在旋转磁动势，转子像磁针在旋转磁场中旋转一样，随着定子的旋转磁场同步旋转。

同步电机转速可表示为

$$n = n_0 = \frac{60f_s}{p_n} \qquad (3\text{-}32)$$

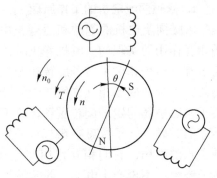

式中，f_s 为电源频率；p_n 为电机极对数。

永磁同步电机的定子是三相对称绕组，三相正弦波电压在定子三相绕组中产生对称三相正弦波电流，并在气隙中产生旋转磁场。旋转磁极与已充磁的转子磁极作用，带动转子与旋转磁场同步旋转并力图使定子、转子磁场轴线对齐。当外加负载转矩

图 3-43 永磁同步电机的工作原理

后，转子磁场轴线将落后定子磁场轴线一个功率角，负载越大，功率角越大，直到一个极限角度，电机停止工作。由此可见，同步电机在运行中，转速必须与频率严格成比例旋转，否则会失步停转。所以，它的转速与旋转磁场同步，其静态误差为零。在负载扰动下，只有功率角变化，而不引起转速变化，它的响应时间是实时的。

3.4.3 永磁同步电机的数学模型

在永磁同步电机的定子上装有 U、V、W 三相对称绕组，转子上装有永久磁钢（有些电机转子上还装有阻尼绕组），定子和转子间通过气隙磁场耦合。由于电机定子和转子间存在相对运动，定转子之间的位置关系是随时间变化的。因此，定转子各参量的电磁耦合关系十分复杂，无法准确地分析同步电机定转子参量的变化规律，给永磁同步电机的建模和分析带来诸多困难。为了简化对永磁同步电机的分析，在建立其数学模型时，做如下假设。

1）忽略磁路饱和、磁滞和涡流现象，视电机磁路是线性的，可以应用叠加原理对电机回路各电磁参数进行分析。

2）电机的定子绕组三相对称，各绕组轴线在空间上互差 120°电角度。

3）转子上没有阻尼绕组，永磁体没有阻尼作用。

4）电机定子电动势按正弦规律变化，定子电流在气隙中只产生正弦分布磁动势，忽略磁场场路中的高次谐波磁动势。

按照以上条件对永磁同步电机进行理论分析时，其所得的结果和实际情况十分接近，误差在工程允许范围内。因此，在研究中可以使用上述假设对永磁同步电机进行建模和分析。

（1）A、B、C 三相坐标系中永磁同步电机数学模型

在 A、B、C 坐标系中，将定子三相绕组中的 U 相绕组轴线作为空间坐标系的参考轴线 A。如图 3-44 所示，A、B、C 为电机三相定子绕组轴线，θ 为转子 d 轴轴线与 U 相绕组轴线间的夹角，ψ_f 为转子产生的链过定子的磁链，i_s 为电机定子三相电流的合成矢量。

在确定好磁链和电流正方向后，可以得到永磁同步电机在 A、B、C 坐标系下的定子电压方程为

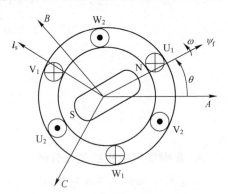

图 3-44 永磁同步电机数学模型

$$u_s = Ri_s + L\frac{di_s}{dt} + \frac{d\psi_s}{dt} = Ri_s + \frac{d\psi}{dt} \tag{3-33}$$

在 A、B、C 三相坐标系下的磁链方程为

$$\begin{cases} \psi_A = L_A i_A + M_{AB} i_B + M_{AC} i_C + \psi_f \cos\theta \\ \psi_B = M_{CA} i_A + M_{CB} i_B + L_C i_C + \psi_f \cos\left(\theta + \frac{2\pi}{3}\right) \\ \psi_C = M_{BA} i_A + L_B i_B + M_{BC} i_C + \psi_f \cos\left(\theta - \frac{2\pi}{3}\right) \end{cases} \tag{3-34}$$

写成向量形式为

$$\psi = Li_s + \psi_s$$

式（3-33）与式（3-34）中，$u_s = [\,u_A \quad u_B \quad u_C\,]^T$；$i_s = [\,i_A \quad i_B \quad i_C\,]^T$；$\psi = [\,\psi_A \quad \psi_B$

$\psi_C\,]^T$；$R = \begin{pmatrix} R_s & 0 & 0 \\ 0 & R_s & 0 \\ 0 & 0 & R_s \end{pmatrix}$；$L = \begin{pmatrix} L_A & M_{AB} & M_{AC} \\ M_{BA} & L_B & M_{BC} \\ M_{CA} & M_{CB} & L_C \end{pmatrix}$；$\psi_s = \psi_f \begin{pmatrix} \sin(\omega t + \theta) \\ \sin(\omega t + \theta + 2\pi/3) \\ \sin(\omega t + \theta + 4\pi/3) \end{pmatrix}$。

其中，i_A、i_B、i_C 为 A、B、C 坐标系中三相定子绕组电流，u_A、u_B、u_C 为三相定子绕组电压，R_s 为电机定子绕组电阻，L_A、L_B、L_C 为电机定子绕组自感应系数，$M_{XY} = M_{YX}$ 为定子绕组互感应系数，ψ_f 为转子永磁体磁极的励磁磁链，θ 为转子 d 轴轴线超前定子 U 相绕组轴线 A 之间的电角度。

除以上电压方程和磁链方程外，A、B、C 坐标系下的数学模型还包括电机的运动方程和转矩方程。由于在 A、B、C 坐标下的电压方程和磁链方程比较复杂，磁链的数值随永磁同步电机定转子之间的相对位置发生变化，而电机运动方程是描述电机电磁转矩与电机运动状态之间的关系，方程的表述比较简单，但转矩方程涉及永磁同步电机电流向量和磁链矩阵，其表述相对复杂。

从永磁同步电机在 A、B、C 三相坐标系的电压方程式（3-33）和磁链方程式（3-34）可以看出，在 A、B、C 坐标系中，由于同步电机定转子在磁、电结构上的不对称，同步电机的数学模型是一组与转子瞬间位置有关的非线性时变方程。因此，采用 A、B、C 坐标系中的数学模型对永磁同步电机进行分析和控制是十分困难的，需要寻找比较简便的数学模型以实施对同步电机的分析与控制。

（2）α、β、O 坐标系中永磁同步电机数学模型

由于电机在静止的 α、β、O 坐标系的各个变量可以直接测量，在研究电机特性和电机控制时也可采用 α、β、O 坐标系上的数学模型。

将永磁同步电机在 A、B、C 三相坐标系中的电流参量进行坐标变换，可以将三相坐标下的电机电压、磁链方程在 α、β、O 坐标系上表示出来。将 α、β、O 坐标放在定子上，α 轴与 A 相轴线重合，β 轴超前 α 轴 90°，如图 3-45 所示。

α、β、O 坐标轴中的电压、电流，可以直接由 A、B、C 三相坐标系中的电压、电流通过简单的线性变换得到。一个旋转矢量从三相 A、B、C 定子坐标系变换

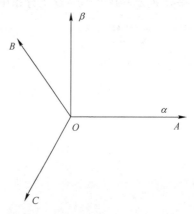

图 3-45 α-β 坐标系与 ABC 三相坐标系

到 α、β、O 坐标系称为 3/2 变换，即

$$\begin{bmatrix} i_\alpha \\ i_\beta \end{bmatrix} = \frac{2}{3} \begin{bmatrix} 1 & -\dfrac{1}{2} & -\dfrac{1}{2} \\ 0 & \dfrac{\sqrt{3}}{2} & -\dfrac{\sqrt{3}}{2} \end{bmatrix} \begin{bmatrix} i_A \\ i_B \\ i_C \end{bmatrix} \tag{3-35}$$

经过变换得到 α、β、O 坐标系的电压方程为

$$\begin{cases} u_\alpha = \dfrac{\mathrm{d}\psi_\alpha}{\mathrm{d}t} + Ri_\beta \\ u_\beta = \dfrac{\mathrm{d}\psi_\beta}{\mathrm{d}t} + Ri_\beta \end{cases} \tag{3-36}$$

α、β、O 坐标系的磁链方程为

$$\begin{cases} \psi_\alpha = i_\alpha (L_d \cos^2\theta + L_q \sin^2\theta) + i_\beta (L_d - L_q) \sin\theta\cos\theta + \psi_\alpha \cos\theta \\ \psi_\beta = i_\alpha (L_d - L_q) \sin\theta\cos\theta + i_\beta (L_d \cos^2\theta + L_q \sin^2\theta) + \psi_\alpha \cos\theta \end{cases} \tag{3-37}$$

式中，L_d、L_q 分别是同步电机直轴、交轴电感；$\psi_\alpha = \sqrt{3/2}\,\psi_f$ 为永磁磁极产生的与定子绕组交链的磁链。

在 α、β、O 坐标系中，经过坐标变换即式（3-35）使 A、B、C 三相坐标系中的电机数学模型得到一定的简化。对于内置式永磁同步电机，由于转子直、交轴的不对称而具有凸极效应，直轴、交轴电感不相等，即 $L_d \neq L_q$。因此，在 α、β、O 坐标系中的永磁同步电机磁链、电压方程是一组非线性方程组，数学模型相当复杂，将该方程用于内置式永磁同步电机的分析和控制时也很复杂，一般不采用该坐标系下的电机数学模型。然而，对于具有对称转子结构的表面式永磁同步电机，因为 $L_d = L_q$，电机的数学模型相对简单，可以用于对该电机的分析与控制。但实际上，即便是面装式永磁同步电机，也不能保证 $L_d = L_q$，故在分析永磁同步电机的控制与运行时，一般不用这个模型。在该模型下的运动方程和转矩方程和在 A、B、C 三相坐标系下的方程相似，运动方程因与电机运动状态有关，不涉及电机的电、磁参量，其表述简单，而转矩方程则相对复杂。

（3）d、q、O 同步旋转坐标系中永磁同步电机数学模型

d、q、O 坐标系是随着电机气隙磁场同步旋转的坐标系，可将其视为放置在电机转子上的旋转坐标系，其 d 轴的方向是永磁同步电机转子励磁磁链方向，q 轴超前 d 轴 90°，如图 3-46 所示。在 d、q、O 坐标系中，永磁同步电机的等效模型如图 3-47 所示。

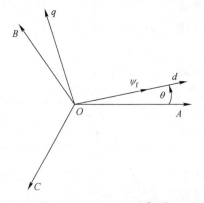
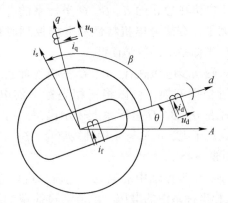

图 3-46　d、q、O 坐标系　　　图 3-47　d、q、O 同步旋转坐标系中的电机模型

图 3-47 中，β 为电机定子三相电流合成空间矢量和永磁体励磁磁场轴线（直轴）之间的夹角（又称为转矩角），θ 为 d 轴轴线与电机 U 相绕组轴线 A 之间的夹角，ψ_f 为转子永磁体磁极的励磁磁链。

由 A、B、C 坐标系的三相电流到 d、q、O 同步旋转坐标系的 d、q 轴电流之间的变换（等功率变换）为

$$\begin{pmatrix} i_d \\ i_q \end{pmatrix} = \sqrt{\frac{2}{3}} \begin{pmatrix} \cos\theta\cos(\theta-2\pi/3)\cos(\theta+2\pi/3) \\ -\sin\theta-\sin(\theta-2\pi/3)-\sin(\theta-2\pi/3) \end{pmatrix} \begin{pmatrix} i_A \\ i_B \\ i_C \end{pmatrix} \tag{3-38}$$

永磁同步电机在 d、q、O 同步旋转坐标系的磁链、电压方程为

$$\begin{cases} \psi_d = L_d i_d + \psi_f \\ \psi_q = L_q i_q \end{cases} \tag{3-39}$$

$$\begin{cases} u_d = \dfrac{d\psi_d}{dt} - \omega\psi_d + R_s i_d \\ u_q = \dfrac{d\psi_q}{dt} + \omega\psi_q + R_s i_q \end{cases} \tag{3-40}$$

电磁转矩矢量方程为

$$T_e = P_n \boldsymbol{\psi}_s \times \boldsymbol{i}_s \tag{3-41}$$

用 d、q 轴系分量来表示式（3-39）中的磁链和电流综合矢量，有

$$\begin{cases} \boldsymbol{\psi}_s = \psi_d + j\psi_q \\ \boldsymbol{i}_s = i_d + ji_q \end{cases} \tag{3-42}$$

将式（3-42）代入式（3-41），电机电磁转矩方程变换为

$$T_e = P_n(\psi_q i_q - \psi_q i_d) \tag{3-43}$$

将磁链方程式（3-39）代入式（3-43），可得永磁同步电机电磁转矩为

$$T_e = P_n[\psi_f i_q + (L_d - L_q)i_d i_q] \tag{3-44}$$

由图 3-48 可知，$i_d = i_s\cos\beta$，$i_q = i_s\sin\beta$，将其代入式（3-44）得

$$T_e = P_n[\psi_f i_s\sin\beta + 0.5(L_d - L_q)i_s^2\sin2\beta] \tag{3-45}$$

式（3-38）~式（3-45）中，i_A、i_B、i_C 为 A、B、C 坐标系中三相定子绕组电流；L_d、L_q 为电机直轴、交轴同步电感；R_s 为电机定子电阻；P_n 为电机定子绕组极对数；$\boldsymbol{\psi}_s$、$\boldsymbol{i}_s$ 为电机励磁、定子电流的综合矢量；i_d、i_q 为在 d、q、O 同步旋转坐标系中的直轴与交轴电流。

式（3-45）的第一项是电机定子电流与永磁体励磁磁场之间产生的电磁转矩，第二项是由于转子凸极效应所产生的转矩，称为磁阻转矩。对内置式永磁同步电机，$L_d \neq L_q$，在矢量控制过程中，可以利用磁阻转矩增加电机输出转矩或者拓展电机的调速范围。

转矩平衡方程式为

$$T_e - T_L = J\frac{d\omega_r}{dt} + R_\Omega\omega_r \tag{3-46}$$

式中，ω_r、T_L、J、R_Ω 分别是电机机械角速度、电机的负载阻力矩、电机轴联转动惯量和电机阻尼系数。

式（3-39）、式（3-40）、式（3-42）、式（3-44）便是永磁同步电机在 d、q、O 同步旋转坐标系下的数学模型。由此数学模型可得永磁同步电机矢量图，如图 3-48 所示，其中

θ 为电机的功角。

从前面的分析可见，在 d、q、O 坐标系下同步电机的数学模型，比起其他两种坐标系下的数学模型要简单得多，它利用坐标变换，将电机的变系数微分方程变换成常系数方程，消除了时变系统，从而简化系统运算和分析，方便系统的控制。

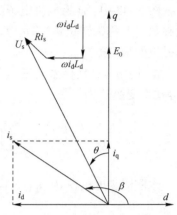

图 3-48　永磁同步电机的矢量图

对于表面式永磁同步电机，有 $L_d = L_q$，其数学模型成为

$$u_q = R_s i_q + L_q \frac{\mathrm{d} i_q}{\mathrm{d} t} + \omega L_d i_d + \omega \psi_f \qquad (3-47)$$

$$u_d = R_s i_q + L_d \frac{\mathrm{d} i_d}{\mathrm{d} t} - \omega L_q i_q \qquad (3-48)$$

$$T_e = P_n \psi_f i_q \qquad (3-49)$$

$$T_e = J \frac{\mathrm{d}(\omega / P_n)}{\mathrm{d} t} + R_\Omega \frac{\omega}{P_n} + T_L \qquad (3-50)$$

对于内置式永磁同步电机，有 $L_d \neq L_q$，其数学模型成为

$$u_q = R_s i_q + L_q \frac{\mathrm{d} i_q}{\mathrm{d} t} + \omega L_d i_d + \omega \psi_f \qquad (3-51)$$

$$u_d = R_s i_q + L_d \frac{\mathrm{d} i_d}{\mathrm{d} t} - \omega L_q i_q \qquad (3-52)$$

$$T_e = P_n \left[\psi_f i_q + (L_d - L_q) i_d i_q \right] \qquad (3-53)$$

$$T_e = J \frac{\mathrm{d}(\omega / P_n)}{\mathrm{d} t} + R_\Omega \frac{\omega}{P_n} + T_L \qquad (3-54)$$

由表面式永磁同步电机和内永磁同步电机数学模型可以看出，这两种电机的数学模型基本相同，差别仅在其电磁转矩的表达式上。为便于与内永磁同步电机数学模型比较，式（3-51）、式（3-52）中的 L_d、L_q 未简化成用同一个符号表示。

3.4.4　永磁同步电机的控制

为了提高永磁同步电机控制系统的性能，使其具有更快的响应速度、更高的转速精度和更宽的调速范围，并使其动、静响应能够与直流电机系统相媲美，人们提出了各种新型控制策略用于永磁同步电机控制。

1. 恒压频比开环控制

恒压频比开环控制的控制变量为永磁同步电机的外部变量（即电压和频率），控制系统将参考电压和频率输入实现控制策略的控制器中，最后由逆变器产生一个交变的正弦电压施加在电机的定子绕组上，使之运行在指定的电压和参考频率下。按照这种控制策略进行控制，使供电电压的基波幅值随着速度指令成比例地线性增长，从而保持定子磁通的近似恒定。

恒压频比开环控制的控制策略简单、易于实现，转速通过电源频率进行控制，不存在异步电机的转差和转差补偿问题。但是，由于系统中不引入速度、位置等反馈信号，因此无法实时捕捉电机状态，致使无法精确控制电磁转矩，在突加负载或者速度指令时，容易发生失步现象，也没有快速的动态响应特性。因此，恒压频比开环控制控制电机磁通而没有控制电机的转矩，控制性能差，通常只用于对调速性能要求一般的控制场合中。

2. 矢量控制

矢量控制的基本思想是以转子磁链旋转空间矢量为参考坐标，将定子电流分解成正交的两个分量，即一个与磁链同方向，代表定子电流励磁分量；另一个与磁链方向正交，代表定子电流转矩分量，然后分别进行控制，使其获得与直流电机一样良好的动态特性。矢量控制因其控制结构简单、控制软件易于实现等优点，已经被广泛应用到调速系统中。

永磁同步电机矢量控制策略与异步电机矢量控制策略有些不同，由于永磁同步电机转速和电源频率严格同步，其转子转速等于旋转磁场的转速，转差恒等于零，没有转差功率，控制效果受转子参数影响小，因此在永磁同步电机上更容易实现矢量控制。

矢量控制策略按照不同的工作要求（如性能要求、调速范围等）可以分为 $i_d = 0$ 控制、最大转矩/电流比控制（MTPA）、弱磁控制、最大输出功率控制、$\cos\varphi = 1$ 控制、恒定磁链控制等。

（1）$i_d = 0$ 控制

目前，在永磁同步电机中，$i_d = 0$ 矢量控制是主要控制方式。通过检测转子磁极空间位置 d 轴，控制逆变器功率开关器件导通或关断，使定子合成电流位于 q 轴，此时 d 轴定子电流分量为零，永磁同步电机电磁转矩正比于转矩电流，即正比于定子电流幅值，只需控制定子电流大小就可以很好地控制永磁同步电机的输出电磁转矩。

（2）最大转矩/电流比控制

在电机输出相同电磁转矩的情况下，使电机定子电流最小的控制策略，称为最大转矩/电流比控制。最大转矩/电流比控制实质是求电流极值，可以通过建立辅助方程，采用牛顿迭代法求解，但是计算量较大，在实际应用中系统实时性无法保证。只有通过离线计算出不同电磁转矩对应的交、直流电流，以表格形式存放于 DSP 中，实际运行时根据负载情况查表求得对应的 i_d、i_q 进行控制。

（3）弱磁控制

永磁同步电机弱磁控制的思想来源于他励直流电机调磁控制。对于他励直流电机，当其电枢端电压达到最高电压时，为使电机能运行于更高转速，采取降低电机励磁电流的方法平衡电压。在永磁同步电机电压达到逆变器所输出的电压极限后，要想继续提高转速，也要采取弱磁增速的办法。

永磁同步电机励磁磁动势由永磁体产生，无法像他励直流电机那样通过调节励磁电流实现弱磁。传统方法是通过调节定子电流 i_d 和 i_q，增加定子直轴去磁电流分量实现弱磁升速，为保证电机电枢电流幅值不超过极限值，转矩电流交轴分量 i_q 应随之减小，因此这种弱磁控制过程本质上是在保持电机端电压不变的情况下减小输出转矩的过程。永磁同步电机直轴电枢反应比较微弱，因此需要较大的去磁电流才能起到去磁增速作用，在电机工作在额定电流的情况下，去磁电流的增加有限，因此采用这种方法所能得到的弱磁增速范围也是有限的。

图 3-49 是某电动汽车用永磁同步电机矢量控制系统框图。从图中可知，通过分别比较控制永磁同步电机的实际电流值 i_d、i_q 与给定电流值 i_d^*、i_q^*，实现其转速和转矩控制，并且 i_d 和 i_q 独立控制，便于实现各种先进的控制策略。

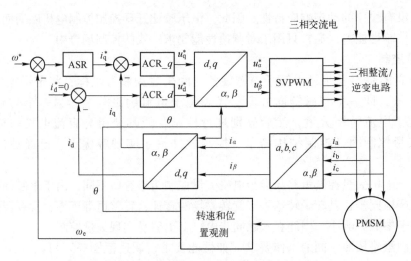

图 3-49　某电动汽车用永磁同步电机矢量控制系统框图

当电动汽车正常行驶时，电机转速处于基速以下运行，在定子电流给定的情况下，$i_d = 0$ 的电磁转矩 $T_e = p_n \psi_f i_q$，这样只要控制 i_q 的大小就能控制转速和转矩，实现矢量控制。当电机转速在基速以上时，由于永磁体的励磁磁链为常数，电机感应电动势随着电机转速成正比增加，电机感应电压也随之提高，但是电机相电压和相电流有效值的极限值受到与电机端相连的逆变器的直流侧电压和逆变器最大输出电流的限制，所以必须进行弱磁升速，通过控制 i_d 来控制磁链，通过控制 i_q 来控制转速，实现矢量控制。

在实际控制中，i_d 和 i_q 不能直接被检测，所以必须通过实时监测的三相电流的电机转子位置经坐标变换得到。然而，矢量控制本身也存在一些缺陷。

1）转子磁链的准确观测存在一定的难度，转子磁链的计算对电机的参数有较强的依赖性，因此对参数变化较为敏感。

2）由于需要进行解耦运算，采用了矢量旋转变换，系统计算比较复杂。

3. 直接转矩控制

永磁同步电机直接转矩控制系统原理图如图 3-50 所示，系统由永磁同步电机、逆变器、磁链和转矩计算及扇区判断模块、速度传感器、开关状态选择及调节器模块组成。

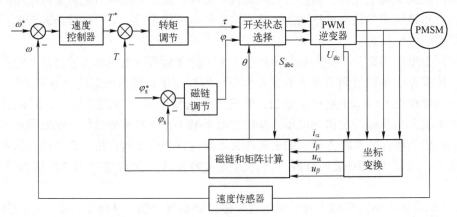

图 3-50　永磁同步电机直接转矩控制系统原理图

直接转矩控制的控制过程为通过检测逆变器输出的三相相电流及逆变器直流侧电压，利用坐标变换和系统控制规律可计算出电机的定子磁链；根据计算的磁链和实测的电流来计算电机的瞬时转矩；再根据 α、β 轴定子磁链来判别其位置所在的扇区 θ；速度调节器根据转速参考值和实际转速的偏差来确定转矩参考值，并与反馈转矩相比较，得到的偏差经滞环比较器得到转矩的控制信号 τ，电机的转速可通过光电编码器获得，也可以通过定子磁链的旋转速度估计得到，实现无速度传感器运行；定子磁链参考值与实际值比较后得到的偏差经同样的滞环比较器产生磁链的控制信号 φ；3 个控制信号 τ、φ、θ 经过开关状态选择模块选取电压矢量，确定出适当的开关状态，控制逆变器进而驱动永磁同步电机。

4. 智能控制

为了提高永磁同步电机的控制性能和控制精度，模糊控制、神经网络控制等各种智能控制方法开始应用于同步电机的控制中。采用智能控制方法的永磁同步电机控制系统，在多环控制结构中，智能控制器处于最外环充当速度控制器，而内环电流控制、转矩控制仍采用 PI 控制、直接转矩控制这些方法，这主要是因为外环是决定系统的根本因素，而内环主要的作用是改造对象特性以利于外环的控制，各种扰动给内环带来的误差可以由外环控制或抑制。在永磁同步电机控制系统中应用智能控制时，也不能完全摒弃传统的控制方法，必须将两者很好地结合起来，才能彼此取长补短，使系统的性能达到最优。

3.4.5 永磁同步电机的特点及应用

近年来，随着电力电子技术、微电子技术、新型电机控制理论和稀土永磁材料的快速发展，永磁同步电机得以迅速的推广应用。与传统的电励磁同步电机相比，永磁同步电机，特别是稀土永磁同步电机，具有损耗少、效率高、节电效果明显的优点，在航空航天、船舶、家用电器、工业控制领域，尤其是汽车领域都有比较广泛深入的应用。

1. 永磁同步电机的特点

相较于交流异步电机，永磁同步电机的优点如下。

1）用永磁体取代绕线转子同步电机中的励磁绕组，从而省去了励磁线圈、集电环和电刷，以电子换向实现无刷运行，结构简单、运行可靠。

2）永磁同步电机的转速与电源频率间始终保持准确的同步关系，控制电源频率就能控制电机的转速。

3）永磁同步电机具有较硬的机械特性，对于因负载的变化而引起的电机转矩的扰动具有较强的承受能力，瞬间最大转矩可以达到额定转矩的 3 倍以上，适合在负载转矩变化较大的工况下运行。

4）永磁同步电机的转子为永久磁铁，无须励磁，因此电机可以在很低的转速下保持同步运行，调速范围宽。

5）永磁同步电机与异步电机相比，不需要无功励磁电流，因而功率因数高，定子电流和定子铜耗小，效率高。

6）体积小、重量轻。近些年来，随着高性能永磁材料的不断应用，永磁同步电机的功率密度得到很大提高，比起同容量的异步电机，体积和质量都有较大的减小，使其适合应用在许多特殊场合。

7）结构多样化，应用范围广。永磁同步电机由于转子结构的多样化，产生了特点和性能各异的产品，从工业到农业、从民用到国防、从日常生活到航空航天、从简单电动工具到高科技产品，几乎无所不在。

但是，受电机结构及制造工艺的制约，永磁同步电机也存在以下缺点。

1）由于永磁同步电机转子为永磁体，无法调节，必须通过加定子直轴去磁电流分量来削弱磁场，这会增大定子的电流，增加电机的铜耗。

2）永磁同步电机的磁钢价格较高。

2. 永磁同步电机在电动汽车领域中的应用

永磁同步电机体积小、重量轻、转动惯量小、功率密度高（可达 1 kW/kg），适合电动汽车空间有限的特点；加之其转矩惯量比大、过载能力强，尤其低转速时输出转矩大，适用于电动汽车的起动加速。因此，永磁同步电机得到国内外电动汽车界的广泛重视，并在电动汽车上得到了普遍应用。

吉利新帝豪 EV450（见图 3-51）是吉利汽车于 2018 年推出的一款电动汽车，充电时间为 540 min，可到达 450 km 的续驶里程。帝豪 EV450 使用了高性能的三元锂电池，电池容量为 52 kW · h，搭载高效率永磁同步电机，最大功率为 120 kW，最大力矩为 250 N · m，最高车速可达 140 km/h，0~100 km/h 加速仅为 9.3 s。

北汽新能源自研的永磁同步电机已经运用在旗下北汽新能源 EU5 车型上，拥有 R500 与 R550 两款车型，其中，R500（见图 3-52）的综合续驶里程达到了 416 km，R550 更是高达 460 km。这款车型电机的最大输出功率为 160 kW，最大力矩为 300 N · m，最高车速可达 155 km/h。

图 3-51 吉利新帝豪 EV450

图 3-52 北汽新能源 EU5 R500

3.5 无刷直流电机

无刷直流电机（Brushless Direct Current Motor，BLDCM）是一种不使用机械结构换向电刷而直接使用电子换向器的新型电机。这种电机在使用中有许多优点，如能获得更好的力矩转速特性、高速动态响应、高效率、长寿命、低噪声、高转速、无换向火花、运行可靠和易于维护等。无刷直流电机被广泛用于日常生活用具、汽车工业、航空、消费电子、医学电子和工业自动化等装置和仪表中。

3.5.1 无刷直流电机的基本结构

无刷直流电机主要由定子绕组、永磁转子和霍尔元件组成，是一种典型的机电一体化产品，其基本结构如图 3-53 所示。

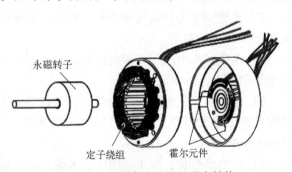

图 3-53 无刷直流电机的基本结构

（1）无刷直流电机的定子绕组

无刷直流电机的定子绕组采用整距集中式绕组。定子铁心中安放着对称的多相绕组，可接成星形或封闭形（三角形）。无刷直流电机绕组的相数有二、三、四、五相，但应用最多的是三相和四相。各相绕组分别与电子开关电路中的相应晶体管相连，开关电路的开关管受位置传感器的信号控制，电子开关线路有桥和非桥式两种，常见的几种绕组连接方式如图3-54所示。

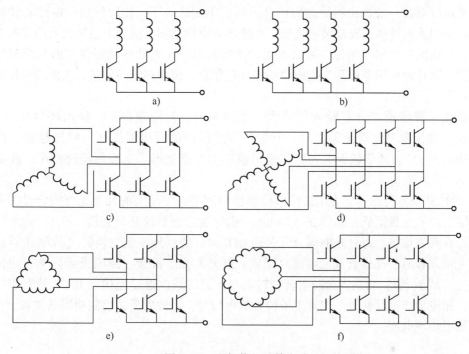

图3-54　电枢绕组连接方式

a）三相星形4状态　b）四相星形4状态　c）三相星形6状态
d）两相正交4状态　e）三相封闭6状态　f）四相封闭4状态

（2）无刷直流电机的转子结构

无刷直流电机的转子是由永磁材料制成的一定极对数的永磁体，但不带笼型绕组或其他起动装置，主要有两种结构形式，如图3-55a、b所示。第一种结构是转子铁心外表面粘贴瓦片形磁钢，称为凸极式；第二种结构是磁钢插入转子铁心的沟槽中，称为内嵌式或隐极式。为了产生梯形波感应电动势，无刷直流电机的转子磁钢的形状呈弧形（瓦片形），磁极下定、转子气隙均匀，气隙磁场呈梯形分布。

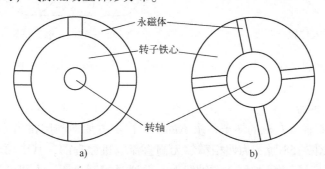

图3-55　无刷直流电机转子的基本结构

a）凸极式　b）内嵌式

（3）无刷直流电机的转子位置传感器

无刷直流电机转子位置传感器的种类很多，有电磁式、光电式和磁敏式等。它们各自的工作原理如下。

1）电磁式位置传感器。这种传感器的结构如图3-56所示，它由定子和转子两部分组成。定子磁心及转子上的扇形部分均由高频导磁材料（如软磁铁氧体）制成，扇形导磁片数等于电机极对数，放置在不导磁的铝合金圆盘上制成转子。传感器定子由磁心和线圈组成，磁心中间为圆柱体，安放励磁绕组，外施高频电源励磁。圆周上沿轴向有凸出的极，极上套着信号线圈产生信号电压。可以看出，这实际是一个有共同励磁绕组的几个开口变压器，扇形导磁片的作用是使开口变压器铁心接近闭合，减少磁阻，使信号线圈感应出较大的电动势。

电磁式位置传感器具有输入信号大、工作可靠、使用寿命长、使用环境要求不高、适应性强、结构简单和紧凑等优点。但这种传感器的信噪比较低（信噪比越低，信号中所含的噪声越大），体积较大，同时其输出波形为交流波形，一般须经过整流、滤波后才能使用。

2）光电式位置传感器。光电式位置传感器由固定在定子上的几个光电耦合开关和固定在转子轴上的遮光盘组成，如图3-57所示。遮光盘上按要求开出光槽（孔），几个光电耦合开关沿着圆周均布。每只光电耦合开关由相互对着的红外发光二极管（或激光器）和光电管（光电二极管、晶体管和光电池）组成。红外发光二极管（或激光器）通上电后，发出红外光（或激光）；当遮光盘随着转轴转动时，光线依次通过光槽（孔），使对着的光电管导通，相应地产生反映转子相对定子位置的电信号，经放大后去控制功率晶体管，使相应的定子绕组切换电流。

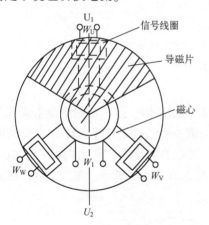

图3-56 电磁式位置传感器

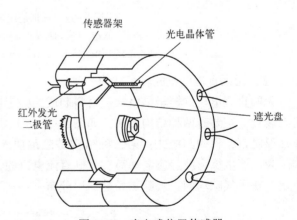

图3-57 光电式位置传感器

光电式位置传感器产生的电信号一般都比较弱，需要经过放大才能去控制功率晶体管。但是它输出的是直流信号，不必再进行整流。

3）霍尔位置传感器。采用霍尔元件作为位置传感器的无刷直流电机通常称为霍尔无刷直流电机。由于无刷直流电机的转子是永磁的，可以更方便地利用霍尔元件的"霍尔效应"检测转子的位置。图3-58所示为四相霍尔无刷直流电机原理图，其中两个霍尔元件以间隔90°电角度粘于电机定子绕组A和B的轴线上，并通过控制电流，电机转子磁钢兼作位置传感器的转子。

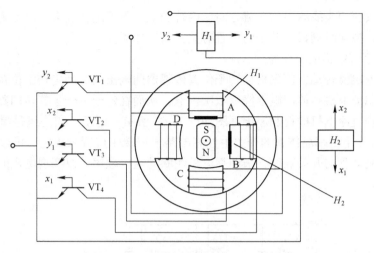

图 3-58 四相霍尔无刷直流电机原理图

当电机转子旋转时，磁钢 N 和 S 极轮流通过霍尔元件，因而产生对应转子位置的两个正的和两个负的霍尔电动势，经放大后去控制功率晶体管导通，使 4 个定子绕组轮流切换电流。霍尔无刷直流电机结构简单，体积小，但安装和定位不便，元件片薄易碎，对环境及工作温度有一定要求，耐振性差。

3.5.2　无刷直流电机的工作原理

无刷直流电机采用逆变器完成直流到交流的转换，即由电子换向取代有刷直流电机的机械换向。由于没有电刷和换向片，电枢电流的换相时刻将由专门的转子位置传感器来检测，由控制电路根据转子位置来决定电力电子开关的导通与关断。由此可见，无刷直流电机的运行必须配备相应的驱动器，是一种典型的机电一体化产品。无刷直流电机与有刷直流电机在结构上除了有无电刷之外，还有一个重要区别在于，无刷直流电机将电枢和磁极的位置进行了互换，即电枢固定不动放在定子上，而磁极放到旋转的转子上，这样电机结构简单，便于电子换向的实现。

（1）无刷直流电机的换向原理

无刷直流电机主要由永磁材料制造的转子、带有线圈绕组的定子和位置传感器（可有可无）组成。在图 3-59 中，当两头的线圈通上电流时，会产生方向指

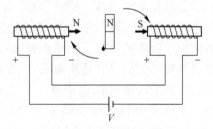

图 3-59　换向原理图示 1

向右的外加磁感应强度 B（如粗箭头方向所示），而中间的转子会尽量使自己内部的磁力线方向与外磁力线方向保持一致，以形成一个最短闭合磁力线回路，这样内转子就会按顺时针方向旋转。

磁场与外部磁场方向一致时，转子所受磁力最大。但此时转子呈水平状态，转子力臂为 0。虽然转子不再受到转动力矩的作用，但由于惯性还会继续顺时针转动，这时若改变两头线圈中的电流方向，转子就会继续顺时针向前转动，如图 3-60 所示。

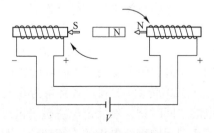

图 3-60　换向原理图示 2

如此不断改变两头线圈中的电流方向，内转子就会不停地转起来。改变电流方向的这一动作称为换向，换向时刻只与转子的位置有关，与转速无关。

（2）无刷直流电机的工作原理

无刷直流电机要转动，须先根据转子位置传感器的输出信号确定转子位置。然后通过电子换向线路去驱动电机本体使电枢绕组依次供电，从而在定子上产生旋转的磁场，驱动永磁转子转动。无刷直流电机的控制原理框图如图3-61所示，定子三相绕组是星形联结并相差120°对称分布，6个功率晶体管的开关由控制电路根据转子位置来决定。可以通过控制电路控制6个功率晶体管的开关顺序，来调整电机线圈的通电顺序，以实现电机的换向操作，使电机运转起来。

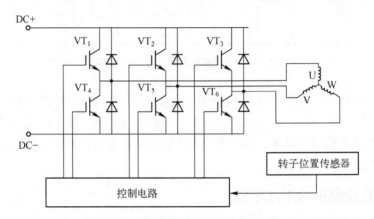

图 3-61　无刷直流电机的控制原理框图

图3-62为绕组星形联结的接线图。整个电机仅有3根引出线U、V、W，当它们之间两两通电时，有6种情况，分别是UV、UW、VW、VU、WU和WV。

图3-63分别描述了这6种情况下每个通电线圈产生的磁感应强度的方向（短箭头表示）和两个线圈的合成磁感应强度的方向（长箭头表示）。在图3-63a中，UV相通电，中间的转子（图中未画出）会尽量往长箭头方向对齐。当转子到达图中长箭头位置时，外线圈换相，改成UW相通电。这时转子会继续运动，并尽量往图3-63b中的长箭头处对齐。当转子达到图3-63b中箭头位置时，外线圈再次换相，改成VW相通电，

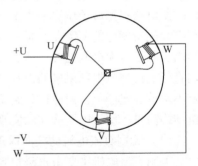

图 3-62　绕组星形联结的接线图

以此类推。当外线圈完成6次换相时，内转子正好旋转1周。

在无刷直流电机实际工作时，控制器不会让转子转到与定子磁场方向对齐，而是定子主磁场方向一直超前转子磁场一定的角度，这样才会使转矩较大。利用霍尔传感器检测位置时，供电电流会60°换相（磁场跳跃60°）一次，换相后定子主磁场方向超前转子磁场120°，由于转子受到定子磁场的作用，转子会向定子磁场对齐的方向旋转，从与定子主磁场方向120°转动60°到两者夹角为60°，这样可以使产生最大转矩的垂直位置正好处于本次通电的中间时刻，然后定子主磁场再次向前跳跃60°，这样转子又会慢慢跟上来，如此往复就可实现无刷直流电机的连续转动。图3-64所示为换相前和换相后的定子和转子磁场位置。

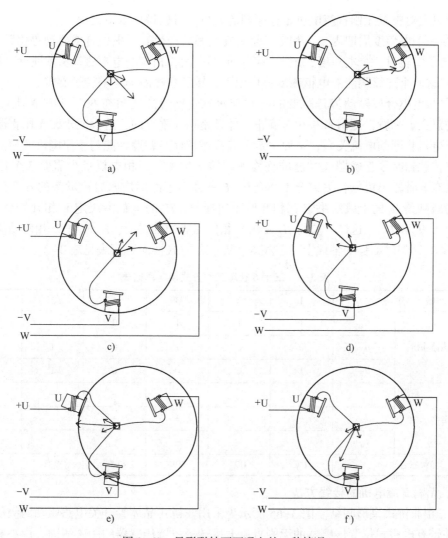

图 3-63 星形联结两两通电的 6 种情况

a) UV 相通电 b) UW 相通电 c) VW 相通电 d) VU 相通电 e) WU 相通电 f) WV 相通电

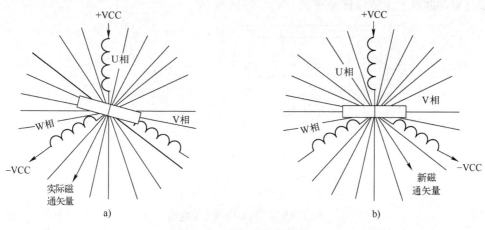

图 3-64 换相前后的情况

a) 换相前 b) 换相后

总结以上对永磁无刷直流电机工作原理的分析，可以得出以下结论。

1）在一个电角度周期内，三相定子绕组在空间共产生 6 个电枢合成磁动势位置。

2）转子每转过一个电角度，定子绕组就换相一次，相应的电枢磁动势就跳变一次。

3）在这 6 个连续跳变的电枢磁动势作用下，转子永磁磁动势随转子旋转。

4）尽管电枢合成磁动势是跳变的（它与永磁磁动势的夹角在 60°~120° 范围内变化），但从平均意义上来看，这两者是相对静止，并且是相互垂直的，这表明永磁无刷直流电机具有和直流电机相同的电磁关系，从而决定了其机械特性和调速性能与直流电机的相似性。

位置传感器必须正确摆放才能准确检测到转子位置，三相电机最少需要 3 个位置传感器，总共有 8 种输出可能，去掉全 1 和全 0，6 种输出正好对应永磁磁动势的 6 个位置。确定它们的原则是 H_U 的上跳沿决定 U 相开始正向导通，H_U 的下跳沿决定 U 相开始反向导通，同理对应于 H_V 和 H_W。这样，应将 H_U 放在 V 相磁动势的轴线上，H_V 放在 W 相磁动势的轴线上，H_W 放在 U 相磁动势的轴线上，三相 6 状态工作方式换向真值表见表 3-2。

表 3-2　三相 6 状态工作方式换向真值表

顺　　序		1	2	3	4	5	6
位置传感器输出	H_U	1	1	1	0	0	0
	H_V	0	0	1	0	1	0
	H_W	1	0	0	0	1	1
相电流	I_U	+	+			−	−
	I_V	−		+	+		−
	I_W		−		−	+	+
状态名		UV	UW	VW	VU	WU	WV

（3）无刷直流电机的接线方法

1）三相非桥式星形联结。图 3-65 所示为采用非桥式晶体管开关电路驱动两级星形三相绕组，并带有电磁式位置传感器的无刷直流电机转子位置传感器的励磁线圈。由高频振荡器供电，通过导磁片的作用使信号线圈获得较大的感应电压，并经过整流、放大加到开关电路功率晶体管的基极上，使该管导通。

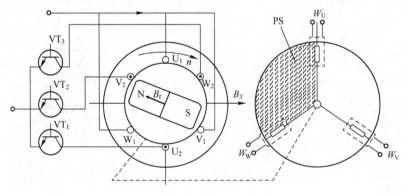

图 3-65　三相非桥式开关电路

由于导磁片与电机转子同轴旋转，所以信号线圈 W_U、W_V、W_W 依次得电，3 个功率晶体管依次导通，使定子三相绕组轮流通电。

当电机转子处于图 3-66a 瞬时，位置传感器 PS 的扇形导磁片位于图示位置处，它的信号线圈 W_U 开始与励磁线圈相耦合，便有信号电压输出，其余两个信号线圈 W_V、W_W 的信号电压为 0。线圈 W_U 供出的信号电压使晶体管 VT_1 开始导通，而晶体管 VT_2、VT_3 截止。这样，电枢绕组 U_1U_2 有电流通过，电枢磁场 B_a 的方向如图中所示。电枢磁场与永磁转子磁场相互作用产生转矩，使转子按顺时针方向旋转。

当电机转子在空间转过 $2\pi/3$ 电角度时，位置传感器的扇形片也转过同样角度，从而使信号线圈 W_V 开始有信号电压输出，W_U、W_W 的信号电压为 0。W_V 输出的信号电压使晶体管 VT_2 开始导通，VT_1、VT_3 晶体管截止，这样电枢绕组 V_1V_2 有电流通过，电枢磁场 B_a 的方向如图 3-66b 所示。电枢磁场 B_a 与永磁转子磁场相互作用所产生的转矩，使转子继续沿顺时针方向旋转。

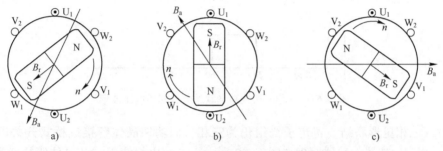

图 3-66　电刷磁场与转子磁场间的相对位置
a) 转子处于初始位置　b) 转子转过 $2\pi/3$ 电角度　c) 转子转过 $4\pi/3$ 电角度

若转子继续转过 $2\pi/3$ 电角度，回到原来的起始位置，如图 3-66c 所示，通过位置传感器将重复上述的换相情况，如此循环下去。无刷直流电机在电枢磁场与永磁转子磁场的相互作用下，产生转矩并使电机转子按一定的转向旋转。可以看出，在三相星形非桥式的无刷直流电机中，当转子转过 2π 电角度时，定子电枢绕组共有 3 个通电状态。每一状态仅有一相导通，定子电流所产生的电枢磁场在空间跳跃着转动，相应地在空间有 3 个不同的位置，称为 3 个磁状态。每一状态持续 $2\pi/3$ 电角度，这种通电方式称为一相导通三相星形 3 状态。每一个晶体管导通时转子所转过的空间电角度称为导通角 α_c。显然，转子位置传感器的导磁扇形片张角 α_p 至少应该等于导通角 α_c。通常，为了保证前后两个导通状态之间不出现间断，就需要有个短暂的重叠时间，必须使 α_p 略大于 α_c。电枢磁场在空间保持某一状态时转子所转过的空间电角度，即定子上前后出现的两个不同磁场轴线间所夹的电角度称为磁状态角（或称状态角），用 α_m 表示。

三相星形非桥式无刷直流电机各相绕组与各晶体管导通顺序的关系见表 3-3。可以看出，由于一个磁状态对应一相导通，所以 α_c 和 α_m 都等于 $2\pi/3$。当电机是 p 对磁极时，位置传感器转子沿圆周应有 p 个均匀分布的导磁扇形片，每个扇形片张角 $\alpha_p \geqslant 2\pi/(3p)$。无刷直流电机三相非桥式星形联结时各相相电压波形如图 3-67 所示。

表 3-3　三相星形非桥式无刷直流电机各相绕组与各晶体管导通顺序的关系

电角度	0	$2\pi/3$	$4\pi/3$	2π
定子绕组的导通角位置	U	V		W
导通的晶体管	VT_1	VT_2		VT_3

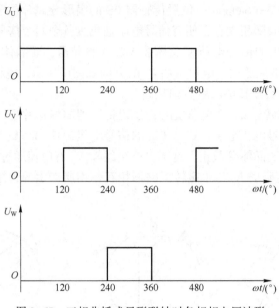

图 3-67　三相非桥式星形联结时各相相电压波形

2）桥式三相星形联结。若定子绕组仍为三相，而功率晶体管接成桥式开关电路（见图 3-68），相应的位置传感器原理如图 3-69 所示，三相电枢绕组与各晶体管导通顺序的关系见表 3-4。可以看出，电机应有 6 个通电状态，每一状态都是两相同时导通，每个晶体管导通角仍为 $\alpha_c = 2\pi/3$，位置传感器扇形片张角 $\alpha_p > 2\pi/(3p)$。

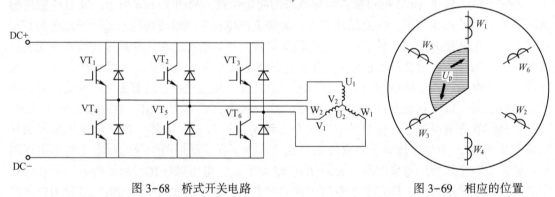

图 3-68　桥式开关电路　　　　　　图 3-69　相应的位置
　　　　　　　　　　　　　　　　　　　　　　传感器原理图

表 3-4　三相电枢绕组与各晶体管导通顺序关系

电角度	0		$\frac{\pi}{3}$		$\frac{2\pi}{3}$		π		$\frac{4\pi}{3}$		$\frac{5\pi}{3}$		2π
导电顺序			U				V				W		
		V			W				U				V
VT_1			←导通→										
VT_2							←导通→						
VT_3											←导通→		
VT_4									←导通→				
VT_5		←导通→										←导通→	
VT_6				←导通→									

电枢合成磁场是由通电的两相磁场合成的。它在空间也相应有6个不同的位置，磁状态角 $\alpha_m = \pi/3$，三相星形桥式电路的通电方式称为两相导通三相6状态。

3）三相封闭形桥式接法。三相式定子绕组只能与桥式晶体管开关电路相组合。图3-70所示为三相封闭形（三角形）桥式开关电路。三相电枢绕组与各晶体管导通顺序的关系见表3-5。可以看出，它与星形联结的区别在于任何磁状态中电枢绕组全部通电，总是某两相绕组串联后再与另一相绕组并联。在各状态中仅是各相通电顺序与电流流过的方向不同。

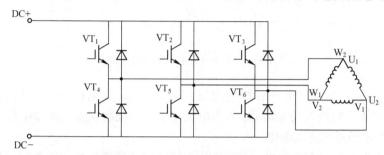

图3-70　三相封闭形桥式开关电路

表3-5　三相电枢绕组与各晶体管导通顺序的关系

电角度	0	$\frac{\pi}{3}$	$\frac{2\pi}{3}$	π	$\frac{4\pi}{3}$	$\frac{5\pi}{3}$	2π
导电顺序	U	W	V	U	W	V	
	W→V	U→V	U→W	V→W	V→U	W→U	
VT$_1$	←导通→						
VT$_2$						←导通→	
VT$_3$			←导通→				
VT$_4$				←导通→			
VT$_5$		←导通→					
VT$_6$	←导通→					←导通→	

电枢合成磁场是由通电的三相磁场合成的。V相绕组与W相绕组串联再与U相绕组并联，定子合成磁通密度的幅值等于每相磁通密度 B_a 幅值的1.5倍，三相封闭桥式接法也有6个通电状态，磁状态角 $\alpha_m = \pi/3$，导通角 $a_c = 2\pi/3$，位置传感器扇形导磁片张角 $a_p \geq 2\pi/(3p)$，这些都与三相星形桥式联结相同。三相封闭桥式电路的通电方式也称为封闭形三相6状态。

3.5.3　无刷直流电机的数学模型

由于无刷直流电机的气隙磁场、反电动势以及电流为非正弦，采用直轴、交轴坐标变换已不是一种有效的方法，故常用电机本身的相变量来建立数学模型。无刷直流电机的等效电路如图3-71所示。

假设电机磁路不饱和，不计涡流和磁滞损耗，电机三相绕组完全对称，则三相绕组的电压平衡方程为

$$\begin{bmatrix} u_U \\ u_V \\ u_W \end{bmatrix} = \begin{bmatrix} R & 0 & 0 \\ 0 & R & 0 \\ 0 & 0 & R \end{bmatrix} \begin{bmatrix} i_U \\ i_V \\ i_W \end{bmatrix} + \begin{bmatrix} L & M & M \\ M & L & M \\ M & M & L \end{bmatrix} \frac{d}{dt} \begin{bmatrix} i_U \\ i_V \\ i_W \end{bmatrix} + \begin{bmatrix} e_U \\ e_V \\ e_W \end{bmatrix} \tag{3-55}$$

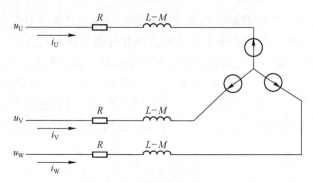

图 3-71　无刷直流电机的等效电路

式中，u_U、u_V、u_W 为电机定子三相绕组电压；i_U、i_V、i_W 为电机定子三相绕组电流；e_U、e_V、e_W 为电机定子三相绕组反电动势；L 为电机定子每相绕组自感；M 为电机定子两相绕组互感；R 为电机定子每相绕组电阻。

对于方波式永磁无刷直流电机，其转子磁阻不随转子位置变换，电机定子绕组的自感和互感为常数，在电机定子绕组采用丫联结时，$i_U + i_V + i_W = 0$，式（3-55）可以简化为

$$\begin{bmatrix} u_U \\ u_V \\ u_W \end{bmatrix} = \begin{bmatrix} R & 0 & 0 \\ 0 & R & 0 \\ 0 & 0 & R \end{bmatrix} \begin{bmatrix} i_U \\ i_V \\ i_W \end{bmatrix} + \begin{bmatrix} L-M & 0 & 0 \\ 0 & L-M & 0 \\ 0 & 0 & L-M \end{bmatrix} \frac{d}{dt} \begin{bmatrix} i_U \\ i_V \\ i_W \end{bmatrix} + \begin{bmatrix} e_U \\ e_V \\ e_W \end{bmatrix} \qquad (3-56)$$

电机电磁转矩为

$$T_e = \frac{1}{\omega} (e_U i_U + e_V i_V + e_W i_W) \qquad (3-57)$$

式中，ω 为电机转子角速度。

电机的转子运动方程为

$$J \frac{d\omega}{dt} = T_e - B\omega - T_L \qquad (3-58)$$

式中，J 为电机转动惯量；B 为黏滞系数；T_L 为负载力矩。

3.5.4　无刷直流电机的控制

无刷直流电机控制系统由电机主体和驱动器组成，是一种典型的机电一体化产品。电机的定子绕组做成三相对称星形联结，同三相异步电机十分相似。常规的无刷直流电机控制系统按照有无位置传感器可以分为有位置式无刷直流电机控制系统和无位置式无刷直流电机控制系统。

1. 有位置式无刷直流电机控制系统

速度闭环控制的无刷直流电机调速系统框图如图 3-72 所示。位置传感器提供电机的位置信号并以此计算出电机的速度，控制系统中的速度调节器 ASR 根据电机实际运行速度和速度指令得出电流的命令值。

控制系统的电流调节器 ACR 根据电流反馈值及其命令值计算出电压型逆变器输出的脉冲占空比，经过 PWM 单元后产生 0、1 开关信号，并且经由逻辑控制单元最终产生 IGBT 开关器件的开关信号。无刷直流电机工作时，必须基于转子位置信号，通过逆变器对电机电枢绕组实施电子换向，才能在气隙中产生合适的步进式旋转磁场，该磁场与永磁式转子相互作用，从而驱动无刷直流电机旋转。

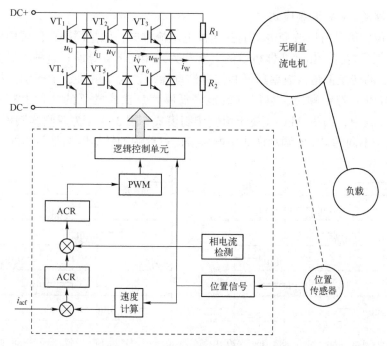

图 3-72　无刷直流电机调速系统框图

（1）调速换向原理分析

以电机转子位于扇形区 1 为例，通过对直流无刷电机工作原理分析可以得知，电机的 A 相绕组反电动势为正向平顶区域，B 相绕组反电动势为负向平顶区域，控制系统根据转子的位置信号可以获知此信息。此时为了控制电机输出较大的转矩，应该使电机 A、B 相绕组分别流过正负向电流，而 C 相没有电流，这一点可以通过控制逆变器 VT_1、VT_2 的导通，以及其他开关器件关断来实现。这种情况下，A、B 两相定子绕组产生的合成磁动势 F 如图 3-73 所示，该磁动势超前转子永磁体 120°，在接下来转子移动的 120° 电角度的过程中，定子三相绕组的通电模式不变。当电机转子进入扇形区 2 以后，逆变器导通方式发生变化，发生横向换向，工作方式更加安全。图 3-72 中的逻辑控制单元就是根据 PWM 信号和图 3-73 中电机转子的位置，分配逆变器 6 个半导体开关器件的开关信号。

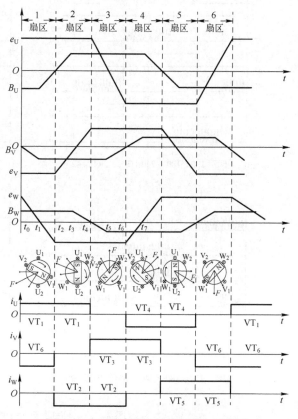

图 3-73　无刷直流电机绕组通电原理图

（2）逆变器的 PWM 调制模式

利用霍尔位置信号可以改变电机的三相供电电流方向，但是同一个位置内电流方向是不变的，任何时刻只能有一相逆变器桥臂的上管和另一相的下管导通。这种控制方式简单，但是存在最大 60°的转矩偏角，效率降低并伴有转动噪声。为了解决这个问题，控制不同的上桥和下桥 PWM 开关控制顺序，可以有效地降低噪声。比较常见的几种 PWM 调制模式如图 3-74 所示。其中，图 3-74a~d 属于单侧调制模式，图 3-74e 为双侧调制模式，图 3-74f 为全导通模式。不同的 PWM 调制模式中电机换向过程中的转矩脉动是不同的。

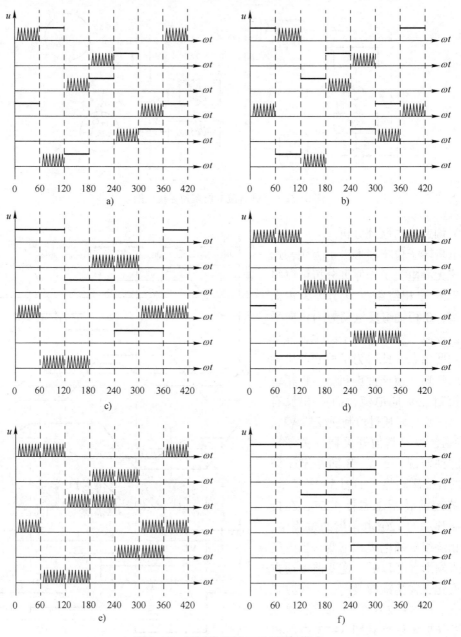

图 3-74　不同类型的 PWM 调制模式

a）~d）单侧调制模式　e）双侧调制模式　f）全导通模式

（3）弱磁控制

当逆变器可以向电机提供足够的电压和电流时，电子换向器的开关状态在电机转子旋转60°电角度的范围内保持不变。在此过程中，定子合成磁动势与转子位置角度的差值从120°减少到60°。从平均意义上说，可以认为定子合成磁动势与转子位置相互垂直，从而产生较大的转矩。但当电机运行速度较高或逆变器直流侧电压较低时，逆变器难以向电机提供所需的电流，因此待导通的定子绕组必须提前导通一定的时间。此时相电流超过前反电动势，因而会产生一个去磁电流分量，即进行弱磁控制。提前导通角一般控制在60°以内。

2. 无位置式无刷直流电机控制系统

近年来，无位置传感器的永磁无刷直流电机发展比较快。当电机体积较小、位置传感器难以安装时，或电机工作在恶劣环境中以至于位置传感器工作的可靠性难以保证时，这种无位置传感器显示出其独特的优越性。无位置传感器的无刷直流电机因为省去了转子位置传感器，所以电机结构简单、体积小、可靠性高。其主要弱点是起动转矩比较小，一般只适用于空载或轻载条件下起动。当电机转子采用永磁体励磁时，永磁体的强磁场使得电机在较低速度时就可以检测到电枢绕组反电动势，在较低转速下实现电机的自同步运行状态切换，从而加快电机的起动过程，实现宽的调速范围。常用的无位置传感器控制技术有反电动势过零点检测法和反电动势三次谐波积分检测法。

（1）反电动势过零点检测法

永磁无刷直流电机稳态运行时，在忽略电机电枢反应的前提下，通过检测关断相绕组反电动势的过零点来获得永磁转子的位置信息，并以此得到电机的换向信息，从而控制电机三相绕组相电流的切换，实现电机的运转。反电动势过零法的电路如图 3-75 所示，通常是测量电机三相绕组端部电压，再通过积分器或低通滤波器来得到转子位置信息，电路中各关键点的波形如图 3-76 所示。

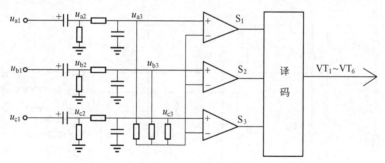

图 3-75　反电动势过零点法的电路

（2）反电动势三次谐波积分检测法

反电动势三次谐波积分法适用于 120°导通，三相丫联结绕组的无刷直流电机的转子位置检测。图 3-77 给出了该方法的电路图，可以看出在丫联结电机绕组上，并联 1 个丫联结电阻网络，阻值为 R_2 的 3 个电阻构成了星形网络，公共端记为 n，称其为"假中性点"，另有两个电阻 R_1 串联后连接在直流母线上，构成直流母线中性点电位参考点 h，实际电机绕组的中性点记为 s。

通过电阻网络中性点 n 与直流侧中性点 h 之间的电压 u_{nh} 来获得三次谐波，省去了电机绕组与电阻网络两中性点之间的连线。这种位置检测方法与利用反电动势过零点检测方法相

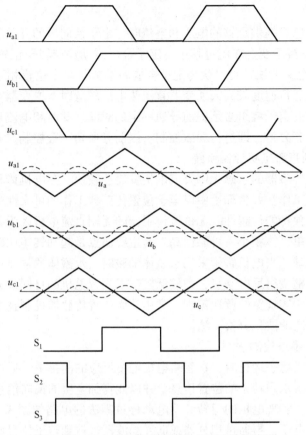

图 3-76　反电动势过零法电路中关键点的波形

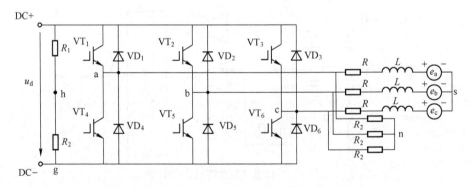

图 3-77　基于反电动势三次谐波积分检测法的电路

比，具有更宽广的调速范围，但需要采用开环方式起动。图 3-78 给出了该方法中各物理量波形和各开关管的切换顺序。

3.5.5　无刷直流电机的特点及应用

无刷直流电机转子采用永磁体，不需要励磁，具有功率因数高、功率密度大、效率高、低速转矩大、高速性能良好、转速控制精度高等优点。在电磁性能、磁场衰退等方面的性能都优于其他种类的电机。具体优点如下。

1）高效率：永磁无刷直流电机在所有电机中效率最高，这是因为励磁采用了永磁体，

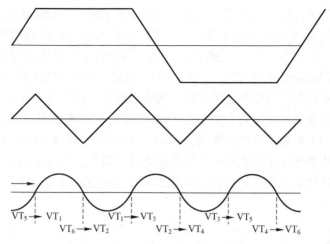

图 3-78　反电动势三次谐波积分检测法物理量波形和各开关管的切换顺序

没有功率消耗。没有机械式换向器和电刷意味着机械摩擦损耗低，因此效率更高。

2）体积小：高能量密度永磁体（稀土永磁体）的引入使永磁无刷直流电机能获得非常高的磁通密度，这就相应地有可能获得高转矩，从而能使电机体积小而且重量轻。

3）易控制：永磁无刷直流电机与直流电机一样易于控制，因为在电机的全运行过程中控制变量容易获得，且保持不变。

4）易冷却：转子中没有环行电流，因此永磁无刷直流电机的转子不会发热，仅在定子上有热量产生。定子比转子更易于冷却，因为定子是静止的，且位于电机的边缘。

5）低廉的维护、显著的长寿命和可靠性：没有电刷和机械式换向器，就不需要相关的定期维护，排除了相关部件出现故障的危险。因此，电机的寿命仅随绕组绝缘、轴承和永磁体寿命而变化。

6）低噪声：由于采用电子换向器，而不是机械式换向器，故不存在与换向器相伴随的噪声。驱动逆变器的开关频率足够高，致使谐波噪声处于听不见的范围。

但是，无刷直流电机也存在控制系统比较复杂、励磁不能控制、机械特性较硬、不具有绕组式直流电机的机械特性等不足之处。具体表现如下。

1）成本较高：稀土永磁体比其他永磁体昂贵得多，故导致电机成本上升。

2）有限的恒功率范围：大的恒功率范围对获得高的车辆效率是至关重要的。永磁无刷直流电机不可能获得大于基速两倍的最高转速。

3）安全性：在电机制造过程中，由于大型稀土永磁体可以吸引飞散的金属物体，故可能有危险性。万一车辆失事，若车轮自由地自旋，而电机仍然由永磁体励磁，则在电机的接线端将出现高电压，可能会危及乘客或援救者。

4）磁体退磁：永磁体可被大的反向磁动势和高温退磁。对每一种永磁材料，其临界去磁力是不同的。当冷却电机时，特别是如果电机构造紧凑，必须非常小心。

5）高速性能：永磁体采用表面安装方式的电机不可能达到高速，这是因为受限于转子磁轭与永磁体之间装配的机械强度。

6）逆变器故障：由于永磁体位于转子上，永磁无刷直流电机呈现的主要危险在于逆变器出现短路故障。

无刷直流电机由于具有功率因数高、功率密度大、效率高、低速转矩大、高速性能良好、转速控制精度高等优势，近年来在汽车、航空、家用电器等领域都具有较好的发展应用前景。小功率的直流无刷电机很早就得到了实用，无刷直流电机通常用做汽车部件执行装置，一般的家用轿车需要 20~30 个无刷直流电机，而每辆豪华轿车则需要更多，除了核心发动机部件外，在雨刷器、电动车门、汽车空调、电动车窗等部位都有无刷直流电机的身影。无刷直流电机通过采用高能量的永磁体作为励磁机构，该电机具有成为高功率密度、高转速和高效率电机的潜力。在国内，300 W~1 kW 的中小功率电机被广泛应用在电动自行车和电动摩托车上。为了跟随世界的研究潮流和响应政府对电动汽车产业化的号召，国内外科研机构和汽车企业逐渐开始了对大功率直流无刷电机的研究，取得了显著的成就，但在直流无刷电机机体的设计和电机驱动控制系统的效率及可靠性方面的应用研究仍然有待进一步深入探索。

3.6　本章小结

本章介绍了电动汽车驱动电机技术。首先，介绍了电动汽车常用驱动电机的基本技术要求和常用的驱动电机分类；接下来，围绕直流电机、交流异步电机、永磁同步电机和无刷直流电机这 4 类常用的电动汽车驱动电机，分析介绍了它们的基本结构和工作原理；在此基础上，结合 4 种电机的结构特征，分别建立了其数学模型；并通过对 4 种电机工作原理分析，以电机数学模型为基础，详细介绍了 4 种电机的常用控制方法；最后，对 4 种电机的不同特点及在电动汽车的应用情况进行了总结说明。

习题

1. 直流电机是如何转动起来的？
2. 说明直流电机电刷及换向器的作用。
3. 他励直流电机为什么不能直接起动？常用起动方法有哪些？
4. 他励直流电机有哪几种励磁方式？
5. 他励直流电机的数据：$P_N = 10 \text{ kW}$，$U_N = 220 \text{ V}$，$I_N = 53.4 \text{ A}$，$n_N = 1500 \text{ r/min}$，$R_a = 0.4 \Omega$。求（1）电机的固有机械特性；（2）如负载转矩保持不变，试求下列情况下的稳定转速：①电枢回路串入 1.6Ω 电阻；②电源电压降至原来一半；③磁通减少 30%。
6. 他励直流电机的数据：$P_N = 7.5 \text{ kW}$，$U_N = 110 \text{ V}$，$I_N = 85.2 \text{ A}$，$n_N = 750 \text{ r/min}$，$R_a = 0.13 \Omega$，若采用三级起动，最大起动电流限制为 $2I_N$，求各段起动电阻。
7. 为什么异步电机工作时转速总是小于同步转速？如何通过转差率来判断异步电机的运行状态？
8. 三相异步电机的调速方法有哪些？
9. 简述无刷直流电机的换向原理。
10. 对比分析直流电机、交流异步电机、永磁同步电机以及无刷直流电机的定子、转子特点及工作原理。

第4章　电动汽车功率变换技术

电动汽车驱动电机通常要求具备频繁起动/停车、加速/减速能力，低速和爬坡时能够输出高转矩，高速行驶时能够输出低转矩，这对电机的转速/转矩调节提出了很高的要求。电动汽车功率变换技术是对驱动电机转速/转矩进行控制的关键技术，其通过合理、有效地控制动力电池的电压/电流输出和驱动电机的电压/电流输入，完成对驱动电机的驱动转矩和旋转速度的控制。按所选电机类型，电动汽车功率变换器有DC/DC功率变换器、DC/AC功率变换器等多种形式，其作用是按所选电机驱动电流要求，将动力电池的直流电转换为相应电压等级的直流、交流或脉冲电源，继而驱动电机系统将电能进一步转换为机械能。功率变换器的性能对于电动汽车驱动电机及其控制系统具有十分重要的影响。本章对功率变换技术的基本原理及其在电动汽车中的应用进行讲解。首先，对电动汽车功率变换系统的功能和特点进行概述；然后，对常用的功率半导体器件的工作原理进行介绍；继而，详细阐述脉宽调制技术（PWM）的原理和常用控制方法；在此基础上，对典型的功率变换电路的工作原理进行分析；最后，对电动汽车制动能量回收原理及电路进行介绍。

4.1　功率变换技术概述

功率变换器是一种可以将某种电流转换为其他类型电流的电子设备。按照变流方式的不同，功率变换器通常可分为交流/交流（AC/AC）变换、交流/直流（AC/DC）变换、直流/直流（DC/DC）变换和直流/交流（DC/AC）变换4类。由于电动汽车车载动力电池通常为直流电输出，因此电动汽车功率变换器主要采用DC/DC变换器和DC/AC变换器两种形式。DC/DC变换器将一个固定的直流电压通过调整其占空比来控制输出的有效电压的大小，从而变换为可变的直流电压，也称为直流斩波器。这种技术被广泛应用于无轨电车、地铁列车、电动汽车的无级变速和控制，具有加速平稳、快速响应的特点。用直流斩波器代替变阻器可节约电能20%~30%。直流斩波器不仅能起调压的作用，同时还能起到有效地抑制电网侧谐波电流噪声的作用。DC/AC变换器称为反用换流器，也称逆变器、变流器、反流器，或称电压转换器，是一个可将直流电变换成交流电的电路。这种技术被广泛应用于不间断电源、电动车辆及轨道交通系统、变频器等。对于交流电机驱动的电动汽车，通常采用DC/AC功率变换技术。

在各种电动汽车中，功率变换器主要实现以下功能。

1）驱动电机运行。DC/DC或DC/AC变换器可将动力电池输出的直流电流转换成满足（直流/交流）驱动电机转矩/转速需求的电能，从而驱动电动汽车行驶。

2）不同电源之间的特性匹配。例如，可利用DC/DC变换器实现燃料电池和动力电池之间的特性匹配。

3）驱动辅助系统中的直流电机。在小功率（一般低于5kW）直流电机驱动的转向、制动等辅助系统中，一般直接采用 DC/DC 变换器供电。

4）给低压辅助蓄电池充电。在电动汽车中，需要高压电源通过降压变换器给辅助蓄电池充电。

对于直流电机驱动的电动汽车而言，电动汽车动力电池系统输出的是直流能量，而电机驱动系统输入的也是直流能量。因而，动力电池系统和驱动系统的功率变换问题，实际上就是一个直流功率的变换问题，即 DC/DC 的变换问题。电动汽车动力电池系统的输出特性偏软，无法直接与电机驱动器匹配。在动力电池系统突加负载的起始阶段，输出电压下降较快，但随着负载的增加，电流增大，电压下降，下降的斜率会出现一个特定的曲线，这种特性使动力电池系统的输出功率波动进而导致车辆整体效能的下降。因此，在动力电池系统与汽车驱动系统之间加入 DC/DC 变换器，两者共同组成电源系统对驱动系统供电，可以增强驱动系统的稳定性。

电动汽车功率变换器一般要求具有如下特点。

1）变换功率大。由于电动汽车驱动电机系统在起动、爬坡、加速时要求的功率较大，为保证车辆的动力性能，功率变换器一般功率较大，多采用大电流电力电子器件，进行双路或多路设计。

2）输出响应快。电动汽车在行驶过程中对驱动系统的动力响应提出了很高的要求，功率变换器的输出响应必须能跟上路况等因素对驱动电机输出功率变化的要求，否则会影响整车性能。

3）工作稳定，抗电磁干扰。为保证电动汽车的行驶安全，要求功率变换器具有很强的稳定性，特别是在电动汽车相对比较恶劣的电磁环境下，抗电磁干扰性能尤其重要。

4）控制方便、准确。从整体上看，电动汽车的功率变换器不仅仅是一个功率变换的过程，实际上也是一个动力系统能量输出的控制过程。因此，要使其功率变换器有好的可控制性。

5）具有能量回馈功能。能量回收是实现电动汽车有限能量高效利用的重要手段，作为连接动力系统和电源系统的桥梁，功率变换器还必须具有能量回馈功能，以满足能量回收的需要。

4.2 功率半导体器件

功率半导体器件是功率变换技术的物质基础。功率半导体器件的发展水平直接决定着功率变换器的水平，在电动汽车功率变换技术中具有重要的地位和作用。随着工艺与制造技术的进步，功率半导体器件正向着大容量、高可靠性、小体积、节约电能和智能化方向发展。除了早期使用的功率二极管、晶闸管外，目前常用的器件主要有门极关断（GTO）晶闸管、大功率晶体管（GTR）、功率场效应晶体管（MOSFET）、绝缘栅极晶体管（IGBT）、MOS 控制晶闸管（MCT）等。从电动汽车的应用上看，MOSFET、IGBT 具有较好的应用前景。

4.2.1 功率二极管

功率二极管属于不可控功率半导体器件，是最早获得应用的电力电子器件，它在整流逆变领域都发挥了重要作用。功率二极管的主要类型有普通功率二极管、快速恢复功率二极管和肖特基势垒二极管。

1. 普通二极管

普通二极管又称整流二极管，其基本结构是半导体 PN 结，如图 4-1 所示。普通二极管多用于开关频率不高（1 kHz 以下）的整流电路，其反向恢复时间较长，但在开关频率不高时影响不大。正向电流定额和反向电压定额可以达到很高，分别可达数千安和数千伏以上。

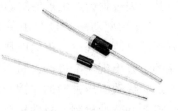

图 4-1　普通二极管

2. 快速恢复功率二极管

快速恢复功率二极管的基本结构是半导体 PN 结，具有单向导电性，正向偏置时表现为低阻态，形成正向电流，称为正向导通；而反向偏置时表现为高阻态，几乎没有电流流过，称为反向截止。根据容量和型号，功率二极管有各种不同的封装。其封装结构和图形符号分别如图 4-2 和图 4-3 所示。

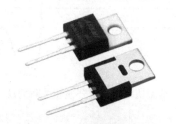

图 4-2　功率二极管的封装结构

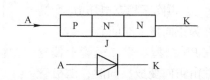

图 4-3　功率二极管的图形符号

当功率二极管外加一定的正向电压时，有正向电流流过，功率二极管电压降很小，处于正向导通状态；当功率二极管外加反向电压时，若反向电压在允许范围之内，只有很小的反向漏电流流过，表现为高阻态，处于反向截止状态；若反向电压超过允许范围，则可能造成反向击穿，损坏二极管。

PN 结型功率二极管的基本特性有稳态特性和动态特性，分别描述如下。

（1）稳态特性

PN 结型功率二极管的伏安特性曲线如图 4-4 所示。当外加正向电压大于门槛电压 U_{T0} 时，电流开始迅速增加，二极管开始导通。若流过二极管的电流较小，二极管的电阻主要是低掺杂 N^- 区的欧姆电阻，阻值较高且为常数，因而其管压降随正向电流的上升而增加。当流过二极管的电流较大时，注入并积累在低掺杂 N^- 区的少子空穴浓度将增大，为了维持半

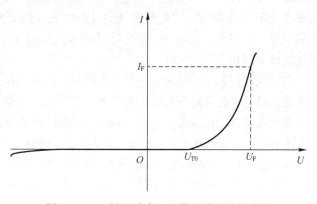

图 4-4　PN 结型功率二极管的伏安特性曲线

导体电中性条件，其多子浓度也相应大幅度增加，导致其电阻率明显下降，即电导率大幅增加，该现象称为电导调制效应。电导调制效应使得功率二极管在正向电流较大时导通电压降很低，且不随电流的大小而变化。

（2）动态特性

PN 结型功率二极管属于双极型器件，具有载流子存储效应和电导调制效应，这些特性

对其开关过程会产生重要的影响。结型功率二极管开通和关断的动态过程如图 4-5 所示。

PN 结型功率二极管由关断到稳定开通的过渡过程中，正向电压会随着电流的上升出现一个过冲，然后逐渐趋于稳定。导致电压过冲的原因有两个：阻性机制和感性机制。阻性机制是指少数载流子注入的电导调制作用，使得有效电阻随正向电流的上升而下降，管压降随之降低，因此正向电压在到达峰值电压 U_{FP} 后转为下降，最后稳定在 U_F。感性机制是指电流随时间上升，在器件内部电感上产生电压降，di/dt 越大，峰值电压 U_{FP} 越高。正向电压从零开始经峰值电压 U_{FP}，再降至稳态电压 U_F 所需要的时间称为正向恢复时间 t_{fr}。

当加在 PN 结型功率二极管上偏置电压的极性由正向变成反向时，二极管

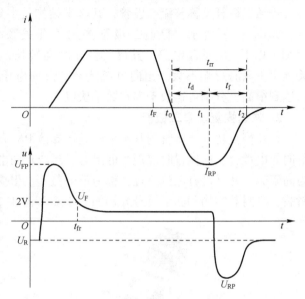

图 4-5　PN 结型功率二极管开通和关断的动态过程

不能立即关断，而需经过一个短暂的时间才能重新恢复反向阻断能力而进入关断状态。如图 4-5 所示，当原来处于正向导通的二极管外加电压在 t_F 时刻从正向变为反向时，正向电流开始下降，到 t_0 时刻二极管电流降为零，由于 PN 结两侧存有大量的少子，它们在反压的作用下被抽出器件形成反向电流，直到 t_1 时刻 PN 结内储存的少子被抽尽时，反向电流达到最大值 I_{RP}，之后虽然抽流过程还在继续，但此时被抽出的是离空间电荷区较远的少子，二极管开始恢复反向阻断能力，反向电流迅速减小。由于 t_1 时刻电流的变化方向改变，反向电流由增大变为减小，外电路中电感产生的感应电动势会产生很高的反向电压 U_{RP}。在电流降到基本为零的 t_2 时刻，二极管两端的反向电压才降到外加反压 U_R，功率二极管完全恢复反向阻断能力。其中，$t_d = t_1 - t_0$ 称为延迟时间，$t_f = t_2 - t_1$ 称为下降时间，$t_{rr} = t_d + t_f$ 称为功率二极管反向恢复时间。

在反向恢复期中，反向电流上升率越高，反向电压过冲 U_{RP} 越高，这不仅会增加器件电压耐压值，而且也相应提高其电压变化率。当结型二极管与可控器件并联时，过高的电压变化率会导致可控器件的误导通。比值 $S = t_1/t_d$ 称为反向恢复系数，用来衡量反向恢复特性的硬度。S 值较小的器件反向电流衰减较快，具有硬恢复特性，反之具有软恢复特性。S 越小，反向电压过冲 U_{RP} 越大，高电压变化率引发的电磁干扰（EMI）强度越高，为避免结型二极管的关断过冲电压 U_{RP} 过高和降低 EMI 强度，在实际工作中应选用软恢复特性的结型二极管。

3. 肖特基势垒二极管

肖特基势垒二极管，简称肖特基二极管（Schottky Barrier Diode，SBD），是利用金属与 N 型半导体表面接触形成势垒的非线性特性制成的二极管。由于 N 型半导体中存在着大量的电子，而金属中仅有极少量的自由电子，当金属与 N 型半导体接触后，电子便从浓度高的 N 型半导体中向浓度低的金属中扩散，随着电子不断从半导体扩散到金属，半导体表面电子浓度逐渐降低，表面电中性被破坏，于是就形成势垒，其电场方向为半导体到金属。在该电场作用之下，金属中的电子也会产生从金属到半导体的漂移运动，从而削弱了由于扩散

运动而形成的电场。当建立起一定宽度的空间电荷区后，电场引起的电子漂移运动和浓度不同引起的电子扩散运动达到相对的平衡，便形成了肖特基势垒。

肖特基二极管早期应用于高频电路和数字电路，随着工艺和技术的进步，其电流容量明显增大，并开始进入电力电子器件的范围。肖特基二极管在结构原理上与 PN 结二极管有很大区别，它的内部是由阳极金属、二氧化硅（SiO$_2$）电场消除材料、N$^-$外延层（砷材料）、N 型硅基片、N$^+$阴极层及阴极金属等构成，在 N 型硅基片和阳极金属之间形成肖特基势垒，如图 4-6 所示。

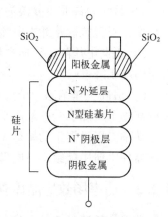

图 4-6　N 型基片和阳极金属之间的肖特基势垒

当肖特基二极管处于正向偏置时（即外加电压金属为正，半导体为负），合成势垒高度下降，将有利于硅中电子向金属转移，从而形成正向电流；相反，当肖特基二极管处于反向偏置时，合成势垒高度升高，硅中电子转移比零偏置（无外部电压）时更困难。这种单向导电特性与结型二极管十分相似。

尽管肖特基二极管具有和结型二极管相仿的单向导电性，但其内部物理过程却大不相同。由于金属中无空穴，因此不存在从金属流向半导体材料的空穴流，即肖特基二极管的正向电流仅由多子形成，从而没有结型二极管的少子存储现象，反向恢复时没有抽取反向恢复电荷的过程，因此反向恢复时间很短，仅为 10~40 ns。

肖特基二极管导通电压降比普通二极管和快速恢复二极管低，有助于降低二极管的导通损耗，提高电路的效率。但其单向耐压在 200 V 以下，适用于低电压输出的场合。

4. 功率二极管的主要参数

功率二极管电压、电流的额定值都比较高。当二极管外加反向电压且电压小于击穿电压 U_{RO} 时，反向电流即为反向饱和电流，其值很小，可以忽略不计。在导通状态时，流过额定电流 I_{FR} 时的正向电压降 U_{FR} 一般不超过 1~2 V。尽管正向导通时电压降很小，但正向电流产生的功耗及其发热却不能忽略。功率二极管的主要参数如下。

1）额定电压 U_{RR}。反向不重复峰值电压 U_{RSM} 是指即将出现反向击穿的临界电压，反向不重复峰值电压 U_{RSM} 的 80% 称为反向重复峰值电压 U_{RSM}。U_{RSM} 也被定义为二极管的额定电压 U_{RR}。

2）额定电流 I_{FR}。功率二极管的额定电流 I_{FR} 被定义为在环境温度 40℃ 和规定的散热条件下，其管芯 PN 结的温升不超过允许值时，所允许流过的正弦半波电流平均值。

若正弦电流的最大值为 I_m，则正弦半波电流平均为

$$I_{FR} = \frac{1}{2\pi} \int_0^\pi I_m \sin(\omega t) \, d(\omega t) = \frac{1}{\pi} I_m \tag{4-1}$$

式中，ω 为正弦波角频率。

3）最大允许的全周期均方根正向电流 I_{FRms}。二极管流过半波正弦电流的最大值为 I_m 时，其全周期均方根正向电流 I_{FRms} 为

$$I_{FRms} = \sqrt{\frac{1}{2\pi} \int_0^\pi I_m \sin(\omega t) \, 2d(\omega t)} = \frac{1}{2} I_m \tag{4-2}$$

由式（4-1）和式（4-2）可得，最大允许的全周期均方根正向电流 I_{FRms} 与额定电流 I_{FR} 的关系为

$$I_{\text{FRms}} = \frac{\pi}{2} I_{\text{FR}} = 1.57 I_{\text{FR}} \qquad\qquad (4-3)$$

4）最大允许非重复浪涌电流 I_{FRM}。I_{FRM} 是二极管所允许的半周期峰值浪涌电流，它体现了功率二极管抗短路冲击电流的能力，其值比额定电流要大得多。

5）正向电压降。正向电压降是在指定温度下，流过某一指定的稳态正向电流时所对应的正向电压降。

6）最高工作结温。结温是指管芯 PN 结的平均温度，最高工作结温是指在 PN 结不损坏的前提下所能承受的最高平均温度，通常在 125～175℃ 之间。

功率二极管属于功率最大的半导体器件，其参数是正确选用功率二极管的依据，一般半导体器件手册中都给出不同型号二极管的各种参数，以便使用。

4.2.2 功率场效应晶体管

功率场效应晶体管（MOSFET）是一种单极型电压全控器件，具有输入阻抗高、工作速度快（开关频率可达 500Hz 以上）、驱动功率小、电路简单、热稳定性好、无二次击穿、安全工作区宽等优点，在各类开关电路中应用极为广泛。

1. 功率 MOSFET 的结构和工作原理

功率 MOSFET 的种类很多，按导电沟道可分为 P 沟道和 N 沟道。当栅极电压为零时，漏源极间存在导电沟道的称为耗尽型；对于 N（P）沟道器件，栅极电压大于（小于）零时才存在导电沟道的称为增强型。在功率 MOSFET 中，应用较多的是 N 沟道增强型。功率 MOSFET 导电机理与小功率 MOS 管相同，但在结构上有较多区别。小功率 MOS 管是一次扩散形成的器件，其导电沟道平行于芯片表面，是横向导电器件。而功率 MOSFET 大都采用垂直导电结构，这种结构能大大提高器件的耐压和通流能力。图 4-7a 为常用的功率 MOSFET 外形，图 4-7b 给出了 N 沟道增强型功率 MOSFET 的结构，图 4-7c 为功率 MOSFET 的图形符号，其引出的 3 个电极分别为栅极 G、漏极 D 和源极 S。

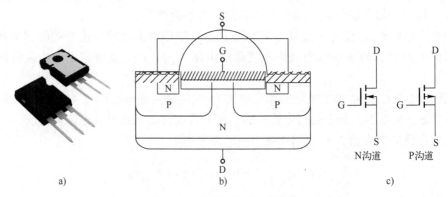

图 4-7　功率 MOSFET 的外形、结构和图形符号

a）外形　b）N 沟道增强型功率 MOSFET 的结构　c）图形符号

当栅极、源极间电压为零，漏极和源极间加正电源，P 区与 N 区之间形成的 PN 结反偏时，漏极和源极之间无电流流过，如图 4-8a 所示。在栅极、源极间加正电压 U_{GS} 时，由于栅极是绝缘的，所以不会有栅极电流流过，但栅极的正电压会将其下面 P 区中的空穴推开，而将 P 区中的电子吸引到栅极下面的 P 区表面，如图 4-8b 所示。当 U_{GS} 大于 U_{T}（开启电

压，也称阈值电压，其典型值为 2~4 V）时，栅极下 P 区表面的电子浓度将超过空穴浓度，使得 P 型半导体反型成 N 型（称为反型层），该反型层形成 N 沟道而使 PN 结消失，漏极和源极导电，如图 4-8c 所示。栅极电压 U_{GS} 越高，反型层越厚，导电沟道越宽，漏极电流越大。漏极电流 I_D 不仅受到栅源电压 U_{GS} 的控制，而且与漏极电压 U_{DS} 也密切相关。

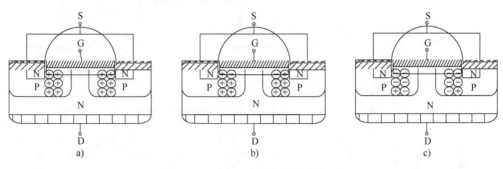

图 4-8 功率 MOSFET 的导电机理

a) $U_{GS} = 0$ b) $0 < U_{GS} < U_T$ c) $U_{GS} > U_T$

漏极电流 I_D 与栅源电压 U_{GS} 的关系反映了输入控制电压与输出电流之间的关系，称为功率 MOSFET 的转移特性，如图 4-9 所示。以栅极电压 U_{GS} 为参变量，反映漏极电流 I_D 与漏极电压 U_{DS} 之间关系的曲线，称为功率 MOSFET 的输出特性，如图 4-10 所示。

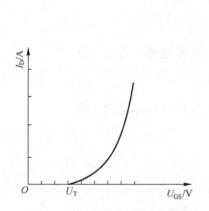

图 4-9 功率 MOSFET 的转移特性

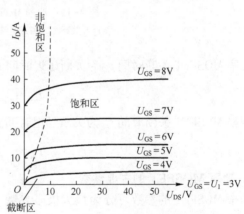

图 4-10 功率 MOSFET 的输出特性

由图 4-10 可以看出，功率 MOSFET 的输出特性分为 3 个工作区，分别为截止区、饱和区和非饱和区。

1）截止区，$U_{GS} < U_T$，$I_D = 0$。

2）饱和区，或称为有源区，$U_{GS} > U_T$。在该区中当 U_{GS} 不变时，I_D 几乎不随 U_{DS} 的增加而加大，近似为一个常数，故称为饱和区。当用于开关工作时，MOSFET 在此区内运行。

3）非饱和区，又称为可调电阻区，这时漏源电压 U_{DS} 与漏极电流 I_D 之比近似为常数，而几乎与 U_{GS} 无关。当 MOSFET 作为线性放大时，应工作在此区。

2. 功率 MOSFET 的开关特性

功率 MOSFET 经常工作在开关状态，其开关特性是指开关过程中 i_D 和 u_{DS} 随 u_{GS} 的变化关系。图 4-11a 是用来测试功率 MOSFET 开关特性的电路，R_S 为信号源内阻，R_G 为栅极电阻，R_L 为漏极负载电阻，R_F 用于检测漏极电流。图 4-11b 为功率 MOSFET 的开关特性曲线，u_P 为矩形波信号源，u_{GS} 为栅极电压波形，i_D 为漏极电流波形，$t_{d(on)}$ 为开通延迟时间，t_r 为上升时间，$t_{d(off)}$ 为关断延迟时间，t_f 为下降时间。

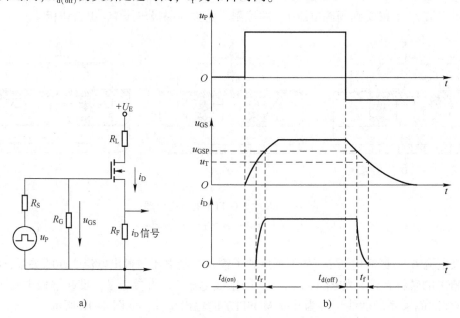

图 4-11　功率 MOSFET 的开关过程

a）开关特性的测试电路　b）开关特性曲线

功率 MOSFET 关断时间 t_{on} 为关断延迟时间 $t_{d(on)}$ 与下降时间 t_r 之和，即

$$t_{on} = t_{d(on)} + t_r \tag{4-4}$$

功率 MOSFET 关断时间 t_{off} 为关断延迟时间 $t_{d(off)}$ 与下降时间 t_f 之和，即

$$t_{off} = t_{d(off)} + t_f \tag{4-5}$$

3. 功率 MOSFET 的主要参数

功率 MOSFET 的参数可分为最大极限参数、静态参数及动态参数等。下面对比较有代表性的功率 MOSFET 参数进行介绍。

1）漏源击穿电压 U_{DSS}。U_{DSS} 通常为结温在 25~150℃ 时，漏源极的击穿电压，该参数限制了功率 MOSFET 的最高工作电压。常用功率 MOSFET 的 U_{DSS} 通常在 1000 V 以下，U_{DSS} 在 500 V 以下时器件的各项性能最佳。需要注意的是，常用功率 MOSFET 的漏源击穿电压具有正温度系数，因此在温度低于测试条件时，U_{DSS} 会低于产品手册数据。

2）漏极连续电流额定值 I_D 和漏极脉冲电流峰值 I_{DM}。I_D 和 I_{DM} 是标称功率 MOSFET 的电流定额参数，一般情况下，I_{DM} 是 I_D 的 2~4 倍。工作温度对器件的漏极电流影响很大，产品的生产厂商通常也会给出不同壳温下，允许的漏极连续电流变化范围。在实际器件参数计算时，必须考虑其损耗及散热情况得出壳温，由此核算器件的电流定额，通常在壳温为 80~90℃ 时，器件可用的连续工作电流只有额定值 I_D 的 60%~70%。

3）漏源通态电阻 $R_{DS(on)}$。在栅源间施加一定电压（10~15 V）时，漏源间的导通电阻称为漏源通态电阻，漏源通态电阻 $R_{DS(on)}$ 直接影响器件的通态电压降及损耗，通常额定电压低、电流大的器件 $R_{\mathrm{DS(on)}}$ 较小。此外，$R_{\mathrm{DS(on)}}$ 还与驱动电压及结温有关，增大驱动电压可以减小 $R_{\mathrm{DS(on)}}$。$R_{\mathrm{DS(on)}}$ 具有正的温度系数，随着结温的升高而增加，这一特性使功率 MOSFET 并联运行较为容易。

4）漏源电压 U_{GS}。由于栅源之间的 $\mathrm{SiO_2}$ 绝缘层很薄，当 $|U_{\mathrm{GS}}| > 20\,\mathrm{V}$ 时将导致绝缘层击穿，因此在焊接、驱动等方面必须注意。

5）跨导 G_{fs}。在规定的工作点下，功率 MOSFET 转移特性曲线的斜率称为该器件的跨导，即

$$G_{\mathrm{fs}} = \frac{\mathrm{d}I_{\mathrm{D}}}{\mathrm{d}U_{\mathrm{GS}}} \tag{4-6}$$

6）极间电容。功率 MOSFET 的 3 个电极之间分别存在极间电容 C_{GS}、C_{GD} 和 C_{DS}，一般生产厂商提供的是漏源极短路时的输入电容 C_{iss}、共源极输出电容 C_{oss} 和反向转移电容 C_{rss}，它们之间关系是

$$
\begin{aligned}
C_{\mathrm{iss}} &= C_{\mathrm{GS}} + C_{\mathrm{GD}} \\
C_{\mathrm{rss}} &= C_{\mathrm{GD}} \\
C_{\mathrm{oss}} &= C_{\mathrm{GD}} + C_{\mathrm{DS}}
\end{aligned}
\tag{4-7}
$$

尽管功率 MOSFET 用栅源间电压驱动，阻抗很高，但由于存在输入电容 C_{iss}，开关过程中驱动电路要对电容充放电。因此，在用作高频开关时驱动电路必须具有很低的内阻抗和一定的驱动电流能力。

4.2.3 绝缘栅双极晶体管

电力晶体管（GTR）属于双极型电流驱动器件，其优点是通流能力很强，但不足之处是开关速度相对低、驱动功率大、驱动电路复杂。功率 MOSFET 是单极型电压驱动器件，其优点是开关速度快、输入阻抗高、所需驱动功率小，而且驱动电路简单，缺点是导通电压降大。将这两类器件的优点，即 GTR 的低导通电压降与功率 MOSFET 的高输入阻抗结合起来制成复合型器件，称为 Bi-MOS 器件，即绝缘栅双极型晶体管（Insulate-Gate Bipolar Transistor，IGBT）。它综合了 GTR 和 MOSFET 的优点，具有低导通电压降和高输入阻抗的特点。IGBT 自投入市场以来，已成为中、大功率电力电子设备的主导器件，当前 IGBT 的应用水平已达到 2500~6500V 和 600~2500A。

1. IGBT 的结构和工作原理

IGBT 也是三端器件，具有栅极 G、集电极 C 和发射极 E。图 4-12a 为一种由 N 沟道功率 MOSFET 与双极性晶体管组合而成的 IGBT 基本结构，与功率 MOSFET 对照可以看出，IGBT 比 MOSFET 多一层 $\mathrm{P^+}$ 注入区，因而形成了一个大面积的 $\mathrm{P^+}$、$\mathrm{N^+}$ 结 J_1。这样使得 IGBT 导通时由 $\mathrm{P^+}$ 注入区向基区发射少量载流子，从而对漂移区电导率进行调制使得 IGBT 具有很强的通流能力，其简化等效电路如图 4-12b 所示。可以看出，这是双极型晶体管与功率 MOSFET 组成的达林顿结构，相当于一个由功率 MOSFET 驱动的厚基区外 PNP 性晶体管。IGBT 的驱动原理与功率 MOSFET 基本相同，它是一种场控器件，其开通和关断是由栅极和发射极间的电压 U_{GE} 决定，当 U_{GE} 为正且大于开启电压 $U_{\mathrm{GE(th)}}$ 时，功率 MOSFET 内形成沟道，并为晶体管提供基极电流使其导通；当栅极与发射极之间施加反向电压或不加电压时，功率 MOSFET 内的沟道消失，晶体管无基极电流，IGBT 关断。

PNP 型晶体管与 N 沟道功率 MOSFET 组合而成的 IGBT 称为 N 沟道 IGBT，记为 N-IGBT，其图形符号如图 4-12c 所示。N-IGBT 和 P-IGBT 统称为 IGBT。由于实际应用中以 N 沟道 IGBT 为多，后面也以 N-IGBT 为例进行介绍。

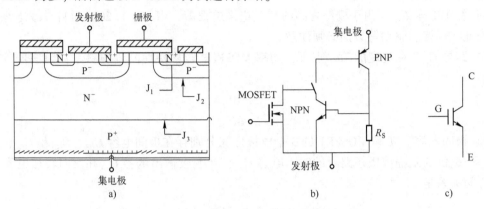

图 4-12　IGBT 的结构、简化等效电路和图形符号

a）IGBT 的基本结构　b）IGBT 的简化等效电路　c）IGBT 图形符号

2. IGBT 的基本特性

IGBT 的基本特性主要分为静态特性和动态特性两种，其中静态特性由输出特性和转移特性组成，动态特性描述 IGBT 器件开关过程。下面分别进行介绍。

（1）静态特性

IGBT 的静态特性主要包括转移特性、输出特性和开关特性 3 类。

1）IGBT 的转移特性如图 4-13a 所示。它是指集电极电流 I_C 与栅射电压 U_{GE} 之间的关系，与功率 MOSFET 的转移特性类似。开启电压 $U_{GE(th)}$ 是 IGBT 能实现电导调制而导通的最低栅射电压。当栅射电压 U_{GE} 小于开启电压 $U_{GE(th)}$ 时，IGBT 处于关断状态。$U_{GE(th)}$ 随温度升高而略有下降，温度每升高 1℃，其值下降 5 mV 左右。

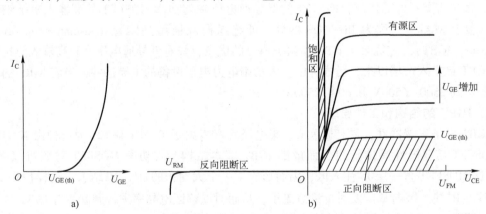

图 4-13　IGBT 的转移特性和输出特性

a）转移特性　b）输出特性

2）IGBT 的输出特性，也称为伏安特性，如图 4-13b 所示。它描述的是以栅射电压 U_{GE} 为参考变量时，集电极电流 I_C 与集射极间电压 U_{CE} 之间的关系。此特性与 GTR 的输出特性相似，不同的是 IGBT 的参考变量是栅射电压 U_{GE}，而 GTR 的参考变量为基极电流 I_B。IGBT 的输出特性也分为 3 个区域：正向阻断区、有源区和饱和区。这分别与 GTR 的截止区、放

大区和饱和区相对应。此外，当 $U_{CE}<0$ 时，IGBT 为反向阻断工作状态，在电力电子电路中，IGBT 工作在开关状态，因而是在正向阻断区和饱和区之间相互转换。

3）IGBT 的开关特性是指漏极电流与漏源电压之间的关系。IGBT 处于导通状态时，由于它的 PNP 晶体管为厚基区晶体管，所以其 B 值极低。尽管等效电路为达林顿结构，但流过功率 MOSFET 的电流成为 IGBT 总电流的主要部分。由于 N^+ 区存在电导调制效应，所以 IGBT 的通态电压降小，耐压 1000 V 的 IGBT 通态电压降为 2~3 V。IGBT 处于断态时，只有很小的泄漏电流存在。

（2）IGBT 的动态特性

IGBT 与功率 MOSFET 的开通过程很相似，这是因为 IGBT 在开通过程中大部分时间是作为功率 MOSFET 来工作的，如图 4-14 所示。从驱动电压 U_{GE} 的前沿上升至其幅值的 10% 时刻起，到集电极电流 I_C 上升至其幅值的 10% 时刻止的这段时间为开通延迟时间 $t_{d(on)}$。而 I_C 从 $10\%I_{CM}$ 上升至 $90\%I_{CM}$ 所需时间为电流上升时间 t_r。同样，开通时间 t_{on} 为开通延迟时间 $t_{d(on)}$ 与电流上升时间 t_r 之和。开通时，集射电压 U_{CE} 的下降过程分为 t_{fv1} 和 t_{fv2} 两段，前者为 IGBT 中功率 MOSFET 单独工作的电压下降过程；后者为功率 MOSFET 和 PNP 型晶体管同时工作的电压下降过程。由于 U_{CE} 下降时 IGBT 中功率 MOSFET 的栅漏电容增加，而且 IGBT 中的 PNP 型晶体管由放大状态转入饱和状态也需要一个过程，因此 t_{fv2} 段电压下降过程变缓。只有在 t_{fv2} 段结束时，IGBT 才完全进入饱和状态。

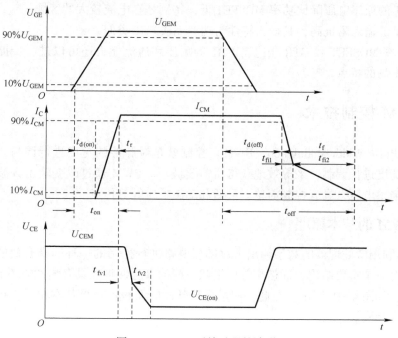

图 4-14　IGBT 开关过程的波形

IGBT 关断时，从驱动电压 U_{GE} 的脉冲后沿下降到其幅值 90% 的时刻起，到集电极电流 I_C 下降至 $90\%I_{CM}$ 为止的这段时间为关断延迟时间 $t_{d(off)}$。集电极电流 I_C 从 $90\%I_{CM}$ 下降至 $10\%I_{CM}$ 的这段时间为电流下降时间 t_r，两者之和为关断时间 t_{off}。电流下降时间可以分为 t_{fi1} 和 t_{fi2} 两段。其中，t_{fi1} 对应 IGBT 内部功率 MOSFET 的关断过程，这段时间集电极电流 I_C 下降较快；t_{fi2} 对应 IGBT 内部的 PNP 型晶体管的关断过程，这段时间功率 MOSFET 已经关断，IGBT 又无反向电压，所以 N 基区内的少数载流子复合缓慢，造成集电极电流 I_C 下降较慢。

可以看出，IGBT 虽然有电导调制效应的优点，但也引入了少数载流子储存现象，因而 IGBT 的开关速度要低于功率 MOSFET。此外，IGBT 的击穿电压、通态电压降和关断时间也是需要折中的参数。高压器件的 N 基区必须有足够宽度且具有较高的电阻率，这会引起通态电压降的增大和关断时间的延长。

3. IGBT 的主要参数

除了前面提到的各参数之外，IGBT 的主要参数还包括以下几个。

1）最大集射极间电压 U_{CES}：这是由器件内部的 PNP 型晶体管所能承受的击穿电压所确定的。

2）最大集电极电流：包括额定直流电流 I_C 和 1 ms 脉宽最大电流 I_{CP}。

3）最大集电极功率 I_{CM}：在正常工作温度下允许的最大耗散功率。

4. IGBT 的特点

IGBT 综合了电力 MOSFET 和 GTR 的优点，具有驱动简单、保护容易、不用缓冲电路、开关频率高等优点。相较于 MOSFET 和 GTR，其特点如下。

1）IGBT 开关速度高，开关损耗小。在电压 1000 V 以上时，IGBT 的开关损耗只有 GTR 的 1/10，与功率 MOSFET 相当。

2）在相同电压和电流定额的情况下，IGBT 的安全工作区比 GTR 大，而且具有耐脉冲电流冲击的能力。

3）IGBT 的通态电压降比功率 MOSFET 低，特别是在电流较大的区域。

4）IGBT 的输入阻抗高，其输入特性与功率 MOSFET 类似。

5）与功率 MOSFET 和 GTR 相比，IGBT 的耐压和通流能力还可以进一步提高，同时可保持开关频率高的特点。

4.3 PWM 控制技术

PWM（Pulse Width Modulation，PWM）控制就是对脉冲的宽度进行调制，即通过对一系列脉冲的宽度进行调制，来等效地获得所需要波形。PWM 通过改变输出方波的占空比来改变等效的输出电压，具有控制简单、灵活和动态响应好等优点。

4.3.1 PWM 的基本原理

PWM 是利用微处理器的数字输出来对模拟电路进行控制的一种非常有效的技术。采样控制理论中有一个重要结论，冲量相等而形状不同的窄脉冲加在具有惯性的环节上时，其效果基本相同，如图 4-15 所示。在此，冲量指窄脉冲的面积；效果基本相同是指环节的输出响应波形基本相同。

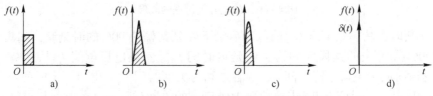

图 4-15　冲量相等而形状不同的各种窄脉冲

a）矩形脉冲　b）三角形脉冲　c）正弦半波脉冲　d）单位脉冲函数

针对图 4-15 所示的电压窄脉冲，将其加在一阶惯性环节 *RL* 电路上，如图 4-16a 所示。其输出电流 $i(t)$ 对不同窄脉冲时的响应波形如图 4-16b 所示。从响应波形可以看出，在 $i(t)$ 的上升段，$i(t)$ 的形状也略有不同，但其下降段则几乎完全相同。脉冲越窄，各 $i(t)$ 响应波形的差异也越小。如果周期性地施加上述脉冲，则响应 $i(t)$ 也是周期性的。用傅里叶级数分解后将可看出，各 $i(t)$ 在低频段的特性将非常接近，仅在高频段有所不同。

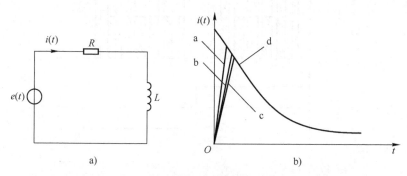

图 4-16　冲量相同的各种窄脉冲的响应波形

a）电路图　b）响应波形

用一系列等幅不等宽的脉冲来代替一个正弦半波。将正弦半波 N 等份，看成 N 个相连的脉冲序列，宽度相同但幅值不等。用矩形脉冲代替，等幅而不等宽，中点重合，面积（冲量）相等，宽度按正弦规律变化。脉冲宽度按正弦规律变化而和正弦波等效的 PWM 波形如图 4-17 所示。

随着电子技术的发展，出现了多种 PWM 技术，包括脉宽 PWM、随机 PWM、SPWM、相电压控制 PWM、线电压控制 PWM 等。例如，在镍氢电池智能充电器中采用的脉宽 PWM，它是把每一脉冲宽度均相等的脉冲列作为 PWM 波形，通过改变脉冲列的周期可以调频，改变脉冲的宽度或占空比可以调压，采用适当控制方法即可使电压与频率协调变化。

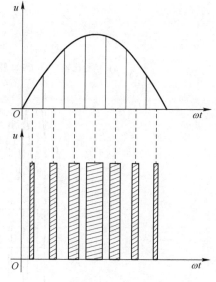

图 4-17　用 PWM 波代替正弦半波

4.3.2　PWM 的分类

从调制脉冲的极性看，PWM 可分为单极性 PWM 与双极性 PWM 两种。产生单极性 PWM 的基本原理如图 4-18 所示。首先，由同极性的三角波载波信号 u_t 与调制信号 u_r 比较（见图 4-18a），产生单极性的 PWM 脉冲（见图 4-18b）；然后，将单极性的 PWM 脉冲信号与图 4-18c 所示的倒相信号 u_I 相乘，从而得到正负半波对称的 PWM 脉冲信号 U_d，如图 4-18d 所示。

双极性 PWM 控制模式采用的是正负交变的双极性三角载波 u_c 与调制波 u_r，如图 4-19 所示，可通过 u_c 与 u_r 的比较直接得到双极性的 PWM 脉冲，而不需要倒相电路。

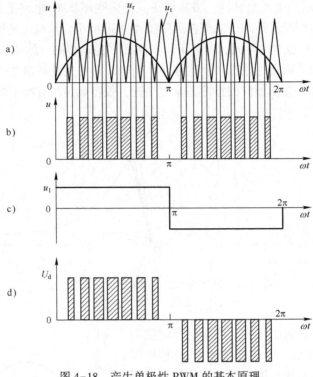

图 4-18　产生单极性 PWM 的基本原理

a）信号比较　b）PWM 脉冲序列　c）倒向信号　d）PWM 脉冲信号

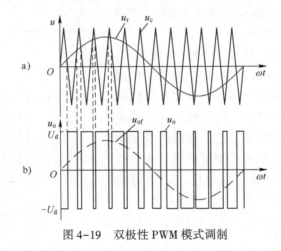

图 4-19　双极性 PWM 模式调制

4.3.3　PWM 的控制方法

虽然 PWM 控制的基本原理很早就已经提出，但受电力电子器件发展水平的制约，一直难以投入实际应用。直到 20 世纪 80 年代，随着全控型电力电子器件的出现和迅速发展，PWM 控制技术才真正得到应用。近年来，随着电力电子技术、微电子技术和自动控制技术的发展以及各种新的理论方法，如现代控制理论、非线性系统控制思想的应用，PWM 控制技术获得了空前的发展，出现了多种 PWM 控制方法。

1. 相电压控制 PWM

相电压控制 PWM 包括等脉宽 PWM 法、随机 PWM 法、SPWM 法和梯形波与三角波比较法。以 SPWM 法为例，就是以"冲量相等而形状不同的窄脉冲加在具有惯性的环节上时，其效果基本相同"这一结论为理论基础，用脉冲宽度按正弦规律变化而和正弦波等效的 PWM 波形（即 SPWM 波形）控制开关器件的通断，使其输出的脉冲电压面积与所希望输出的正弦波在相应区间内的面积相等，通过改变调制波的频率和幅值则可调节输出电压的频率和幅值。

目前，生成 SPWM 波形的方法主要有自然采样法和规则采样法两种。自然采样法以正弦波为调制波，等腰三角波为载波进行比较，在两个波形的自然交点时刻控制开关器件的通断，但其要求解复杂的超越方程，在实际工程中应用不多。规则采样法是一种应用较广的工程实用方法，一般采用三角波作为载波。其原理就是用三角波对正弦波进行采样得到阶梯波，再以阶梯波与三角波的交点时刻控制开关器件的通断，从而实现 SPWM。

如图 4-20 所示，取三角波两个正峰值之间为一个采样周期 T_c，使每个脉冲的中点都以相应的三角波中点（即负峰点）为对称，在三角波的负峰时刻 t_D 对正弦信号波采样而得到 D 点，过 D 点作一水平直线和三角波分别交于 A 点和 B 点，在 A 点时刻 t_A 和 B 点时刻 t_B 控制功率开关器件的通断。可以看出，用这种规则采样法得到的脉冲宽度和用自然采样法得到的脉冲宽度非常接近。

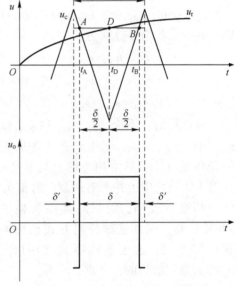

图 4-20 规则采样法说明图

设正弦调制信号波为

$$u_r = a\sin\omega_r t \qquad (4-8)$$

式中，$0 \leqslant a < 1$ 称为调制度；ω_r 为正弦信号波角频率。

从图 4-20 中得到如下关系式：

$$\frac{1 + a\sin\omega_r t_D}{\delta/2} = \frac{2}{T_c/2} \qquad (4-9)$$

因此可得

$$\delta = \frac{T_c}{2}(1 + a\sin\omega_r t_D) \qquad (4-10)$$

在三角波的一周期内，脉冲两边的间隙宽度 δ' 为

$$\delta' = \frac{1}{2}(T_c - \delta) = \frac{T_c}{4}(1 - a\sin\omega_r t_D) \qquad (4-11)$$

对于三相桥式逆变电路来说，通常三相的三角波载波是公用的，三相正弦调制波的相位依次相差 120°。设在同一三角波周期内三相的脉冲宽度分别为 δ_U、δ_V 和 δ_W，脉冲两边的间隙宽度分别为 δ'_U、δ'_V 和 δ'_W，由于在同一时刻三相正弦调制波电压之和为零，故由式（4-10）可得

$$\delta_U + \delta_V + \delta_W = \frac{3T_c}{2} \qquad (4-12)$$

同样，由式（4-11）可得

$$\delta'_U + \delta'_V + \delta'_W = \frac{3T_c}{4} \qquad (4-13)$$

利用式（4-12）和式（4-13）可以简化生成三相 SPWM 波形时的计算。

2. 线电压控制 PWM

使用相电压控制 PWM 方法，对三相输出电压分别进行控制，相电压是指逆变电路各输

出端相对于直流电源中性点的电压。实际上负载常常没有中性点，即使有中性点一般也不和直流电源中性点相连，因此对负载所提供的是线电压。在逆变电路输出的 3 个线电压中，独立的只有两个。对两个线电压进行控制，适当利用多余的一个自由度来改善控制性能，这就是线电压控制方式。线电压控制方式的直接手段仍是对相电压进行控制，但其控制目标却是线电压。

在正弦调制信号中叠加 3 倍频于正弦波的信号，也可以叠加直流分量，都不会影响线电压，在图 4-21 所示的调制方式中，给正弦信号所叠加的信号 u_p 中既包含 3 的整数倍次谐波，也包含直流分量，而且 u_p 的大小随着正弦信号的大小而改变。设三角波载波幅值为 1，三相调制信号中的正弦波分量分别为 u_{rU1}、u_{rV1}、u_{rW1}，并令

$$u_p = -\min(u_{rU1}, u_{rV1}, u_{rW1}) - 1 \qquad (4-14)$$

则三相的调制信号分别为

$$\left. \begin{array}{l} u_{rU} = u_{rU1} + u_p \\ u_{rV} = u_{rV1} + u_p \\ u_{rW} = u_{rW1} + u_p \end{array} \right\} \qquad (4-15)$$

可以看出，不论 u_{rU1}、u_{rV1} 和 u_{rW1} 幅值的大小，u_{rU}、u_{rV}、u_{rW} 中总有 1/3 周期的值是和三角波负峰值相等的，其值是 -1。在这 1/3 周期中，并不对调制信号值为 -1 的一相进行控制，而只对其他两相进行 PWM 控制，因此这种控制方式也称为两相控制方式。这也是选择式（4-14）的 u_p 作为叠加信号的一个重要原因。

从图 4-21 可以看出，这种控制方式有以下优点。

1）在信号波的 1/3 周期内开关器件不动作，可使功率器件的开关损耗减少 1/3。

2）最大输出线电压基波幅值为 U_d，和相电压控制方法相比，直流电压利用率提高了 15%。

3）输出线电压中不含低次谐波，这是相电压中相应于 u_p 的谐波分量相互抵消的缘故。

3. 空间电压矢量控制 PWM

PWM 控制技术在交流电机驱动的各种变频器中使用最为广泛。在交流电机的驱动中，最终目的并非使输出电压为正弦

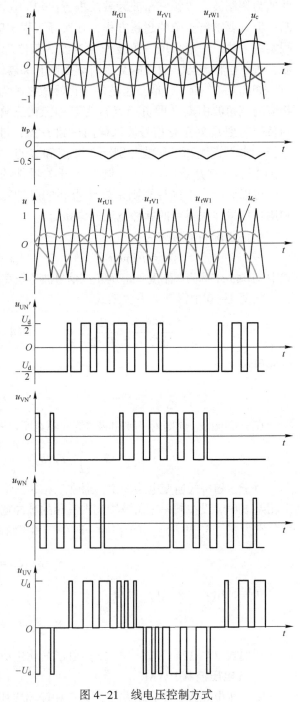

图 4-21　线电压控制方式

波，而是使电机的磁链成为圆形的旋转磁场，从而使电机产生恒定的电磁转矩。因此，在变频器中广泛使用空间矢量PWM控制技术（SVPWM）。空间电压矢量控制PWM也叫磁通正弦PWM法，它以三相波形整体生成效果为前提，以逼近电机气隙的理想圆形旋转磁场轨迹为目的，用逆变器不同的开关模式所产生的实际磁通去逼近基准圆磁通，由它们的比较结果决定逆变器的开关形成PWM波形。

对于基本的电压型逆变器，采用180°导通方式，对三相开关的导通情况进行组合，共有8种工作状态。实际中，有6种状态有输出电压，属于有效工作状态，即有6种非零电压矢量，每一种状态持续60°；还有两种状态没有输出电压，属于零工作状态，即有两种零电压矢量。1个周期内6个电压矢量共转过360°，形成1个封闭的正六边形，如图4-22所示。

采用SVPWM控制，可以使交流电机的磁通尽量接近圆形，即把每一个扇区再分成若干个对应于时间T_0的小区间，T_0越小，所用的工作频率越高，交流电机的磁通就越接近圆形。想要获得更多多边形或逼近圆形的旋转磁场，就必须在每一个60°周期内出现多个工作状态，以形成更多相位不同的电压空间矢量。在此，介绍线性组合法，用6个基本电压矢量和两个零矢量组合实现所需要的电压矢量，如图4-23所示。

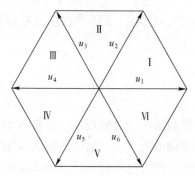
图4-22　电压空间矢量六边形

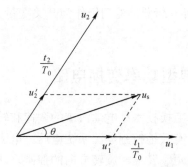
图4-23　空间电压矢量的线性组合

根据各段磁链增量的相位求出所需的作用时间t_1和t_2，作用的时间之和小于开关时间T_0，不够的时间用零矢量补齐，得到的电压矢量u_s的相位为θ，矢量公式为

$$u_s = \frac{t_1}{T_0}u_1 + \frac{t_2}{T_0}u_2 = u_s\cos\theta + ju_s\sin\theta \tag{4-16}$$

4. 单周期控制PWM

单周期控制（One Cycle Control，OCC）是20世纪90年代初发展起来的一种非线性大信号PWM控制理论，可应用于PWM控制、软开关等。其基本思想是控制开关占空比，在每个周期使开关变量的平均值与控制参考电压相等或成一定比例。单周期控制在控制电路中不需要误差综合，它能在一个周期内自动消除稳态瞬态误差，使前一周期的误差不会带到下一周期。此外，单周控制法还能优化系统响应，减少畸形和抑制电源干扰。

如图4-24所示，单周期控制器由控制器、比较器、积分器及时钟组成，其中控制器可以是RS触发器或D触发器。

使用单周期控制技术，当固定频率时钟脉冲到来时，积分器开始工作，积分值为

$$u_{int} = k\int_0^{T_{on}} x(t)\,\mathrm{d}t \tag{4-17}$$

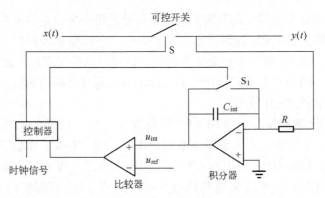

图 4-24　单周期控制器模型

式中，k 为比例系数；T_{on} 为开关开通时间。

u_{int} 紧跟着参考电压 $u_{ref}(t)$ 时，控制器切断开关，积分器置零，等下一个触发脉冲到来时，又开始下一周期的工作。经过单周期控制，开关输出信号为

$$y(t) = Ku_{ref}(t) \tag{4-18}$$

可见，通过单周期控制技术可将非线性开关变为线性开关，应用于 PWM 时将 GTO、IGBT 等可开断器件的门极作为开关变量，再使用上升沿控制、下降沿控制或双边控制进行调节。

4.4　典型功率变换电路

功率变换技术是电动汽车的调速和转向等动力控制系统的关键技术，其基本作用就是通过合理、有效地控制电源系统电压、电流的输出和驱动电机电压、电流的输入，完成对驱动电机的转矩、转速和旋转方向的控制。此外，电动汽车的充电及低压设备的供电也是通过相应的功率变换技术完成，常用的功率变换电路有 AC/AC、AC/DC、DC/DC 和 DC/AC 这 4 种，如图 4-25 所示。

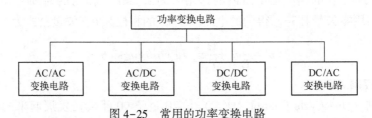

图 4-25　常用的功率变换电路

接下来，将分别对这 4 种功率变换电路进行介绍。

4.4.1　AC/AC 变换电路

AC/AC 变换器是把一种形式的交流（AC）电能转变成另一种形式交流（AC）电能的电力电子装置，称为交流/交流（AC/AC）变换电路，也称为直接变换电路。采用晶闸管等电力半导体器件构成的 AC/AC 变换电路可分为两大类：一类是频率不变仅改变电压大小的 AC/AC 变换电路，称为恒频变压 AC/AC 变换电路；另一类是直接将一个较高频率交流电变为较低频率交流电的相控方式降频降压变换电路，称为变压变频 AC/AC 变换电路。

1. 交流调压电路

交流调压电路是指由晶闸管等电力半导体器件构成的，把一种交流电变成另一种同频率、不同电压的交流电变换装置。按所变换的相数不同，交流调压电路可分为单相交流调压电路及三相交流调压电路。用晶闸管组成的交流调压电路，可以方便地调节输出电压有效值，广泛用于电炉温度控制、灯光调节、异步电机减压软起动和调压调速等。与调压变压器相比，交流调压器具有体积小、重量轻、效率高和成本低等优点，是调压变压器的理想替代产品之一。

交流调压器的控制方式有整周波通断控制、相位控制和斩波控制三种。在整周波通断控制方式中，晶闸管是作为交流开关使用的，它把负载与电源接通几个周波，再断开几个周波，通过改变通断比来改变负载上的电压有效值；相位控制方式是在电源电压上、下半波的某一相位分别触发相应的晶闸管使其导通，通过改变触发延迟角即可改变负载接通电压的时间，从而达到调压的目的；斩波控制方式中，晶闸管要带有强迫关断电路或采用 IGBT 等可自关断器件，在每个电压周波中，开关器件多次通断，使电压斩波成多个脉冲，改变导通比即可实现调压。三种控制方式的输出电压波形如图 4-26 所示。

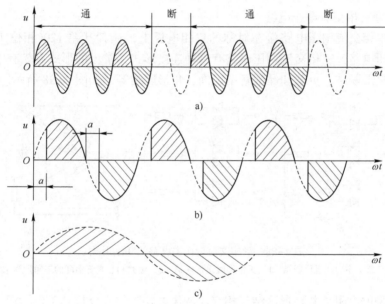

图 4-26　交流调压三种控制方式的输出电压波形

a）整周波通断控制　b）相位控制　c）斩波控制

（1）晶闸管单相交流调压电路

单相交流调压电路的工作情况与负载性质有很大关系，图 4-27 给出了电阻负载单相交流调压电路图及其波形。主电路采用晶闸管 VH_1 和 VH_2 反并联连接，与负载电阻 R_L 串联接到交流电源 U_1 上，如图 4-27a 所示。在交流电源 U_1 的正半周期开始时刻触发 VH_1，负半周期开始时刻触发 VH_2，如同一个无触点开关，若正、负半周周期以同样的触发延迟角 α 分别触发 VH_1 和 VH_2，则负载电压有效值随 α 改变而改变，实现了交流调压。图 4-27b 给出了触发延迟角 α 下的输出电压 u_o 波形。可以看出，负载电压波形是电源电压波形的一部分，负载电流与负载电压的波形相同。

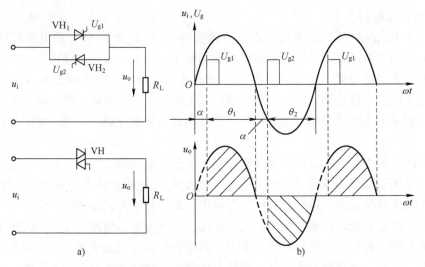

图 4-27　电阻负载单相交流调压电路图及其电压波形

a）电路图　b）电压波形

（2）晶闸管三相交流调压电路

若把 3 个单相交流调压电路接在对称的三相电源上，让其互差 120°相位工作，则构成了三相交流调压电路，三相交流调压电路有多种连接形式，常见的形式有带有中性线星形联结、无中性线星形联结、负载和晶闸管串联的三角形联结等，如图 4-28 所示。

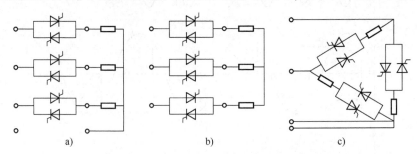

图 4-28　三相交流调压主电路的联结形式

a）带有中性线星形联结　b）无中性线星形联结　c）负载和晶闸管串联的三角形联结

下面以典型的电阻负载星形联结三相交流调压电路为例，分析其工作原理。三相交流调压电路对触发脉冲的要求与三相全控桥式整流电路完全相同，即采用双窄脉冲或宽脉冲触发，触发顺序也是 $VH_1 \rightarrow VH_6$，依次相差 60°，三相的触发脉冲应依次相差 120°，同一相的两个反并联晶闸管触发脉冲应相差 180°。

为分析图 4-29 的工作原理，首先要确定触发脉冲起始控制点，电阻负载相电流与相电压同相位，且从相电压过零时刻开始，相应的二极管开始导通。因此，把相电压过零点定为 $\alpha = 0$°点。该点与三相全控桥式整流电路不同，由于三相全控整流电路在任何时刻最多只能有两个晶闸管导通，因而 $\alpha = 0$°定在

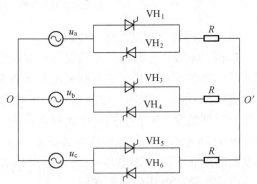

图 4-29　电阻负载星形联结的三相交流调压电路

114

自然换相点。三相交流调压器中，存在 3 个晶闸管同时导通的时刻。所以，不论是单相还是三相调压器，$\alpha = 0°$ 点都是定在电压过零时刻。三相三线电路中，两相间是靠线电压导通的，而线电压超前相电压 30°。因此，α 的移相范围是 0°~150°。

交流调压电路是靠改变施加到负载上的电压波形来实现调压的，因此分析得到负载电压的波形是最重要的。对丫联结的三相交流调压电路中的每一相来说，只要两个晶闸管之中有一个导通，则该支路是导通的。从三相来看，任何时候电路只可能是下列 3 种情况中的一种。

1）三相全不通，调压电路开路，每相负载的电压都为零。

2）三相全导通，调压电路直通，则每相负载的电压是所接相的相电压，称为第一类工作状态。

3）其中两相导通，在电阻负载时，导通相负载上的电压是该两相线电压的 1/2，非导通相负载的电压为零，称为第二类工作状态。

在电机类负载时，则可由电机的约束条件（电机方程）来推得各相的电压值。因此，只要能判别各晶闸管的通断情况，就能确定该电路的导通相数，也就能得到该时刻的负载电压值，判别一个周波就能得到负载电压波形，根据波形就可分析交流调压电路的各种工况。

2. AC/AC 变频电路

AC/AC 变频电路直接将电网固定频率的交流电变换为所需频率的交流电。这种交流装置称为 AC/AC 变频器，也称周波变换器（Cycloconvertor）。它广泛应用于大功率、低转速的交流电动调速传动，也用于电力系统无功补偿、感应加热用电源、交流励磁变速、恒频发电机的励磁电源等。由于没有中间的直流环节，减少了一次能量变换过程，消耗能量少。但这种变频电路的输出频率受到限制，它低于输入频率，而且输出电压频率与变频电路的具体结构有关。

（1）单相 AC/AC 变换电路

单相 AC/AC 变换电路由具有相同特征的两组晶闸管整流电路反向并联构成，如图 4-30a 所示。其中一组整流器称为正组整流器（P 组），另外一组称为反组整流器（N 组）。如果正组整流器工作，反组整流器被封锁，则负载端输出电压为上正下负，负载电流 i_o 为正；如果反组整流器工作，正组整流器被封锁，则负载端得到输出电压为上负下正，负载电流 i_o 为负。这样，只要交替地以低于电源的频率切换正反组整流器的工作状态，则在负载端就可以获得交变的输出电压。如果在一个周期内触发延迟角 α 是固定不变的，则输出电压波形为矩形波。此种方式控制简单，但矩形波中含有大量的谐波，对电机负载工作很不利。如果触发延迟角 α 不固定，在正组工作的半个周期内让触发延迟角 α 按正弦规律从 90° 逐渐减小到 0°，然后再由 0° 逐渐增大到 90°，那么正组整流电路的输出电压的平均值就按正弦规律变化，从零增加到最大，然后从最大减小到零，如图 4-30b 所示。在反组整流电路工作的半个周期内，采用同样的控制方法就可以得到接近正弦波的输出电压。两组变流器按设定的频率交替工作，负载就得到该频率的交流电。

不难看出，在 AC/AC 变换电路中，改变两组变流器的切换频率，就可改变输出频率 ω_o，改变交流电路的触发延迟角 α，就可以改变交流输出电压的幅值。也就是说，通过控制电路能实现变频变压。正反两组整流器切换时，不能简单地将原来工作的整流器封锁，同时将原来封锁的整流器立即导通。因为导通了的晶闸管并不能在触发脉冲取消的那一瞬间立即被关断，必须待晶闸管承受反向电压时才能关断。如果两组整流器切换时，触发脉冲的封锁

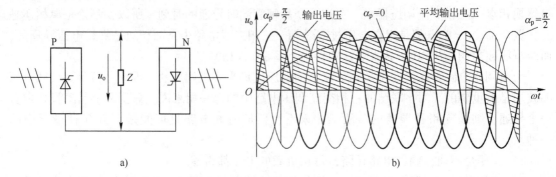

图 4-30　单相 AC/AC 变换电路及波形

a）电路图　b）输出电压波形

和开放同时进行，原先导通的整流器不能立即关断，而原来封锁的整流器已经导通，就会出现两组桥同时导通的现象，将产生很大的短路电流，导致晶闸管损坏。为了防止在负载电流反向时产生环流，将原来工作的整流器封锁后，必须留有一定的死区时间，再将原来封锁的整流器开放工作，这就要求两组桥在任何时刻只有一组桥工作，且在两组桥之间不存在环流，这种控制方式称为无环流控制方式。

（2）三相 AC/AC 变换电路

AC/AC 变换电路主要用于交流调速系统，因此实际使用的主要是三相 AC/AC 变换。电路接线形式主要有两种：一是采用公共交流母线进线方式的三相 AC/AC 变换电路，如图 4-31 所示。它由三相彼此独立的、输出电压相位差为 120° 的单相 AC/AC 变换电路组成，它们的电源进线通过进线电抗器接在公共的交流母线上。因为电源进线端公用，所以三相变换电路的输出端必须隔离。为此，交流电机的 3 个绕组必须拆开，同时引出 6 根线，采用公共交流母线进线方式的三相 AC/AC 变换电路主要用于中等容量的交流调速系统。二是采用输出星形联结方式的三相 AC/AC 变换电路，如图 4-32 所示。电源进线通过进线电抗器接在公共的交流母线上，三相 AC/AC 变换电路的输出端采用星形联结，电机的 3 个绕组也采用星形联结，电机中性点和变换器中性点接在一起，电机只引 3 根线即可。因为三组单相变换器连接在一起，电源进线端公用，其电源进线就必须隔离，所以 3 组单相变频器分别用 3 个变压器供电。

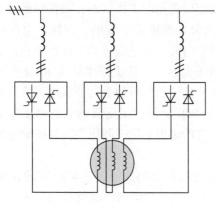

图 4-31　公共交流母线进线方式

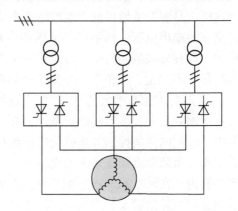

图 4-32　输出星形联结方式

三相 AC/AC 变换电路总的有功功率为各相有功功率之和，但是视在功率应由输入电压有效值和输入的总电流有效值来计算，比三相各自的视在功率之和要小。因此，三相 AC/

AC 变换电路总输入功率因数高于单相 AC/AC 变换电路。从另一方面来分析，单相、三相 AC/AC 变换电路输入位移因数相同，而构成相电路的 3 个单相 AC/AC 变换电路的部分输入电流谐波相互抵消，三相电路的基波因数增大，使得总输入功率因数有所提高，这是相对单相而言的，功率因数低仍然是三相 AC/AC 变换电路的一个主要缺点。

在采用输出星形联结的三相 AC/AC 变换电路中，各相输出的是相电压，而加在负载上的是线电压。如果在各相电压中叠加同样的直流分量或 3 倍于输出频率的谐波分量，则它们不会在线电压中反映，也不会加到负载上，利用这一特性可以改善输入功率因数并提高输出电压。

在三相 AC/AC 变换电路中，如果使三组单相变换电路的输入电压波形均为准梯形波，那么在线电压中三次谐波将抵消，线电压仍为正弦波。在梯形波输出方式中，电路工作在高输出电压区域（梯形波平顶部分），时间增加，α 减小，可利用这种方法改善输入功率因数。

4.4.2 AC/DC 变换电路

AC/DC 变换电路是将交流电源变换成直流电的电路，又称为整流电路。大多数整流电路由变压器、整流主电路和滤波器等组成。20 世纪 70 年代以后，整流主电路多用硅整流二极管或晶闸管组成，滤波器接在主电路与负载之间，用于滤除脉动直流电压中的交流成分，变压器设置与否视具体情况而定，变压器的作用是实现交流输入电压与直流输出电压间的匹配以及交流电网与整流电路之间的电隔离。

1. 单相半波不可控整流电路

整流电路是利用二极管的单向导电性将交流电转换成脉动直流电的电路。半波整流电路是电源电路中一种最简单的整流电路，由整流变压器、二极管及负载组成。单相半波整流电路及波形如图 4-33 所示。

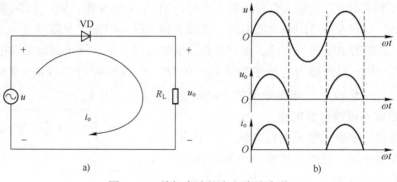

图 4-33　单相半波整流电路及波形
a）电路图　b）波形图

单相半波整流电路中，当 u 为正半周时，二极管 VD 导通；当 u 为负半周时，二极管 VD 截止，整流波形如图 4-33b 所示。由于这种电路只在交流的半个周期内才导通，也只有在正半周时才有电流流过负载，故称为单相半波整流电路。

单相半波整流电路的负载电阻仅得到一个半波整流电压，整流电压虽然是单方向的，但其大小是变化的，称之为脉动直流电压，如图 4-34 所示。整流输出电压的平均值为 $U_o = 0.45U$。

半波整流电路的输出电压不到输入电压的一半，交流分量大，效率低，因此这种电路仅

图 4-34　单相半波整流电路波形变化

适用于整流电流较小，对脉冲要求不高的场合。

2. 单相桥式不可控整流电路

为了克服半波整流电路的缺点，在实际中多采用全波整流电路，最常用的全波整流电路是桥式整流电路。它由 4 个二极管接成电桥的形式构成，如图 4-35 所示。

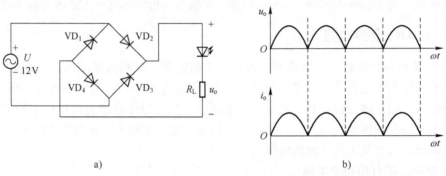

图 4-35　单相桥式整流电路与波形
a）电路图　b）波形图

在单相桥式不可控整流电路中，当输入信号为正半周时，VD_2、VD_4 导通，VD_1、VD_3 截止，负载上有半波输出；当输入信号为负半周时，VD_1、VD_3 导通，VD_2、VD_4 截止，负载上仍有半波输出。在输入信号的一个周期内，负载得到两个半波。交流电在一个周期内的两个半波都有同方向的电流流过负载，因此在相同的输入电压下，该电路输出的电流和电压均比半波整流大一倍。整流输出电压平均值 $U_o = 0.9U$，负载电流 $I_o = U_o/R_L = 0.9U/R_L$，二极管的正向电流 $I_{VD} = 0.5I_o$，二极管承受的反向峰值电压 $U_{RM} = U_M = \sqrt{2}U$。

3. 三相桥式不可控整流电路

广泛应用的三相桥式整流电路是从三相半波电流电路扩展而来的。三相桥式整流电路由两组三相半波整流电路串联而成，一组接成共阴极，另一组接成共阳极，这种整流电路不再需要变压器中性点。三相桥式不可控整流电路如图 4-36 所示，VD_1、VD_3 和 VD_5 共阴极三相半波整流，VD_2、VD_4 和 VD_6 共阳极三相半波整流。

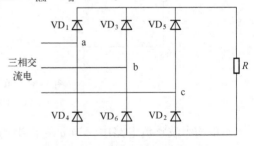

图 4-36　三相桥式不可控整流电路

三相桥式整流电路工作时，共阴极的 3 个二极管中，阳极交流电压最高的二极管优先导通，而另外两个二极管因承受反向电压处于关断状态；同理，共阳极的 3 个二极管中，阴极交流电压最低的二极管优先导通，而另外两个二极管因承受反向电压处于关断状态。因此，在电路工作过程中，共阴极组和共阳极组中各有一个二极管处于导通状态，其工作波形如图 4-37 所示。

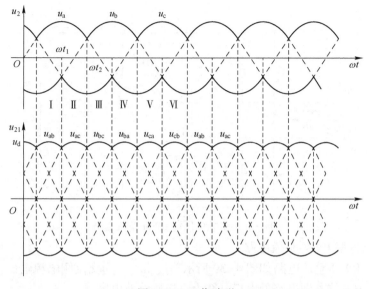

图 4-37　工作波形

在图 4-37 的波形 I 段中，a 相电压最高，而 b 相负值电压最低，因此 VD_1、VD_6 导通，$u_d = u_a - u_b = u_{ab}$。在 ωt_1 时刻，由于 u_c 比 u_b 更低，所以共阳极组 VD_2 导通，VD_6 承受反向电压而关断，此时 $u_d = u_a - u_c = u_{ac}$；在 ωt_2 时刻后，由于 $u_b > u_a$，所以共阴极组 VD_3 导通，VD_1 承受反向电压而关断，此时 $u_d = u_b - u_c = u_{bc}$。以此类推，输出电压 u_d 为线电压中最大的一个，其波形为线电压 u_{21} 的包络线。输出电压 u_d 一个周期内脉动 6 次，每次脉动的波形都相同，因此三相桥式整流电路也称为 6 脉波整流电路，该整流电路的输出电压波形比单相桥式整流电路的输出电压波形更为平滑，因而更容易滤波。

在单相桥式整流电路中，每个二极管承受交流电源的相电压幅值，而在三相桥式整流电路中，每个二极管要承受交流电源线电压的幅值，因此三相桥式整流电路中的二极管需要选用更高的耐压值。

4. PWM 整流器

PWM 整流电路由全控型功率开关器件构成，采用 PWM 控制方式。PWM 整流电路不是传统意义上的 AC/DC 变换电路，而是一种能够实现电能双向变换的电路。当 PWM 整流电路接收电能时，工作于整流状态；当 PWM 整流电路反馈电能时，则工作于有源逆变状态。根据不同的分类，PWM 整流电路有不同的类型，按电路的拓扑结构和外特性，PWM 整流电路可分为电压型和电流型，两者的区别在于直流侧滤波形式的不同，电压型整流电路采用大电容，电流型整流电路则采用大电感。

（1）单相电压型 PWM 整流器

单相电压型 PWM 整流器最初应用于电力机车交流传动系统中，为牵引变流器提供直流电源。单相电压型 PWM 整流电路如图 4-38 所示，每个桥臂由 1 个全控器件和反并联的整流二极管组成，L_N 为交流侧附加的电抗器，起平衡电压、支撑无功功率和储存能量的作用，u_N 是交流侧正弦波电压，U_d 是整流电路的直流侧输出电压；i_N 是 PWM 整流器从电网吸收的电流。能量可以通过构成桥式整流的整流二极管 $VD_1 \sim VD_4$ 完成从交流侧向直流侧的传递，也可以经全控器件 $VT_1 \sim VT_4$ 从直流侧逆变为交流反馈给电网。所以，PWM 整流器的能量变换是双向的，而能量的传递趋势是整流还是逆变，主要取决于 $VT_1 \sim VT_4$ 的脉宽调制方式。

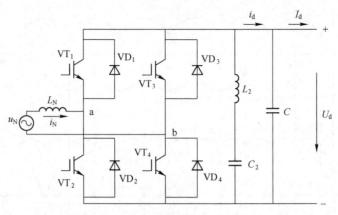

图 4-38　单相电压型 PWM 整流电路

（2）三相电压型 PWM 整流电路

三相电压型 PWM 整流电路如图 4-39 所示，u_a、u_b、u_c 为交流侧电源电压，i_a、i_b、i_c 是交流侧电源电流，L 为电抗器即电路的电感，C 为直流侧滤波电容。

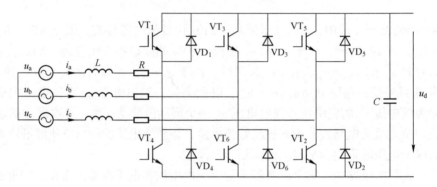

图 4-39　三相电压型 PWM 整流电路

三相电压型 PWM 整流电路具有更快的响应速度和更好的输入电流波形，稳态工作时，输出电流电压不变，开关器件按正弦规律脉宽调制，整流器交流侧的输出电压与逆变器相同。忽略整流电路输出交流电压的谐波，变换器可以看作是可控正弦三相电压源，它和正弦的电源高电压共同作用于输入电感，产生正弦电流波形，适当控制整流电路输出电压的幅值和相位，就可以获得所需大小和相位的输入电流。

（3）三相电流型 PWM 整流电路

三相电流型 PWM 整流电路用于稳定输出电流，使输出特性为电流源特性。如图 4-40 所示，L_d 为整流侧滤波电感，利用正弦调制方式控制直流电流在各开关器件上的分配，使交流电流波形接近正弦波，且和电源电压同相位，交流侧电容的作用是滤除与开关频率相关的高次谐波。

PWM 整流电路改善了传统晶闸管相控整流电路中交流侧谐波电流较大、深度相控时功率因数较低的缺点，采用全控器件可以实现理想化的交直流变换，具有输出直流电压可调、交流侧电流波形为正弦、功率因数可调、可双向变换等优点。

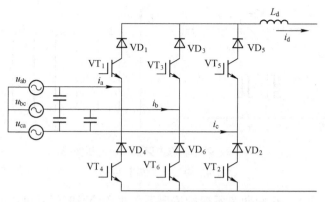

图 4-40　三相电流型 PWM 整流电路

4.4.3　DC/DC 变换电路

DC/DC 变换器的功能是将直流电变为另一固定电压或可调电压的直流电，包括直接直流变换电路和间接直流变换电路。直接直流变换电路也称为斩波电路，一般是指直接将直流电变为另一直流电，这种情况下输入与输出之间不隔离。间接直流变换电路是在直流变换电路中增加了交流环节，在交流环节中通常采用变压器实现输入输出间的隔离，因此也称为带隔离的 DC/DC 变换电路。

1. 直流斩波电路的工作原理和控制方式

工程上，一般将以开关管按一定控制规律调制且无变压器隔离的 DC/DC 变换器称为直流斩波器。直流斩波电路的主要工作方式是脉宽调制（PWM）工作方式，其基本原理是通过开关管把直流电斩成方波（脉冲波），通过调节方波的占空比（脉冲宽度与脉冲周期之比）来改变电压。

输入电压 U_i 通过开关与负载串联的电路如图 4-41a 所示。当开关闭合时，输出电压等于输入电压，即 $U_o = U_i$；而当开关断开时，输出电压等于零，即 $U_o = 0$。得到的输出电压波形如图 4-41b 所示。

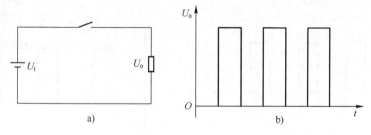

图 4-41　输入电压 U_i 通过开关与负载串联的电路及输出电压波形

a）电路图　b）输出电压波形

用可控的功率开关管代替开关，输入一定的控制信号，控制电路的交替通断，获得可调的输出电压，达到降压的目的。图 4-42 给出了基本斩波电路及输出电压波形。

在图 4-42 中，输出电压的有效值为

$$U_o = \frac{t_1 + t_2 + t_3}{T} U_i = \frac{t_{on}}{t_{on} + t_{off}} U_i \tag{4-19}$$

式中，$t_{on} = t_1 + t_2 + t_3$ 为开关导通时间；t_{off} 为开关关断时间。

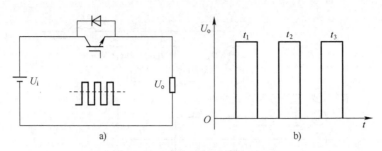

图 4-42　基本斩波电路及输出电压波形

a）电路图　b）输出电压波形

由式（4-19）可知，在周期 T 不变的情况下，改变导通时间就可以改变 U_o 的大小。将功率开关的导通时间与开关周期之比定义为占空比（Duty Ration），用 D 表示，则

$$D = \frac{t_{on}}{t_{on} + t_{off}} \tag{4-20}$$

由于占空比 D 小于或等于 1，所以输出电压 U_o 小于或等于输入电压 U_i。因此，改变 D 值就可以改变输出电压平均值的大小，而占空比的改变可以通过改变导通时间或周期来实现。

直流斩波电路的控制信号有脉冲宽度调制（PWM）、脉冲频率调制（PFM）和调频调宽混合控制 3 种方式。

（1）脉冲宽度调制（PWM）

维持 T 不变，改变 t_{on}，如图 4-43 所示。在这种控制方式中，输出电压波形的周期或频率是不变的，因此输出谐波的频率也是不变的，这使得滤波器的设计变得较为容易，并得到普遍应用。

（2）脉冲频率调制（PFM）

维持 t_{on} 不变，改变 T，如图 4-44 所示。在这种控制方式中，由于输出电压波形的周期或频率是变化的，因此输出谐波的频率也是变化的，这使得滤波器的设计比较困难，输出波形谐波干扰严重，一般很少采用。

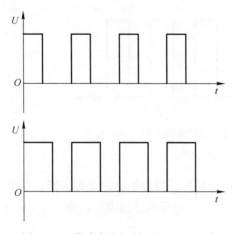

图 4-43　脉冲宽度调制（PWM）方式

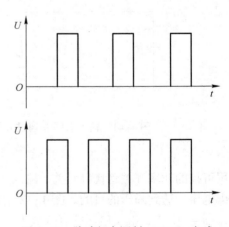

图 4-44　脉冲频率调制（PFM）方式

（3）调频调宽混合控制

这种控制方式不但要改变 T 也要改变 t_{on}，其特点是可以大大提高输出范围，但由于频

率是变化的，也存在着设计滤波器较难的问题。

2. 几种常见的 DC/DC 变换电路

DC/DC 变换电路通常可分为 3 类：降压 DC/DC 变换电路、升压 DC/DC 变换电路和升压降压 DC/DC 变换电路。

（1）降压 DC/DC 变换电路

降压 DC/DC 变换电路如图 4-45 所示，为抑制输出电压脉动，在基本原理电路中加入滤波电容 C；为限制开关管 VT 导通时的电流应力，将缓冲电感串入开关管 VT 的支路中；为了避免开关管 VT 关断时缓冲电感中电流的突变，加入续流二极管 VD。

直流斩波电路中，开关管 VT 把输入的 U_i 斩成方波输出到 R 上。图 4-46 给出了斩波后的输出波形，方波周期为 T，在 VT 导通时输出电压为 U_i，导通时间为 t_{on}；在 VT 关断时输出电压等于 0，关断时间为 t_{off}。占空比 $D=t_{on}/T$，方波电压的平均值与占空比成正比。

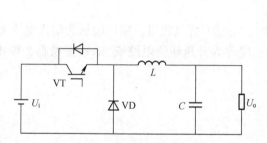

图 4-45　降压 DC/DC 变换电路

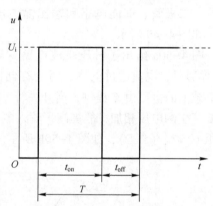

图 4-46　斩波后的输出波形

图 4-47 所示方波为连续输出波形和平均电压（如折线所示）。改变脉冲宽度即可改变输出电压，在时间 t_1 前脉冲较宽、间隔窄，平均电压 U_{o1} 较高；在时间 t_1 后脉冲变窄，平均电压 U_{o2} 降低。固定方波周期 T 不变，改变占空比调节输出电压就是 PWM 法，也称为定频调宽法。由于输出电压比输入电压低，称之为降压斩波电路或 Buck 变换器。

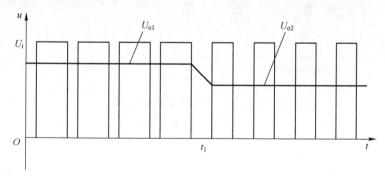

图 4-47　连续输出波形和平均电压

方波脉冲不能算直流电源，实际使用要加上滤波电路。图 4-48a 给出了加有 LC 滤波的电路，L 是滤波电感，C 是滤波电容，VD 是续流二极管。当 VT 导通时，L 与 C 蓄能，向负载输电；当 VT 关断时，C 向负载输电，L 通过 VD 向负载输电。电路输出电压 $U_o=DU_i$，如图 4-48b 所示。

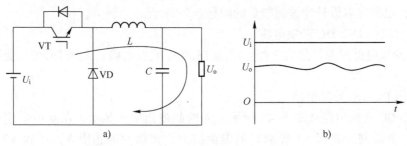

图 4-48　加有 *LC* 滤波的电路及输出波形

a）电路图　b）输出波形

（2）升压 DC/DC 变换电路

升压变换器称为并联开关变换器，由功率开关、二极管、储能电感和输出滤波电容等组成，如图 4-49 所示。

图 4-50a 给出了升压斩波电路，当开关管

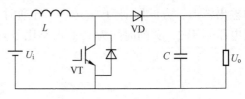

图 4-49　升压 DC/DC 变换电路

VT 导通时，电流通过电感 *L* 时会存储能量，此时负载上的电压由 *C* 提供；当开关管 VT 关断时，电感 *L* 释放能量，输出电压为输入电压 U_i 与 *L* 产生的电压相加，故提高了输入电压。该电路称为升压斩波电路或 Boost 变换器，输出电压 $U_o = U_i/(1-D)$，如图 4-50b 所示。

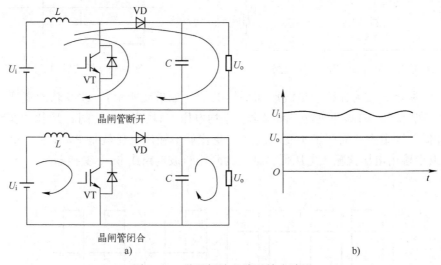

图 4-50　升压斩波电路及输出波形

a）电路图　b）输出波形

（3）升降压 DC/DC 变换电路

升降压变换电路的特点是输出电压可以低于电源电压，也可以高于电源电压，是将降压斩波和升压斩波电路结合的一种直接变换电路。主要由功率开关、二极管、储能电感、输出滤波电容等组成，如图 4-51a 所示。

开关管 VT 导通时，二极管 VD 受反向电压关断，负载 *R* 由电容 *C* 提供电流；开关管 VT 断开时，电感电流 i_L 从 VT 关断时的 I_{02} 下降，并经 *C*、*R* 的并联电路和二极管 VD 流通，电感 *L* 释放储能，电容储能，如图 4-51b 所示。电感电流 i_L 能否连续，取决于电感的储能，

如果在开关 VT 导通时，电感储能不足，I_{02} 不够大，不能延续到下次 VT 导通，电感电流就断续，如图 4-52 所示；如果电感和电容的储能足够大，或者尽管电感储能不足，但电容储能足够大，则负载电流 i_d 是连续的，如图 4-53 所示。

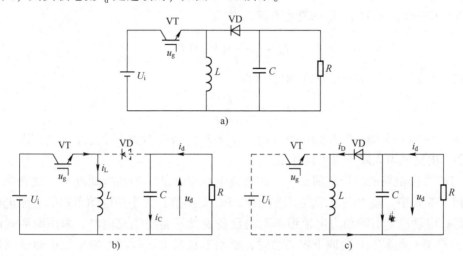

图 4-51　直流升降压斩波电路及工作状态

a）工作电路　b）VT 导通时的电路工作状态　c）VT 关断时的电路工作状态

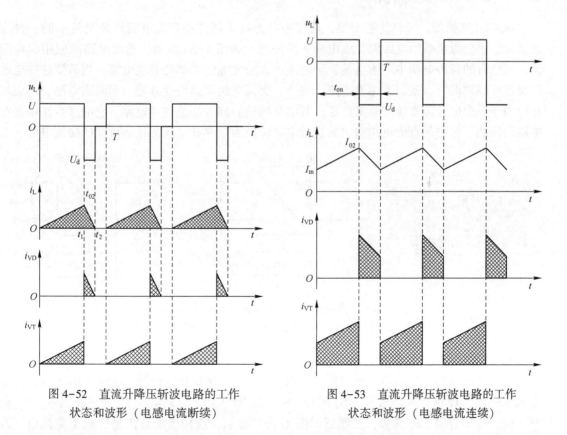

图 4-52　直流升降压斩波电路的工作
状态和波形（电感电流断续）

图 4-53　直流升降压斩波电路的工作
状态和波形（电感电流连续）

在电路稳态时，如果电能储能足够大，负载电压不变，VT 导通时 $u_L = U_i$，i_L 的终止电流 I_{02} 为

$$I_{02} = I_{01} + \frac{U_i}{L} DT \tag{4-21}$$

式中，$D = T_{on}/T$ 为占空比。

在 VT 关断时，$u_L = U_d$，i_L 的终止电流 I_{01} 为

$$I_{01} = I_{02} - \frac{U_d}{L}(1-D)T \tag{4-22}$$

将式（4-22）代入式（4-21）中，可得

$$U_d = \frac{D}{1-D} U_i \tag{4-23}$$

由式（4-23）可知，当 $0 \leqslant D \leqslant 0.5$ 时，$U_d \leqslant U_i$；当 $0.5 < D < 1$ 时，$U_d > U_i$。因此，调节占空比 D，电路既可以降压也可以升压。

DC/DC 变换电路的应用范围很广，如直流电机驱动的小型纯电动汽车（观光车、巡逻车、清扫车等）中，动力电池组直接通过 DC/DC 变换器，为小型电动车辆的直流电机提供直流电流；电动汽车上的动力电池组向附属设备及低压蓄电池充电时，采用隔离式降压型 DC/DC 变换器；车辆在滑行或下坡制动时，驱动电机发电运行产生的电能也通过双向升降压型 DC/DC 变换器向储能电源充电。

4.4.4 DC/AC 变换电路

DC/AC 变换器，又称为逆变器，是应用电力电子器件将直流电转换成交流电的一种变流装置，供交流负载用电或向交流电网并网发电，如图 4-54 所示。逆变电路的应用非常广泛，在已有的各种电源中，蓄电池、干电池、太阳能电池等都是直流电源，当需要这些电源向交流负载供电时，就需要逆变电路。另外，交流电机调速用变频器、不间断电源、感应加热电源等电力电子装置使用非常广泛，其电路的核心部分都是逆变电路。它的基本作用是在电路的控制下将中间直流电路输出的直流电源转换为频率和电压都任意可调的交流电源。

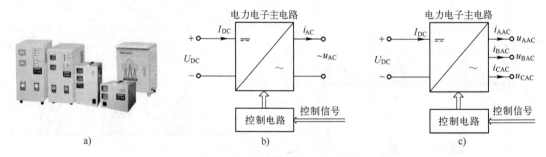

图 4-54 逆变器和逆变器框图

a）逆变器 b）单相逆变器框图 c）三相逆变器框图

1. 逆变电路的工作原理

图 4-55a 给出了单相桥式逆变器主电路，$S_1 \sim S_4$ 是单相桥式电路 4 个臂上的开关，并假设 $S_1 \sim S_4$ 均为理想开关。当 S_1、S_4 闭合，S_2、S_3 断开时，负载电压 u_o 为正；当 S_1、S_4 断开，S_2、S_3 闭合时，u_o 为负，其波形如图 4-55b 所示，这样就把直流电变成了交流电。改变两组开关切换频率，就可改变输出交流电频率，这就是逆变的最基本原理。电阻负载时，负载电流 i_o 和 u_o 的波形相同，相位也相同。阻感负载时，i_o 的基波相位滞后于 u_o 的基波，

两者波形也不同，图 4-55b 是阻感负载时 i_o 的波形。

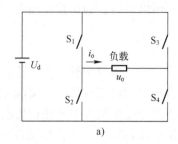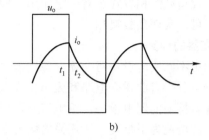

图 4-55　单相桥式逆变器主电路与波形

a）主电路　b）输出波形

2. 逆变电路的换相方式

电路在工作过程中，电流从一个支路向另一个支路转移的过程称为换相。在换相过程中，有的支路要从通态转移到断态，有的支路要从断态转移到通态。从断态向通态转移时，无论支路是由全控型还是半控型电力电子器件组成，只要给门极适当的驱动信号，就可以使其开通。但从通态向断态转移的情况就不同，全控型器件可以通过对门极的控制使其关断，而对于半控型器件来说，就不能通过对门极的控制使其关断，必须利用外部条件或采取其他措施才能使其关断。一般来说，换相方式可分为以下几种。

（1）器件换相（Device Commutation）

利用全控型器件的自关断能力进行换相，称为器件换相。在采用 IGBT、IEGT、P-MOS-FET、IGCT 等全控型器件的电路中，其换相方式即为器件换相。

（2）电网换相（Line Commutation）

由电网提供换相电压称为电网换相。对于可控整流电路，无论其工作在整流状态还是有源逆变状态，都是借助于电网电压实现换相的。三相交流调压器和采用相控方式的 AC/AC 变频电路中的换相方式也都是电网换相。在换相时，只要把负的电网电压施加在欲关断的晶闸管上即可使其关断。这种换相方式不需要器件具有门极关断能力，也不需要为换相附加任何元器件，但是不适用于没有交流电网的无源逆变电路。

（3）负载换相（Load Commutation）

由负载提供换相电压称为负载换相。凡是负载电流的相位超前于负载电压的场合，都可以实现负载换相。当负载为电容性负载时，即可实现负载换相。另外，当负载为同步电机时，由于可以控制励磁电流使负载呈现为容性，因而也可以实现负载换相。

（4）强迫换相（Forced Commutation）

通过设置附加的换相电路，给欲关断的晶闸管强迫施加反向电压或反向电流的换相方式称为强迫换相。强迫换相可使输出频率不受电源频率的限制，但需附加换相电路，同时还要增加晶闸管的电压、电流定额，对晶闸管的动态特性要求也高。

在上述 4 种换相方式中，器件换相只适用于全控型器件，其余 3 种方式主要是针对晶闸管而言的。器件换相和强迫换相都是因为器件或变换器自身的原因而实现换相的，二者都属于自换相；电网换相和负载换相不是依靠变换器自身因素，而是借助外部手段（电网电压或负载电压）来实现换相的，它们属于外部换相。采用自换相方式的逆变电路称为自换相逆变电路。采用外部换相方式的逆变电路称为外部换相逆变电路。在晶闸管时代，换相技术十分重要，但到了全控型器件时代，换相技术就显得不那么重要了。如今，强迫换相方式已停止应用，仅负载换相方式还有一定应用，如负载为同步电机时，通过控制励磁电流使负载呈现容性，可以实现负载换相。

3. 逆变器的种类

为了满足不同用电设备对交流电源性能参数的要求，逆变器有多种分类方法：按输出电能的去向分可分为有源逆变电路和无源逆变电路，前者输出的电能返回公共交流电网，后者输出的电能直接输向用电设备；按电流波形分可分为正弦逆变电路和非正弦逆变电路，前者开关器件中的电流为正弦波，其开关损耗较小，宜工作于较高频率，后者开关器件电流为非正弦波，因其开关损耗较大，故工作频率较正弦逆变电路低；按输出相数可分为单相逆变电路和三相逆变电路；按直流电源性质可分为由电压型直流电源供电的电压型逆变电路和由电流型直流电源供电的电流型逆变电路。下面分别对电压型逆变电路和电流型逆变电路进行介绍。

（1）电压型逆变电路

电压型逆变电路分为单相电压型逆变电路和三相电压型逆变电路。单相电压型逆变电路分为半桥逆变电路、全桥逆变电路和带中心抽头变压器的逆变电路。三相电压型逆变电路应用最广泛的是三相桥式逆变电路。

半桥电压型逆变电路与工作波形如图 4-56 所示。VT_1 和 VT_2 栅极信号在一个周期内各半周正偏、半周反偏，两者互补，输出电压 u_o 为矩形波，幅值 $U_m = U_d/2$。

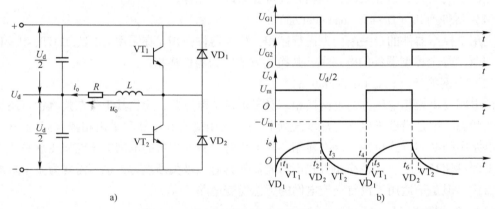

图 4-56 半桥电压型逆变电路与工作波形

a）电路图 b）工作波形

VT_1 或 VT_2 导通时，i_o 和 u_o 以相同方向向直流侧负载提供能量；VD_1 或 VD_2 导通时，i_o 和 u_o 反向，电感中储能向直流侧反馈。VD_1 和 VD_2 称为反馈二极管，它又起着使负载电流连续的作用，又称为蓄流二极管。

全桥电压型逆变电路与工作波形如图 4-57 所示。它共有 4 个桥臂，可看成两个半桥电路的组合，两对桥臂交替导通 180°，输出电压和电流波形与半桥电路形状相同，幅值高出一倍，改变输出交流电压的有效值只能通过改变直流电压 U_d 来实现。

带中心抽头变压器的逆变电路如图 4-58 所示。两个 IGBT 交替驱动，经变压器耦合给负载加矩形波交流电压，两个二极管的作用也是提供无功能量的反馈通道。U_d 与负载参数相同，变压器匝数比为 1:1，幅值与全桥逆变器电路相同。与全桥电路相比，带中心抽头变压器的逆变电路少用一半开关器件，器件承受的电压为 $2U_d$，比全桥电路高一倍，但必须有一个变压器。

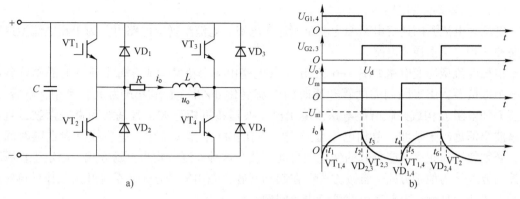

图 4-57　全桥电压型逆变电路与工作波形

a）电路图　b）工作波形

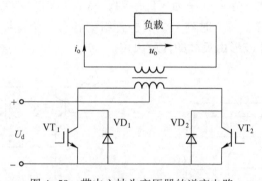

图 4-58　带中心抽头变压器的逆变电路

三相电压型逆变电路如图 4-59 所示，3 个单相逆变电路可组合成一个三相逆变电路。其工作方式是每个桥臂导电 180°。同一相上下两臂交替导电，各相开始导电的角度差为 120°，任一瞬间有 3 个桥臂同时导通，每次换流都是在同一相上下两臂之间进行，也称为纵向换流。

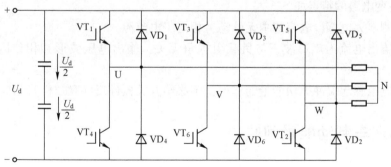

图 4-59　三相电压型逆变电路

电压型逆变电路的特点如下。

1）直流侧为电压源或并联大电容，直流侧电压基本无脉动。

2）输出电压为矩形波，输出电流因负载阻抗不同而不同。

3）阻感负载时需提供无功功率，即为了给交流侧向直流侧反馈的无功能量提供通道，逆变桥各臂并联反馈二极管。

（2）电流型逆变电路

电源为电流源的逆变电路称为电流型逆变电路。电流型逆变电路可分为单相电流型逆变电路和三相电流型逆变电路。

单相电流型逆变电路如图 4-60 所示。其电路由 4 个桥臂构成，每个桥臂的晶闸管各串联一个电抗器，用来限制晶闸管开通时的电流变化 di/dt，工作方式为负载换相，电容 C、电感 L 和电阻 R 构成并联谐振电路，输出电流波形接近矩形波，含基波和奇次谐波，且奇次谐波幅值远小于基波。单相电流型逆变电路在实际工作过程中，感应线圈参数随时间变化，必须使工作频率适应负载的变化而自动调整，这种控制方式为自励方式；固定工作频率的控制方式称为他励方式。自励方式存在起动问题，先用他励方式使系统开始工作后再转入自励方式或附加预充电起动电路可解决此问题。

三相电流型逆变电路如图 4-61 所示，其基本导电方式是 120°导通、横向换流方式，任意瞬间只有两个桥臂导通。导通顺序为 $VT_1 \rightarrow VT_2 \rightarrow VT_3 \rightarrow VT_4 \rightarrow VT_5 \rightarrow VT_6$，依次间隔 60°，每个桥臂导通 120°。这样，每个时刻上、下桥臂组中各有一个臂导通，其输出电流波形与负载性质无关，输出电压波形由负载的性质决定。

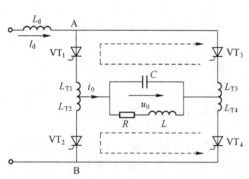

图 4-60　单相电流型逆变电路

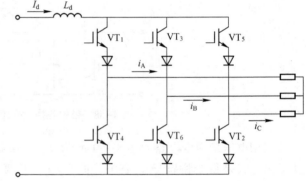

图 4-61　三相电流型逆变电路

电流型逆变电路的特点如下。

1）直流侧串大电感，电流基本无脉动，相当于电流源。

2）交流输出电流为矩形波，与负载阻抗角无关，输出电压波形和相位因负载不同而不同。

3）电流侧电感起缓冲无功能量的作用，不必给开关器件反并联二极管。

4.5　电动汽车制动能量回收

电动汽车的关键部件是动力电池，其储存能量的多少决定了电动汽车的续驶里程。但是，目前动力电池仍然是发展电动汽车的瓶颈，电动汽车的续驶里程还不能满足用户的需求。制动能量回收是提高能量利用效率的有效措施，在现有技术条件下，其对提高电动汽车续驶里程具有重要意义。

4.5.1　制动能量回收原理

电动汽车制动能量回收就是把电动汽车驱动电机无用的、不需要的或有害的惯性转动产生的动能转化为电能，并回馈蓄电池。与此同时，产生制动力矩，使电机快速停止无用的惯性转动，这个总过程也称为再生制动。在一般内燃机汽车上，当车辆减速制动时，车辆的动能通过制动系统转变为热能，并向大气中释放。而在电动汽车上，这种被浪费的动能可通过制动能量回收技术转变为电能并储存于蓄电池中，并进一步转化为驱动能量。制动能量回收是现代电动汽车重要技术之一。

1. 能量回馈制动的工作原理

能量回馈制动也称为再生制动，是电机处于发电状态时，把电动汽车行驶中的动能转变为电能存储起来，为电动汽车行驶提供必要的功率和能量，从而实现能量的循环利用，并且也提供一定的力矩用于制动。

电动汽车能量回馈制动系统主要由整车控制器、储能系统（动力电池组）、电机控制器、电机、液压系统以及传动装置等部分组成，如图4-62所示。整车控制器通过CAN总线发送信号给电池管理系统和电机控制器，电池为整个系统提供能量并回收能量，整车控制器通过CAN总线给电机控制器信号来控制电机工作于驱动与发电模式，实现对汽车的正常行驶与制动。

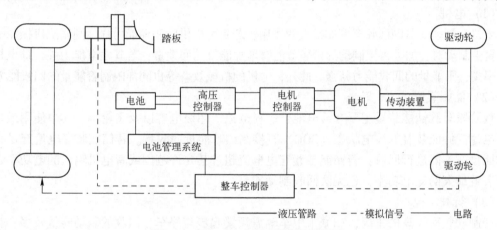

图4-62 电动汽车制动能量回收系统

电动汽车正常行驶时，整车控制器接收到加速信号并将信号传递给电机控制器，驱动电机使汽车行驶。处于制动状态时，根据车速和制动踏板信号，整车控制器通过电机控制器来实现电机由电动模式向发电模式转换，且根据电机的运行速度来调节输入电压以实现电机调压控制，同时提供制动力矩。然后，整车控制器经过内部滤波电路等来稳定蓄电池电压，并将制动能量回馈给蓄电池进行充电。同时，整车控制器依据制动能量回收控制策略动态调节液压机械制动和电机制动的比例来满足汽车制动要求。

2. 制动能量回收的控制策略

制动能量回收控制策略是在确保整车制动安全性、稳定性和舒适性的前提下，根据踏板开度、车辆行驶速度、蓄电池荷电状态和电机工作特性等参数，同时考虑蓄电池存储能量的能力、电机能量回馈功率以及发电效率等诸多限制条件，控制电动汽车的机械摩擦制动力和电机制动力的分配，达到制动能量回收最大化的控制方法。现阶段较常见的能量回馈制动控制策略有最大再生回馈功率控制、最大再生回馈效率控制和制动力矩再生制动控制等。

（1）最大再生回馈功率控制

该方式不考虑储能装置充电能力，通过控制电机的电枢电流来控制再生制动时能量的回收量，当电流$I=E/2R$时为最大回馈功率制动，此时电机的转速呈指数规律下降。由于这种方式要求在制动时回馈功率远小于储能装置充电效率，回收效率很低，所以只适用于微型电动车。

（2）最大再生回馈效率控制

该方式通过控制最大制动回馈效率时电机的电枢电流来控制能量的回收量，此时电机的转速以抛物线规律下降。虽然这种方式在制动时回馈效率是最高的，但是所消耗的时间比较长且制动效能也比较差。

（3）制动力矩再生制动控制

该方式以所需制动力矩为基准，控制电机电枢电流随操作指令的变换而变化，从而调节电机制动力矩，此时电机转速呈线性下降。在这种方式下的制动近似传统的摩擦制动，故制动平顺性好且回收效率较高，比较容易实现控制。

3. 制动能量回收的影响因素

影响能量回收能力的因素很多，主要有电机、储能装置、行驶工况和控制策略等。通过对这些影响因素进行分析，可以优化制动能量回收系统，有效提高系统的能量回收效率，以及汽车行驶的稳定性和安全性。

（1）电机

电机对制动能量的回收有着非常大的作用，若其可提供的制动能力强，则调配机械摩擦制动与再生制动时，加大再生制动的份额就能够增加能量的回馈量；若其发电能力强，即电机的电功率高，则能量的回收能力就强。此外，电机的机械效率等也同样限制着能量的回收能力。

（2）储能装置

现阶段车载储能装置主要有蓄电池、燃料电池、超级电容以及飞轮等，其中使用最多的是蓄电池。储能装置的荷电状态（SOC）直接制约着能量回收量。若储能装置电量充足，则制动能量就不能进行回收；若储能装置充电电流超过其允许范围或者电机输出的电功率超过储能装置最大的充电功率，也无法回收制动能量。

（3）行驶工况

在制动频率较高的工况，如城市中车辆需频繁起步与停车，回收的制动能量较多；在制动频率较低的工况，如高速公路中车辆很少进行减速制动，只有较少的能量回收。

（4）控制策略

当电机和储能装置确定后，制动能量的回馈量由其控制策略决定。控制策略确定了机械摩擦制动与电机制动之间的分配关系，确定了储能装置的充电和放电状态，同时也确定了制动过程中能量的回馈量。

4.5.2 制动能量回收电路

以电动汽车直流电机驱动系统为例，对其制动能量回收电路进行分析，其电机驱动及制动能量回收系统的主电路如图 4-63 所示。U_{b1} 和 U_{b2} 为脉宽可调的脉冲电压，VT_1 和 VT_2 为 IGBT 大功率管，VD_1 和 VD_2 为续流二极管。电路采用蓄电池供电，U_b 为蓄电池的端电压，E_b 为蓄电池的理想电动势，R_b 为蓄电池的等效内阻，C 为外接大电容，起滤波稳压作用。

根据制动能量回收系统的工作原理，由直流电机控制器和 IGBT 导通与断开来实现电动汽车在电动运行时蓄电池向电机和负载供电，以及在减速制动时电机对蓄电池进行充电。图 4-63 所示电路有电动运行和制动运行两种状态，无论处于何种工作状态，功率开关器件 VT_1 和 VT_2 的驱动电压都是大小相等、极性相反，即 $U_{b2} = -U_{b1}$。下面对这两种状态的工作原理分别进行说明。

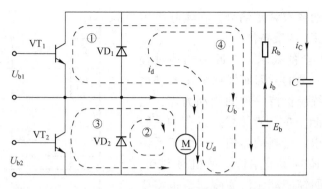

图 4-63　电动汽车电机驱动及制动能量回收系统的主电路图

（1）电动运行状态

在一个开关周期内，当 $0 \leqslant t < t_{on}$ 时，U_{b1} 为正，此时 VT_1 饱和导通，VT_2 截止，电枢电流 i_d 的流向如图 4-63 中的回路①所示。当 $t_{on} \leqslant t < T$ 时，U_{b1} 为负，此时 VT_1 截止；U_{b2} 为正，由于 i_d 沿回路②经二极管 VD_2 续流，使得 VT_2 处于反向偏置状态不能导通。图 4-64 中给出了稳态时电枢平均电压 U_d 和电枢电流 i_d 的波形。由图可知，稳态电流 i_d 是脉动的，其平均值等于负载电流 $I_{dL} = T_L / C_m$，电机得到的平均端电压为

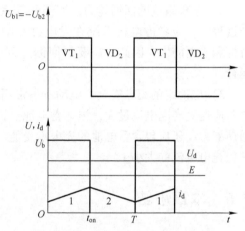

图 4-64　电动状态的电压、电流波形

$$U_d = \frac{t_{on}}{T} U_b = D U_b \qquad (4\text{-}24)$$

式中，$D = t_{on}/T = U_d/U_b$ 表示 PWM 电压的占空比，改变 D 的大小即可调节电机的转速。

当 VT_1 导通时，电流 i_d 沿回路①流动，回路电压平衡方程为

$$K_s = \frac{U_d}{D} = U_b \qquad (0 \leqslant t \leqslant t_{on}) \tag{4-25}$$

当 VT_1 关断时，电流 i_d 沿回路②流动，回路电压平衡方程为

$$0 = R i_d + L \frac{\mathrm{d} i_d}{\mathrm{d} t} + E \qquad (t_{on} \leqslant t \leqslant T) \tag{4-26}$$

式中，R、L 为电枢电路的电阻和电感；E 为电机的反电动势。

（2）制动运行状态

当电机电动运行要降低转速时，就应该先减小控制电压，使 U_{b1} 的正脉冲变窄，负脉冲变宽，从而使平均电压 U_d 降低，但由于惯性的作用，转速和反电动势还来不及立刻变化，就出现了 $E > U_d$ 的情况。在这种情况下，当 $t_{on} \leqslant t \leqslant T$ 时，由于 U_{b2} 为正，VT_2 导通，$E - U_d$ 产生的反向电流 $-i_d$ 沿回路③经 VT_2 流通，通过能耗的方式进行制动，直到 $t = T$ 为止。在 $T \leqslant t < T + t_{on}$（即 $0 \leqslant t \leqslant t_{on}$）阶段，$VT_2$ 截止，$-i_d$ 沿回路④通过 VD_1 续流，通过再生制动给蓄电池充电，同时在 VD_1 上产生的电压降使 VT_1 不能导通。在整个制动过程中，VT_2 和 VD_1 轮流导通，而 VT_1 始终截止。制动运行状态的电压、电流波形如图 4-65 所示。

电动汽车电机驱动系统的能量回馈过程，要受车辆运行状态以及制动安全和蓄电池充电安全等条件的限制，包括蓄电池 SOC、电机的回馈能力和当前转速等。因此，回馈制动控制

策略需要与整车制动要求紧密结合，在实际应用中回馈制动应满足以下约束条件。

1）满足制动安全的要求。在回馈制动过程中，制动安全是第一位的，因而根据整车的制动要求，回馈制动系统应保持一定的制动力矩，以保证整车的制动效能。在一般的减速过程中，回馈制动可以满足要求。当制动力矩需求大于系统回馈制动能力时，还需要采用传统的机械制动。此外，当转速低至回馈制动无法实现时，也需要采取其他制动方式辅助制动运行。

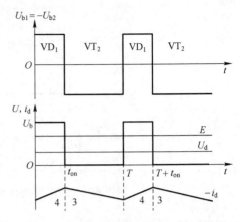

图 4-65　制动运行状态的电压、电流波形

2）电机系统的回馈能力。回馈制动系统在工作过程中，应考虑电机系统在发电过程中的工作特性和输出能力。因此，需要对回馈过程中的电流大小进行限制，以保证电机系统的安全运行。

3）电池组的充电安全。电动汽车常用的能源多为铅酸电池、锂电池、镍氢电池等，充电时应避免充电电流过大，损坏蓄电池。因此，回馈制动系统的容量除了要考虑电机系统的回馈能力，还应包含蓄电池的充电承受能力。由于回馈制动过程时间有限，因此主要约束条件为充电电流的大小。

4.6　本章小结

功率变换技术是连接动力电池与驱动电机的桥梁，是保障电动汽车按照需求行驶的基础。本章从功率变换器件、功率变换控制方法以及典型功率变换电路等方面出发，围绕电动汽车的功率变换中涉及的相关技术，系统介绍了功率二极管、功率场效应晶体管和绝缘栅双极晶体管为代表的典型电力电子器件；阐述了 PWM 控制技术的基本原理、分类与控制方法；详细分析了 AC/AC、AC/DC、DC/DC、DC/AC 这 4 种功率变换电路的工作原理与典型电路；最后，介绍了电动汽车制动能量回收原理和常用电路。

习题

1. 电动汽车功率变换器有哪些特点？
2. 简述两种常用的功率半导体器件的工作原理。
3. 简述 PWM 控制的基本原理。
4. 简述 PWM 控制的分类和工作原理。
5. 简述 AC/AC 变换器的工作原理。
6. 简述 AC/DC 变换器的工作原理。
7. 简述 DC/DC 变换器的工作原理。
8. 简述 DC/AC 变换器的工作原理。
9. 利用二象限 DC/DC 功率变换器电路，详细说明电动汽车制动能量回收的过程。

第5章 电动汽车动力电池技术

动力电池作为电动汽车的核心部件，是其行驶过程中的主要能量载体和动力来源，也是电动汽车整车成本的主要组成部分。据统计，目前已投入运营的电动汽车，其动力电池便占据了整车成本的30%~50%。动力电池的技术水平直接决定了电动汽车的动力性、经济性和续航能力，也与电动汽车的节能、环保、安全等要求息息相关，对电动汽车的规模化应用意义重大。自电动汽车诞生以来，动力电池技术一直制约着电动汽车的实用化进程，提高功率密度、能量密度，延长使用寿命以及降低成本一直是电动汽车动力电池技术研发和产业化发展的重要议题。本章对电动汽车的动力电池技术进行介绍。首先，讲解电动汽车动力电池的概念、分类、工作原理、基本参数及要求。在此基础上，从化学类动力电池和物理类动力电池两方面对目前电动汽车常用动力电池进行介绍。最后，阐述动力电池的测试与管理技术。

5.1 动力电池的概念及分类

动力电池作为电动汽车的直接能源供给方，决定了电动汽车的续驶里程，是关系到电动汽车的节能、环保、安全等性能的核心零部件。动力电池的名称来源于动力机械应用领域（如潜艇等），并一直沿袭下来。但全球电动汽车行业基本约定：为电动汽车提供驱动动力的电池统称为动力电池，包括传统的铅酸蓄电池、镍氢电池以及新兴的锂离子电池等。

在GB/T 19596-2017中，动力电池（Traction Battery）的定义为给电动汽车动力系统提供能量的蓄电池。电动汽车动力电池品种繁多，用途广泛，外形也相差很大，它的分类方法有很多，在此仅介绍以下两种分类方法。

1. 按电池的工作性质及使用特征分类

按电池的工作性质及使用特征分类，动力电池般可分为一次电池、二次电池、储备电池和燃料电池4类。

（1）一次电池

一次电池又称"原电池"或者"干电池"，即放电后不能用充电的方法使它复原的电池。换言之，这种电池只能使用一次，放电后电池只能废弃。这类电池不能再充电的原因，或是由于电池反应本身不可逆，或是由于条件限制使可逆反应很难进行，如锌锰干电池、锌汞电池、银锌电池等。

（2）二次电池

二次电池又称"蓄电池"，即放电后又可以用充电的方法使活性物复原而能再次放电，且可反复循环使用的一类电池。这类电池实际上是一个化学能量储存装置，用直流电给电池充电，这时电能以化学能的形式储存在电池中，放电时化学能再转换为电能，如铅酸蓄电池、镍镉电池、镍氯电池和锂离子电池等。迄今已经实用化的车用动力电池有铅酸蓄电池、镍镉电池、镍氢电池和锂离子电池等。

（3）储备电池

储备电池又称"激活电池"，其正、负极活性物质和电解液不直接接触，使用前临时注入电解液或用其他方法使电池激活。因与电解液隔离，这类电池的正、负极活性物质化学变质或者自放电现象基本上被排除，从而使电池能长时间储存，例如镁银电池、钙热电池和铅高氯酸电池等。

（4）燃料电池

燃料电池又称"连续电池"，即只要将活性物连续注入电池，就能长期不断地连续放电的一类电池。它的特点是电池自身只是一个载体，可以把燃料电池看成一种需要电能时将反应物从外部送入的电池，如氢燃料电池、锌空气燃料电池等。

需要指出的是，上述分类方法并不意味着某一种电池体系只能分属一次电池、二次电池、储备电池或燃料电池，恰恰相反，某一种电池体系可以根据需要设计成不同类型的电池。例如锌银电池，既可以设计成一次电池，又可以设计成二次电池或者储备电池。

2. 按照电池的反应原理分类

按电池的反应原理，可以将电池分为化学电池、物理电池和生物电池 3 大类，如图 5-1 所示。

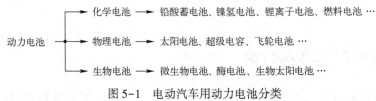

图 5-1　电动汽车用动力电池分类

（1）化学电池

化学电池利用物质的化学反应发电，其按照工作性质可分为原电池、蓄电池、燃料电池和储备电池；按照电解质不同，可分为酸性电池、碱性电池、中性电池、有机电解质电池、非水无机电解质电池和固体电解质电池等；按照电池的特性可分为高容量电池、密封电池、高功率电池、免维护电池和防爆电池等。

（2）物理电池

物理电池是利用光、热、物理吸附等物理能量发电的电池，如太阳电池、超级电容和飞轮电池等。在物理电池领域，超级电容常应用于纯电动汽车和混合动力电动汽车的动力电池系统中。

（3）生物电池

生物电池是利用生物化学反应发电的电池，如微生物电池、酶电池和生物太阳电池等。生物燃料电池在车用动力电池中应用前景也十分广阔，以氢为燃料的燃料电池和氢化物燃料电池的研发已进入重要发展阶段。

5.2　动力电池的结构与原理

动力电池是由许多单体电池组合而成的，这些单体电池存储了可转换为电能的化学能。一个或多个这样的电化学单体电池串联起来就形成了一块电池组，把成组的单体电池封装到一个箱体中，从而为电力电子驱动子系统提供所需的总电压和能量，如图 5-2 所示。下面以常见的化学电池为例介绍动力电池的结构和原理，使读者对动力电池的内部结构及发生的化学变化有一定的了解。

图 5-2　动力电池组

5.2.1　动力电池的组成

存储在电池中的能量与电池化学部件进行充放电时所含有的自有能量是不同的，只有当单体电池的基本化学部件工作时，化学能才能转化为电能。这些基本部件就是电池的基本组成部分，包括正极活性材料、负极活性材料、电解质、隔膜、电池壳体及导电栅、汇流柱、极柱以及安全阀等，具体结构如图 5-3 所示。动力电池工作时，在两电极上会发生化学反应，一端释放电子而另一端获得电子。两个电极必须选用导电材料并且中间用隔膜分开放置在电池容器中，电极与外部的连接点称为电极柱。外部电路保证了电池的化学能只有在需要使用时才会释放。下面对动力电池中各部件的功能进行简单介绍。

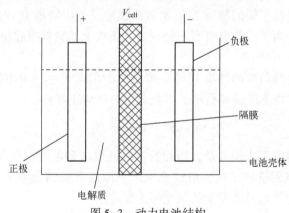

图 5-3　动力电池结构

1. 正极

正极的成分是某种氧化物或硫化物以及其他混合物，通常以固态形式存在，它在电池放电时发生还原反应并获得来自外电路的电子。典型的正极材料有二氧化铅（PbO_2）和氢氧化镍（$Ni(OH)_2$）。

2. 负极

负极的成分是某种金属或合金，也是以固态形式放置在电池中，它在电池放电时发生氧化反应并向外电路释放出电子。典型的负极材料有铅（Pb）和镉（Cd）。

3. 电解质

电解质是使电池正负极之间具有离子导电性的介质。电解质在电极发生反应时应具有较高的离子导电性，同时还必须使电子绝缘，以免在电池内部发生自放电。电解质的材料一般是液体、胶体或者固体。传统的铅酸电池、镍氢电池使用的是液体电解质，如铅酸电池的电解质是硫酸溶液。电动汽车用的先进动力电池（如密封式铅酸蓄电池、镍氢电池、锂离子电池），其电解质一般是胶体、糊剂或者树脂，而锂聚合物动力电池使用的是固态电解质。

4. 隔膜

隔膜是一层具有电绝缘特性的物质，它可以把正、负极分隔开来。隔膜应具有使电解质中离子通过的能力，还应具有存储和固定电解质的功能。目前所用的隔膜是由高分子聚合物制成的。

5.2.2　动力电池的工作原理

动力电池在工作时，只有当所产生的电子能够从连接两电极的外电路中通过时，发生在两电极上的化学反应才可以持续进行。动力电池中，两电极表面所发生的化学反应产生源源不断的电子，这个过程一般称为氧化还原反应。动力电池利用正负极之间的氧化还原反应来完成充放电，具体过程如下：当无源电路元器件连接到电池极柱上时，电池负极释放电子，正极获得电子，从而在外电路中产生电流。当电池放电时，正极从外部电路获得电子，发生还原反应；负极向外电路释放电子，发生氧化反应。当电池充电时，正极向外电路释放电子，发生氧化反应；负极从外电路获得电子，发生还原反应。

无论哪种类型的化学电池，充放电时都会在两电极之间发生氧化还原反应，同时伴随着电子的释放与获得。氧化还原反应的反应式为

$$a\mathrm{A} \xrightleftharpoons[\text{放电}]{\text{充电}} c\mathrm{C} + n\mathrm{E}^+ + n\mathrm{e}^-$$

当电池充电时，电池正极的物质 A 发生氧化反应，生成物质 C 并同时对外电路释放电子，对电解质释放出阳离子。放电时则正好相反，正极上的材料吸收电子并与离子结合，最终生成物质 A。

当电池充电时，电池负极的物质 B 与电解质中的阳离子连同外电路的电子共同作用产生不带电的物质 D，如以下反应式所示。电池放电时反应正好相反。

$$b\mathrm{B} + n\mathrm{E}^+ + n\mathrm{e}^- \xrightleftharpoons[\text{放电}]{\text{充电}} d\mathrm{D}$$

电动汽车动力电池的工作模式是，当能量从电池供应到电机产生驱动力时，电池放电；当能量从外部电源存储到电池中时，电池充电。下面以常见的化学电池——铅酸蓄电池为例，具体分析电池在充放电时所发生的氧化还原反应。

铅酸蓄电池的正极材料是二氧化铅（PbO_2），负极材料是海绵状纯铅，电解质材料为纯硫酸（H_2SO_4）与蒸馏水按一定比例配制而成的溶液。图 5-4b 为铅酸蓄电池放电时的工作情况，当外电路连接无源电子元器件时，正极的 PbO_2 获得由负极经外电路而来的电子和离子后被还原变成硫酸铅。当电池作为电源使用时，电流方向是由正极流向负载然后进入电池负极。放电时正极的反应式为

$$PbO_2（固）+ 4H^+（水溶液）+ SO_4^{2-}（水溶液）+ 2e^- \rightarrow PbSO_4（固）+ 2H_2O（液）$$

此时负极材料为固态铅，放电时铅被氧化并向外电路释放出电子，发生的反应为

$$Pb（固）+ SO_4^{2-}（水溶液）\rightarrow PbSO_4（固）+ 2e^-$$

电池的充电过程与放电过程正好相反，电池的两端加入外部电源，电流流入电池并使化学反应反向进行，这时 $PbSO_4$ 被重新转化成 Pb 和 PbO_2。正极释放电子，负极从外部电源获

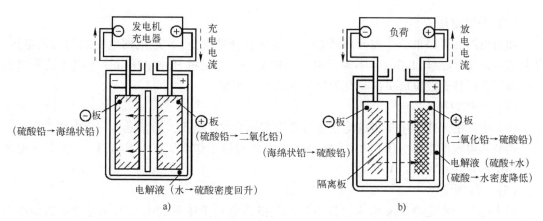

图 5-4 铅酸蓄电池的工作原理

a）充电过程　b）放电过程

得电子，电流从外电源流入正极，从而将电能输送到电池中并以化学能的形式存储起来。整个充电过程中，正极发生的反应可以用以下反应式表示：

$$PbSO_4 + 2H_2O(液) \rightarrow PbO_2(固) + 4H^+(水溶液) + SO_4^{2-}(水溶液) + 2e^-$$

负极在电池充电时获得电子的总化学反应式为

$$PbSO_4(固) + 2e^- \rightarrow Pb(固) + SO_4^{2-}(水溶液)$$

综合以上分析，铅酸蓄电池在充放电时总的化学反应式为

$$\underset{\text{二氧化铅}}{\overset{\text{正极}}{PbO_2}} + \underset{\text{硫酸}}{\overset{\text{电解液}}{2H_2SO_4}} + \underset{\text{海绵状铅}}{\overset{\text{负极}}{Pb}} \underset{\text{放电}}{\overset{\text{充电}}{\rightleftharpoons}} \underset{\text{硫酸铅}}{\overset{\text{正极}}{PbSO_4}} + \underset{\text{水}}{\overset{\text{电解液}}{2H_2O}} + \underset{\text{硫酸铅}}{\overset{\text{负极}}{PbSO_4}}$$

5.3　电动汽车动力电池的基本参数

电动汽车动力电池品种繁多，性能各异，用来表征其性能的指标有电性能、机械性能、储存性能等，有时还包括使用性能和经济成本。这里重点对电动汽车动力电池的电性能及储存性能进行介绍。

1. 电压

动力电池的电压分为电动势、端电压、终止电压、开路电压、工作电压、额定电压和充电电压等。

（1）电动势

动力电池的电动势，又称电池标准电压或理论电压，为电池断路时正负两极间的电位差。电池的电动势可以从电池体系热力学函数自由能的变化计算得出。

（2）端电压和终止电压

动力电池的端电压是指电池接通负载后两电极之间的有效电压，用 V_t 表示。当电池充满电时，端电压达到最大值 V_{FC}，随着放电过程的进行，电池的端电压不断下降。电池必须停止放电的电压值称为终止电压，记为 V_{cut}。电池端电压与放电状态（State of Discharge，SOD）之间的关系如图 5-5 所示。

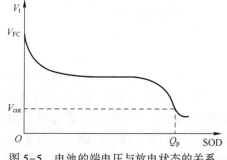

图 5-5　电池的端电压与放电状态的关系

（3）开路电压

动力电池的开路电压是在开路状态下（即无负荷情况下），电池两电极之间的内电压。开路电压是实际测量出来的，不等于电池的电动势。电池的开路电压取决于电池的荷电状态、温度、以往充放电历史（记忆效应）以及其他因素。

（4）工作电压

动力电池的工作电压是指电池在某负载下实际的放电电压，通常是指一个电压范围。例如，铅酸蓄电池的工作电压在 $2.0 \sim 1.8\,V$，镍氢电池的工作电压在 $1.5 \sim 1.1\,V$，锂离子电池的工作电压在 $3.60 \sim 2.75\,V$。

（5）额定电压

动力电池的额定电压又称为公称电压，是指该电化学体系的电池工作时公认的标准电压。例如，锌锰干电池的额定电压为 $1.5\,V$，镍镉电池的额定电压为 $1.2\,V$，铅酸蓄电池的额定电压为 $2\,V$。

（6）充电电压

动力电池的充电电压是指外电路直流电压对电池充电的电压。一般充电电压要大于电池的开路电压，且通常在一定的范围内。例如，镍镉电池的充电电压为 $1.45 \sim 1.5\,V$，锂离子电池的充电电压为 $4.10 \sim 4.2\,V$，铅酸蓄电池的充电电压为 $2.25 \sim 2.50\,V$。

（7）电压效率

动力电池的电压效率，是指电池的实际输出电压与电动势的比值。要获得较高的电压效率，必须选择具有高电化学活性的物质作为电极活性材料，并发展与之适配的具有高电导率特征的电解质体系，同时尽量减小体系的固相电阻及接触电阻。

2. 内阻

动力电池的内阻是指电流流过电池内部时所受到的阻力。充电电池的内阻很小，需要用专门的仪器才能测量到比较准确的结果。一般所说的内阻是指充电态内阻及电池充满电时的内阻。电池的内阻越大，电池自身消耗的能量越多，电池的使用效率就越低。

电池的内阻在放电过程中会逐渐增加，而在充电过程中则逐渐减小。所以电池在充放电过程中，端电压也会因其内阻的变化而变动。故端电压在放电时低于电池的电动势，充电时高于电池的电动势。

3. 容量和比容量

动力电池完全放电过程中，电极的通电材料所能释放出的电荷数量称为电池容量，用符号 C 表示，其单位为 $A \cdot h$。电池的容量与放电电流的大小有关，与充电、放电截止电压也有关系。比容量是指单位质量或单位体积的电池所能给出的电量，相应地也称为质量比容量或体积比容量。

4. 能量和比能量

动力电池的能量是指电池在一定的放电条件下，对外做功所能输出的电能，通常用 $W \cdot h$ 表示，它等于电池的放电容量和电池平均工作电压的乘积。电池的能量反映了电池做功能力的大小，也是电池放电过程中能量转换的量度，它直接影响了电动汽车的行驶距离。

动力电池的比能量分为质量比能量和体积比能量，分别指单位质量和单位体积的电池所能输出的能量。质量比能量的单位为 $W \cdot h/kg$；体积比能量也称为能量密度，单位常用 $W \cdot h/L$。通常用体积比能量，即能量密度，来比较不同系列电池的性能。电池的比能量是个综合性指标，它反映了电池的质量水平。电池的比能量直接影响电动汽车的整车质量和续驶里程，是评价电动汽车动力电池是否满足预定续驶里程的重要指标。

5. 效率

动力电池作为能量储存器，充电时把电能转化为化学能储存起来，放电时把电能释放出来。在这个可逆的电化学转换过程中，有一定的能量损耗。通常用电池的容量效率和能量效率来表示电池的效率。在电池组电量和输出阻抗一定的前提下，根据能量守恒定律，电池组输出的能量转化为两部分，一部分作为热耗散失在电阻上，另一部分提供给电机控制器转化为有效动力，两部分能量的比率取决于电池组输出阻抗和电机控制器的等效输入阻抗之比，电池组的阻抗越小，无用的热耗就越小，输出效率就越大。

动力电池的效率包含电池的充放电效率或能量输出效率两种，在没有特别说明的情况下，本书均是指能量输出效率。电池的能量输出效率也称电能效率，是指电池放电时输出的能量与充电时输入的能量之比。

6. 功率和比功率

动力电池的功率是指在一定的放电条件下，电池在单位时间内所能输出的能量，单位是W或kW。电池的单位质量或单位体积的功率称为电池的比功率，单位是W/kg或W/L。如果一个电池的比功率较大，说明其在单位时间内，单位质量或单位体积中输出的能量较多，即表示此电池能用较大的电流放电。因此，动力电池的比功率也是评价电池性能优劣的重要指标之一。

7. 荷电状态

动力电池的荷电状态，又称剩余电量，是指电池当前还有多少电量。常取其与额定容量或实际容量的比值（称为荷电程度）来表示荷电状态，它是人们在使用中最关心，也最不易获得的参数。荷电量可以通过测量内阻、电压、电流的变化等方式进行推算。但到目前为止，任何公式和算法都不能得到统计数据的有效支持，指示的荷电程度总是非线性变化。

8. 储存性能和自放电

动力电池的储存性能是指电池在开路时，在一定条件下（如湿度、温度等）储存一定时间后主要性能参数的变化，包括容量的下降、外观情况有无变化或渗液现象。对于所有的化学电池，即使在与外部电路没有接触的条件下开路设置，经过干储存（不带电解液）或湿储存（带电解液）一定时间后，其容量会自行降低，这个现象称为自放电。

动力电池在储存期间，虽然没有放出电能，但是在电池内部总是存在着自放电现象。即便是干储存，也会由于密封不严，进入水分、空气及CO_2等物质，使处于热力学不稳定状态的部分正极和负极活性物质构成微电池腐蚀机理，自行发生氧化还原反应而白白消耗掉。如果是湿储存，更是如此。降低电池自放电的措施，一般是采用纯度较高的原材料，或将原材料预先处理，除去有害杂质；也可在负极金属板栅中加入氢过电位较高的金属，还有的在溶液中加入缓蚀剂，目的都是抑制氢的析出，减少自放电反应的发生。

9. 寿命

动力电池的寿命分为储存寿命、使用寿命和循环寿命。

（1）储存寿命

动力电池的储存寿命指动力电池自放电的大小，也可以用电池储存至某规定容量时的天数表示。储存寿命指从电池制成到开始使用之间允许存放的最长时间，以年为单位。包括储存期和使用期在内的总期限称为电池的有效期。电池的储存寿命有"干储存寿命"和"湿储存寿命"两个概念。必须指出，这两个概念仅是针对电池自放电大小而言的，并非电池的实际使用期限。

（2）使用寿命

动力电池的使用寿命是指电池实际使用的时间长短。对一次电池面言，电池的寿命是指给出额定容量的工作时间（与放电倍率大小有关）。对二次电池而言，电池的寿命分充放电循环寿命和湿搁置使用寿命两种。

充放电循环寿命是衡量二次电池性能的一个重要参数。经受一次充电和放电，称为一次循环（或一个周期）。在一定的充放电制度下，电池容量降至某一规定值之前，电池能耐受的充放电次数，称为二次电池的充放电循环寿命。充放电循环寿命越长，电池的性能越好。在目前常用的二次电池中，镍镉电池的充放电循环寿命为 500~800 次，铅酸蓄电池为 200~500 次，锂离子电池为 600~1000 次，锌银电池很短，仅约 100 次。

二次电池的充放电循环寿命与放电深度、温度、充放电制式等条件有关。所谓放电深度，是指电池放出的容量占额定容量的百分数。减少放电深度（即"浅放电"），二次电池的充放电循环寿命可以大大延长。

（3）循环寿命

动力电池的循环寿命是指电池在满足规定条件下所能达到的最大充放电循环次数。在规定循环寿命时必须同时规定充放电循环试验的制度，包括充放电速率、放电深度和环境温度范围等。

5.4　电动汽车对动力电池的要求

不同于普通电池，电动汽车的行驶环境和工作状态复杂多变，加之电动汽车对动力性能和续驶里程的特殊需求，均对动力电池提出了更高的要求。基于电动汽车的工作特性和环境，其对动力电池的要求主要有以下几点。

1）比能量高。为了提高电动汽车的续驶里程，要求电动汽车的动力电池应尽可能储存较多的能量，但电动汽车又不能太重，同时受电动汽车的空间所限，其安装电池的空间也不能太大，这就要求动力电池具有较高的比能量。

2）比功率大。为了使电动汽车在加速性能、爬坡能力和负载行驶等方面能与燃油汽车竞争，要求电池具有较高的比功率。

3）充电技术成熟、时间短。充电技术要有通用性，能够实现无线充电，在充电时间上能够实现快速充电。

4）连续放电率高、自放电率低。电池能够适应快速放电的要求，自放电率要低，电池要能够长期存放。

5）适应车辆运行环境。电池能够在常温条件下正常稳定地工作，不受环境温度的影响，不需要特殊的加热、保温系统，能够适应电动汽车行驶时的噪声、振动等严苛环境。

6）安全可靠。电池应干燥、洁净，电解质不会渗漏腐蚀接线柱、外壳；不会引起自燃或者燃烧，在发生碰撞等事故时，不会对乘员造成损伤。废电池能够回收处理和再生利用，电池中有害金属能够集中回收处理。电池组可以采用机械装置进行整体快速更换，线路连接方便。

7）寿命长，免维护。电池的循环寿命不应低于 1000 次，在使用寿命限定时间内，不需要进行维护和修理。

5.5 电动汽车常用动力电池

从广义上讲，电动汽车的动力电池主要分为化学电池、物理电池和生物电池三大类。其中，化学电池和物理电池已经应用于量产电动汽车中，而生物电池则被视为未来电动车电池的重要发展方向。化学电池是目前电动汽车领域应用最为广泛的电池种类，如铅酸电池、镍氢电池、锂离子电池、锂聚合物电池、燃料电池等都属于这一范畴。目前所见的绝大多数电动汽车都采用化学动力电池技术进行驱动，如比亚迪、丰田普锐斯、吉利、特斯拉等。下面对常用的电动汽车动力电池做简要介绍。

5.5.1 化学类动力电池

化学类动力电池是指能将化学能转变为电能的一种电池。化学类动力电池历史悠久，最早可追溯到 1859 年法国科学家普兰特（Plante）发明的铅酸电池，它是目前应用最为广泛，技术最为成熟的一类动力电池。根据电动汽车动力电池的使用特点、要求和应用领域不同，国内外化学类动力电池的研发大致经历了以下几个发展阶段。

1. 第一代动力电池——铅酸蓄电池

铅酸蓄电池是指采用稀硫酸做电解液，用二氧化铅和海绵状铅分别做电池正极和负极的一种酸性蓄电池。铅酸蓄电池的工作原理已在 5.2.2 节详述，它的工作过程就是化学能与电能之间相互转化的过程。使用时，铅酸蓄电池把化学能转换为电能（放电）；使用后，借助于外部直流电在电池内进行化学反应，把电能转变为化学能而储存起来（充电）。

铅酸蓄电池的发展已有 100 多年的历史，是成熟的电动汽车动力电池，其可靠性高、原材料易得、价格便宜，比功率也基本上能满足电动汽车的动力性要求。但它有两大缺点：一是比能量低，所占的质量和体积太大，且一次充电行驶里程较短；二是使用寿命短，成本过高。由于其价格低廉，国内外将它的应用定位在速度不高、路线固定、充电站设立容易规划的电动车辆上（见表 5-1）。

表 5-1　电动汽车常用铅酸蓄电池及其特点

公　司　名　称	铅酸蓄电池类别	特　　点
日本 GS 公司	新型 VRLA 蓄电池	板间距很小，不会出现电解液分层，底部无脱落物堆积
德国阳光公司	胶体电解质电池	热容量大，温升小
美国 BPC 公司	双极性电动汽车用铅酸蓄电池	组合电压为 180 V，电池容量为 60 A·h，放电率比能量为 50 W·h/kg，循环寿命长
美国 Arias 公司	双极性电动汽车用铅酸蓄电池	有极小的欧姆电阻
瑞典 OPTIMA 公司	卷式电动汽车用铅酸蓄电池	容量可达 56 A·h，功率可达 56 kW，而体积较小

2. 第二代动力电池——镍氢电池

镍氢电池属于碱性电池，是一种将物质化学反应产生的能量直接转化成电能的装置。镍氢电池的结构与铅酸蓄电池类似（见图 5-6），主要由正极、负极、隔板和电解液等组成。镍氢电池的正极板为镍氢化合物，负极板为储氢合金，而电解液则为碱性电解液。

镍氢电池充电时，正极上的 $Ni(OH)_2$ 转变为 $NiOOH$，由于质子在 $NiOOH/Ni(OH)_2$ 中

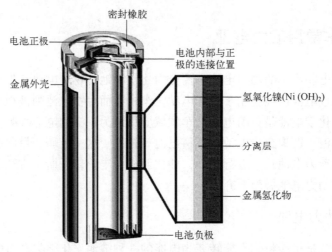

图 5-6　AA 型镍氢电池结构

的扩散系数小，该过程是氢氧化镍电极充电过程的控制步骤。在负极，析出的氢原子吸附在储氢合金表面，形成吸附态 MH_{ad}，然后再扩散到储氢合金内部，形成金属氢化物 MH。原子氢在储氢合金中的扩散速率较慢，扩散系数一般只有 $10^{-8} \sim 10^{-7}$ cm/s，因此，氢原子扩散是储氢合金负极充电过程的控制步骤。过充电时，由于镍氢电池是正极限容，正极会产生 O_2，O_2 通过隔膜扩散到负极，由于负极电势为负，在储氢合金的催化作用下又生成 OH^-，总反应为零。因此，过充电时，KOH 的浓度和水的总量保持不变。

镍氢电池放电时，NiOOH 得到电子转变为 $Ni(OH)_2$，金属氢化物内部的氢原子扩散到表面形成吸附态的氢原子，再发生电化学氧化反应生成水。正极质子和负极氢原子的扩散过程仍然是负极放电过程的控制步骤。过放电时，正极上的 NiOOH 已经全部转变成 $Ni(OH)_2$，这时 H_2O 便在镍电极上还原生成 H_2，而在负极上会发生 H_2 的电化学氧化，又生成 H_2O，这时电池总反应的净结果仍为零。但在过放电时，镍电极出现了反极现象，镍电极电势反而比氢电极电势更低。镍氢电池充、放电时正负极的充放电反应见表 5-2。

表 5-2　镍氢电池正负极的充放电反应

反应过程	正　极	负　极
充电	$Ni(OH)_2+OH^--e^-\rightarrow NiOOH+H_2O$	$M+H_2O+e^-\rightarrow MH+OH^-$
过充电	$4OH^--4e^-\rightarrow 2H_2O+O_2^-\uparrow$	$2H_2O+O_2+4e^-\rightarrow 4OH^-$
放电	$NiOOH+H_2O+R^-\rightarrow Ni(OH_2)+OH^-$	$MH+OH^--E^-\rightarrow M+H_2P$
过放电	$2H_2O+2e^-\rightarrow 2OH^-+H_2\uparrow$	$H_2+2OH^--2e^-\rightarrow 2H_2O$
总反应	$MH+NiOOH\xrightarrow[\text{充电}]{\text{放电}}Ni(OH)_2+M$	

与铅酸蓄电池相比，镍氢电池具有循环寿命长、比能量高、比功率高、无记忆效应、快速充放电、质量小、体积小、无污染、耐用等特点。国外生产电动汽车镍蓄电池的公司主要有 Ovonic、三洋电机株式会社、松下 EV 电池公司、Cobasys、Varta 和 Saft 等。国内已开发出 55 A·h 和 100 A·h 单元的镍氢电池，比能量达 65 W·h/kg，功率密度大于 800 W/kg。电动汽车常用镍氢电池及其特点见表 5-3。

表 5-3　电动汽车常用镍氢蓄电池及其特点

国内外	公　司　名　称	蓄电池特点
国外	美国 Ovonic 公司	世界上众多汽车厂商都在使用，如丰田 Prius、本田 Civic、Insight
	德国 Varta 公司	功率密度已达到 1000 W/kg，充电功率相当高
	法国 Saft	4/5SF 型高功率镍氢电池容量为 14 A·h，比能量为 47 W·h/kg，功率密度高达 2500 W/kg
国内	春兰动力电池汽车制造公司	能量密度高达 84.5 W·h/kg，放电性能强，循环寿命大于 1300 次
	湖南神州科技股份有限公司	目前高功率 40 A·h 连续充电电池可达 4C
	江苏奇能电池有限公司	产品稳定可靠，可广泛应用在电动汽车、助力车上

3. 第三代动力电池——锂离子电池

锂离子电池，是指分别用两个能可逆地嵌入与脱嵌锂离子 Li^+ 的化合物作为正负极，Li^+ 在正负极之间反复进行脱出和嵌入的一种高能二次电池。正极材料在放电时发生还原反应，采用较多的是过渡金属氧化物，如 $LiCoO_2$、$LiNiO_2$、$LiMn_2O_4$ 等；负极在放电时发生氧化反应，材料一般采用锂-碳层间化合物 Li_xC_6；电解液是有机溶液，为离子运动提供运输介质；隔膜为正负极提供电子隔离。一个典型的以 $LiCoO_2$ 为正极、石墨为负极材料的锂离子电池，其电化学反应为

$$正极：LiCoO_2 \rightarrow Li_{1-x}CoO_2 + xLi^+ + xe^-$$

$$负极：6C + xLi^+ xe^- \rightarrow Li_xC_6$$

$$电池反应：LiCoO_2 + 6C \rightarrow Li_{1-x}CoO_2 + Li_xC6$$

图 5-7 所示为锂离子电池的工作原理，电池在充电时，锂离子从正极材料的晶格中脱出，通过电解质溶液和隔膜，嵌入负极中，而作为负极的碳呈层状结构，它有很多微孔，到达负极的锂离子就嵌入碳层的微孔中，嵌入的锂离子越多，充电容量越高；同样，放电时嵌在负极碳层中的锂离子脱出，通过电解质溶液和隔膜，嵌入正极材料晶格中。回正极的锂离子越多，放电容量越高。在整个充放电过程中，锂离子往返于正负极之间，正负极在充放电过程中，只有锂离子，不涉及金属锂的充放电过程，从根本上解决了由于锂枝晶的产生而带来的电池循环性和安全性问题。

锂离子电池是目前电动汽车上最常用的电池种类之一，虽然其从 1970 年诞生至今时间并不算长，但凭借能量密度高、循环使用寿命长等特点迅速占据了电动汽车动力电池绝大部分市场。磷酸铁锂、三元锂、钴酸锂、锰酸锂、聚合物等都属于锂电池类的产品，而如今在售的电动汽车锂电池主要有磷酸铁锂电池及三元锂电池两种。在同体积、质量情况下，锂电池的蓄电能力是镍氢电池的 1.6 倍，是镍镉电池的 4 倍，并且目前的技术只利用了其理论电量的 20%~30%，开发前景非常光明。同时，锂离子电池是一种真正的绿色环保电池，不会对环境造成污染，是目前最适用于电动汽车的电池。我国从 20 世纪 90 年代开始研发锂离子电池，至今已取得突破性进展，研制出了完全拥有自主知识产权的锂离子电池。电动汽车主流锂动力电池及其特点见表 5-4。

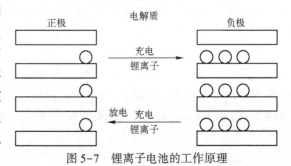

图 5-7　锂离子电池的工作原理

表 5-4　电动汽车主流锂动力电池及其特点

电池材料	电池供应商	制　造　商	电 动 车 型	性能描述
NCM （镍钴锰）	Litcel、Kokan、NEC Lamilion	日产	Cube	性能好
NCA （镍钴铝）	Johnson Controls-saft GALA、Matsuslaita、Lishen Panasonic	丰田、梅赛德斯、迈尔斯、特斯拉	Prius、 S400　 Blue、XS500、Model S	安全且成本低
LFP （磷酸铁锂）	BYD、A123、Systems、GAIA、Valence、LI Teach	比亚迪、克莱斯勒、通用、雪佛兰、北汽	F3DM、　 200C、Volt EV150	能量密度低
LMO （锰酸锂） 石墨负极	GS Yuasa、Litcel、NEC Lamilion、Compact Power（LG）、Sanyo	三菱、日产、雪佛兰、本田、福特、雷诺	MiEV Leaf Volt、Civic Foens、Zoe/Fluence	功率和能量密度高
LMO （锰酸锂） 金属负极	EnerDel、Ltair Nano	现代、土星	Elantra、Vue	成本高

4. 第四代动力电池——燃料电池

燃料电池（Fuel Cell）是一种将存在于燃料与氧化剂中的化学能直接转化为电能的发电装置，燃料和空气分别被送进燃料电池就能产生电能。它从外表上看有正负极和电解质等，像一个蓄电池，但其原理和结构与普通电池完全不同。燃料电池不能"储电"而是一个"发电厂"，它的活性物质存储在电池外，只要不断地供给燃料和氧化物就一直能发电，因而容量是无限的。由于它是把燃料通过化学反应释出的能量变为电能输出，所以被称为燃料电池。

燃料电池是一个复杂的系统，由燃料和氧化剂供给系统、水管理系统、热管理系统以及控制系统等几个系统组成。燃料电池含有阴阳两个电极，分别充满电解液，而两个电极间则由具有渗透性的薄膜所构成。氢气由阳极进入供给燃料，氧气（或空气）由阴极进入电池，如图 5-8 所示。

燃料电池的阴阳极反应式如下。

阳极：$H_2 \rightarrow 2H^+ + 2e^-$

阴极：$2H^+ + 2e^- + \dfrac{1}{2}O_2 \rightarrow H_2O$

电池总反应：$2H_2 + O_2 \rightarrow 2H_2O$

电池经由催化剂的作用，阳极的氢原子分解成氢质子与电子，其中氢质子进入电解液中，被氧"吸引"到薄膜的另一边，电子经由外电路形成电流后，到达阴极。在阴极催化剂的作用下，氢质

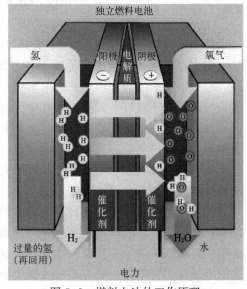

图 5-8　燃料电池的工作原理

子、氧及电子发生反应形成水分子，这正是水电解反应的逆过程，因此水是燃料电池唯一的排放物。利用这个原理，只要保持氢气和氧气的供给，燃料电池便可源源不断地向外部输电。

燃料电池因其能量转换效率高、无污染、寿命长、运行平稳等特点被业界公认为未来汽车的最佳能源。就当今市场而言，燃料电池电动汽车离我们并不遥远，世界首款量产燃料电池电动汽车丰田 FCV 已经在日本正式销售。该车配备了两个 70 MPa 的高压燃料堆，输出功率为 122 ps⊖（约 90 kW），续驶里程可达 700 km。除此之外，其添加燃料仅需 3 min，相比

⊖　1 ps＝0.735 kW。

传统电动汽车的充电时间要快很多。

5.5.2 物理类动力电池

物理类动力电池是依靠物理变化来提供、储存电能的电池。在以化学电池为主流的电动汽车行业中，物理电池以其清洁、节能、环保的物理特性在动力电池领域占据着一席之地。随着技术的不断发展及价格的进一步降低，物理电池的应用前景将十分广阔。常见的物理类动力电池有太阳电池、超级电容以及飞轮电池等。

1. 太阳电池

太阳能是一种储量极其丰富的洁净能源，太阳每年向地面输送相当于 4 亿 t 煤的能量，相当于世界年耗能量的 1.5 万倍。太阳电池又称为"光电池"，是一种利用太阳光和材料相互作用直接发电的光电半导体薄片。由于可持续利用太阳能资源，太阳电池是解决世界范围内的能源危机和环境问题的一条重要途径。

太阳电池基于半导体的光生伏特效应，将太阳辐射能直接转换为电能。对于不同材料的太阳电池来说，尽管其光谱响应的范围各有不同，但光电转换的原理是一致的。如图 5-9 所示，如果将 P 型或 N 型半导体单独放在阳光下照射，光的能量通过电子从化学键中被释放，由此产生电子-空穴对，但在很短的时间内，电子又会被捕获，即电子和空穴会"复合"。但是，如果将 P 型和 N 型材料相接，在晶体界面处就会形成 PN 结。此时，界面层 N 型材料中的自由电子和 P 型材料中的空穴由于正负电荷互相吸引，N 型材料中的电子会扩散到 P 型材料中，使得 N 型区形成一个正的空间电荷区；而 P 型材料中的空穴会扩散到 N 型材料中，使得 P 型区形成一个负的空间电荷区。这样，在界面处就形成了一个由 N 型区指向 P 型区的内建电场。PN 结内由光照产生的电子-空穴对在内建电场作用下，N 区的空穴向 P 区运动造成 P 区大量正电荷的积累，而 P 区的电子向 N 区运动造成 N 区大量负电荷积累。如在电池两端引出金属电极，并用导线连接负载，只要光照不断，负载上就一直有电流通过。

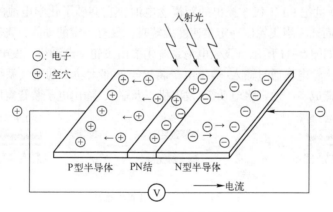

图 5-9　太阳电池的光电转换原理

随着政策引导及人们环保意识的加强，太阳能汽车的发展已成为一种社会共识，从最初的太阳能赛车和电瓶车，再到现在普通汽车上大批量安装使用的太阳能空调、天窗以及辅助蓄电池等，太阳电池在汽车上的应用已越来越广泛。典型的太阳电池车有福特公司生产的 C-Max Solar Energi，它安装了 SunPower 公司 1.5 m² 的 X21 太阳电池组，容量为 300~350 W，每年可降低 4t 的温室气体排放量。同时，它还拥有太阳能集中装置和太阳跟踪技术，其原理近似于放大镜，整个系统由东向西追踪太阳轨迹，从而能获取尽可能多的太阳能，晴好天气所获得的能量几乎等同于 4 h 的插电式充电量（8 kW），可让该车在混合动力情况下行驶620 英里（约 998 km），而纯电驱动则为 21 英里（约 34 km）。

2. 超级电容

超级电容是一种介于蓄电池和传统电容器之间的新型储能装置，具有超级储电能力，可提供强大的脉冲功率，又称为双电层电容器、黄金电容、法拉第电容等。超级电容的工作原理如图 5-10 所示，其主要是利用电极/电解质界面电荷分离所形成的双电层，或借助电极表面快速的氧化还原反应所产生的法拉第准电容来实现电荷和能量的储存，期间不发生化学反应，因此被归为物理电池的范畴。

与之前所介绍的化学电池相比，超级电容有三大明显优势。首先，其反复充放电次数可达数十万次（传统化学电池只有几百至几千次），寿命上要比化学电池高出很多；其次，超级电容在充放电时的功率密度极高，瞬间可放出大量电能，可满足电动汽车更加宽泛的电力需求；第三，其工作

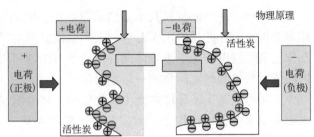

图 5-10　超级电容工作原理

环境适应能力更佳，在室外-40~65℃温度范围内都能稳定工作。

随着社会经济的发展，人们对于绿色能源和生态环境越来越关注，超级电容器作为一种新型储能器件，越来越受到人们的重视。目前，其已被广泛应用到电动汽车上，用作起动、制动、爬坡时的辅助动力。超级电容器由于充电快、耐充电、能量转换效率高，同时存在高自放电率的特性，更适合混合动力电动汽车。如果电动汽车采用更大容量的超级电容器来实现对制动能量的回收，其节能效果将非常可观。

3. 飞轮电池

飞轮电池是 20 世纪 90 年代才提出的新概念电池，它突破了化学电池的局限，用物理方法实现储能。众所周知，当飞轮以一定角速度旋转时，具有一定的动能，飞轮电池正是以其动能转换成电能的。如图 5-11 所示，飞轮电池系统主要由飞轮、电动机、发电机和输入/输出电子装置共同组成。飞轮电池通过输入/输出电子装置与外部大功率的电气系统相连，为了降低电池系统质量和制造成本，通常将电动机/发电机以及输入/输出电子装置集成在一起。

图 5-11　飞轮电池组成示意图

充电时，在外电源的驱动下，电动机带动飞轮高速旋转，即用电给飞轮电池"充电"来增加飞轮转速，从而增大其储能。放电时，电机则以发电机状态运转，在飞轮的带动下对外输出电能，飞轮转速逐渐下降，完成机械能（动能）到电能的转换。飞轮电池系统的能量转换是单线程的，不能同时输入或输出能量。

飞轮储能的关键在于降低机械能的损失，这部分能量的损失主要由空气摩擦阻力和旋转摩擦阻力两部分组成。根据降低空气摩擦阻力方式的不同，可以将飞轮电池分为低速飞轮电池和高速飞轮电池。其中低速飞轮电池通过增加飞轮质量来降低空气摩擦所带来的影响，而

高速飞轮电池则通过降低飞轮工作环境的空气压力来降低空气摩擦阻力。受益于新型高强度复合材料的使用，高速飞轮电池具有质量小、体积小和转速高的特点，适合车载使用。其理想的工作环境为真空环境，由于技术限制，通常只是将空气摩擦阻力降低至可以接受的程度。为了减小高速旋转时所产生的旋转摩擦阻力，飞轮电池系统通常使用非接触式的磁浮轴承，其转速极高，可达 200000 r/min。

作为一种新兴的储能方式，飞轮电池充电快，放电完全，质量小，能独立而稳定地输出能量，具有传统化学电池无法比拟的优势，非常适合应用于混合能量驱动的车辆中。车辆在正常行驶和制动时给飞轮电池充电，飞轮电池则在加速或爬坡时给车辆提供动力，保证车辆在平稳、性能最优的状态下运行，可减少燃料消耗、空气和噪声污染。一般的飞轮电池比能量可达 150 W·h/kg，比功率达 5000~10000 W/kg，使用寿命长达 25 年，按目前电动汽车能效比计算，可供电动汽车行驶 500 万 km。美国 TEXAS 大学已研制出汽车用飞轮电池，电池在车辆需要时可提供 150 kW 的能量，能使满载车辆加速到 100 km/h。美国飞轮系统公司也已用最新研制的飞轮电池成功地把一辆克莱斯勒 LHS 轿车改成电动轿车，一次充电可行驶 600 km，加速时间由 0~96 km/h 仅为 6.5 s。

目前，由于技术和材料价格的限制，飞轮电池的价格仍相对较高。可以预见，随着技术和材料学的进步，飞轮电池将逐渐向小型化、低廉化的方向发展，在未来电动汽车行业中将发挥重要的作用。

5.6 电动汽车动力电池存在的问题

随着技术的发展，动力电池技术已经取得了长足的进步，但就目前现状来看，其依旧是制约电动汽车商业化运行的关键瓶颈因素。电动汽车想要更加广泛地推广应用，其最主要的困难在于高性能动力电池技术未能得到有效解决，现有电池产品难以满足汽车对寿命、动力性能等的要求。目前，动力电池产品普遍面临以下问题。

1）电池安全性不足。目前中小容量动力电池的产业已经非常成功，但是大容量、高功率动力电池的安全性问题没有得到有效解决。电池容量越大，其一旦失控所造成的危害就越大。

2）电池容量有限。在电池容量上，目前车用电池的容量有限，一直未能实现突破。

3）续驶里程短。目前，市场上使用的电动汽车一次充电后的续驶里程一般为 100~300 km，并且还需要保持适当的行驶速度及良好的电池调节系统，而绝大多数电动汽车一般行驶环境下续驶里程只有 50~100 km。

4）电池循环寿命短。普通蓄电池充放电次数仅为 300~400 次，即使是性能良好的蓄电池，充放电次数也不过 700~900 次，按照每年充放电 200 次计算，一个蓄电池的寿命最多为 4 年，与燃油汽车的寿命相比太短。

5）电池质量和尺寸制约。现有电动汽车电池的体积一般要达到 550 L，把这么大体积的电池用于家庭轿车上时，就必然要挤占轿车的行李厢空间。现有电动汽车所使用的电池都不能在存储足够能量的前提下保持合理的尺寸和质量。

6）电池价格昂贵。电动汽车蓄电池的价格约为 100 美元/(kW·h)，有的甚至高达 350 美元/(kW·h)，相比燃油汽车，电动汽车的电池成本太高，用户难以承受。

7）环境污染严重。目前使用的动力电池主要为铅酸蓄电池、镍氢电池、镍镉电池，电池原料从开采到生产再到废弃后的处理，都会对环境造成污染。

5.7　电动汽车动力电池的测试与管理

随着电动汽车的推广应用，整车及电机驱动技术逐渐成熟，可靠性也在逐步提高，但动力电池在电动汽车上的成组应用却出现了各种问题。首先，环境因素会影响动力电池组的实际容量、能量、功率、自放电、储存时间、漏电等性能参数；其次，电池组单体之间的容量、电压、内阻等不一致因素也会影响电池组的实际容量、功率、充放电效率和寿命等性能。受这些因素的影响，动力电池组比能量、比功率等参数往往达不到单体原有水平，其使用寿命较单体电池缩短数倍甚至十几倍，导致系统的使用和维护成本增加，已成为制约电动汽车产业化发展和应用的瓶颈问题之一。因此，在现有阶段的实际使用中，必须要对电动汽车的动力电池定期进行测试与维护。

5.7.1　动力电池的测试

不同类型的动力电池，性能指标及检测方法不尽相同，有的性能参数可使用通用的检测设备测量，有的则需要专用的设备才能检测。下面以蓄电池为例，对动力电池的一般性测量方法进行说明。

1. 动力电池充电性能测试

蓄电池充电性能测试的内容主要包括检测蓄电池的充电可接受电流、充电效率、耐过充电能力等。要求用作蓄电池充电性能试验的充电电源的充电电压和充电电流可调，且可自动记录充电过程的电压、电流及充电时间，以便于获取所需要的蓄电池充电性能参数。

（1）充电可接受电流

蓄电池在各种荷电状态下的充电可接受电流是确定蓄电池快速充电方案的重要参数，但是，要获取准确的蓄电池充电可接受电流参数却比较困难。对铅酸蓄电池而言，可以根据定流充电至电解液开始冒气泡的时间大致确定可接受电流值。定流充电至电解液开始冒气泡的时间越短，则该充电电流值就越接近充电可接受电流；如果蓄电池需要充电很长时间电解液才有冒气泡现象，则该充电电流小于可接受电流；如果蓄电池在极短的充电时间内电解液就大量冒气泡，则表明该充电电流已超出了充电可接受电流。

若蓄电池在各种荷电状态下的充电可接受电流大，则表明蓄电池接受快速充电的能力就强，蓄电池在使用过程中也不容易过充电。

（2）最高充电电压

蓄电池在各种充电电流下的最高充电电压也是衡量蓄电池充电性能好坏的重要参数，通常可由电压表直接测得。若充电电压高，则说明蓄电池充电过程中极化现象（欧姆极化、浓差极化和电化学极化等）较为严重，蓄电池的充电效率就低。

（3）充电效率

充电效率是指蓄电池被充入的电量（还原为蓄电池的化学能量）与充电过程中充电电源所消耗电能的比值。充电效率也是衡量蓄电池充电性能的一个重要指标。充入蓄电池的电量通常用蓄电池所放出的电量来度量，而充电消耗的总电量可通过充电过程中充电电流和时间的累积得到。

充电电流的大小、充电方法、充电时的环境温度等均会影响蓄电池的充电效率。蓄电池本身充电可接受电流的大小也会影响充电效率。一般而言，蓄电池充电初期的充电效率较高，充电后期因充电极化现象较为严重，充电效率较低。

（4）耐过充电能力

蓄电池的耐过充电能力是指蓄电池在非正常充电情况下，仍然保持良好状态的能力，是蓄电池充电性能的重要指标之一。不同类型的蓄电池，耐过充电能力的评价标准和测试方法也有所不同。例如，对于镍氢电池，通常要求在 1C 充电率下充电 90min 无泄漏，充电 6 h 以内不发生爆炸。

2. 动力电池放电性能测试

蓄电池的放电性能会因放电方式的不同而有所差异。例如，放电电流越大，蓄电池放电过程中的端电压及终止放电电压就越低，蓄电池所能放出的电量也就越低。此外，环境的温度对蓄电池的放电性能也会有影响。蓄电池的放电性能通常用定电流放电法测试。

（1）定电流放电测试方法

定电流放电测试需要有一个能人工调节放电电流，且在放电过程中能自动控制放电电流的放电器。在放电过程中，需要自动或人工记录蓄电池的放电电流、端电压及放电时间。对于不同的放电电流，蓄电池的放电特性会有所差别，温度对蓄电池的放电特性也有较大的影响，因此在做放电试验时，需要记录放电电流值和温度。蓄电池定电流放电性能测试电路如图 5-12 所示。

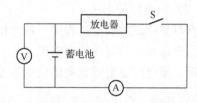

图 5-12　蓄电池定电流放电性能测试电路

（2）蓄电池放电性能的评价方法

放电特性曲线反映了蓄电池整个放电过程的电压变化。蓄电池的工作电压通常以中点电压表示，而蓄电池的中点电压可由蓄电池允许放电的中点时刻的放电电压确定。蓄电池的放电特性还可用电压特性反映。所谓电压特性是指蓄电池放电至标称电压的时间与蓄电池总放电时间的比值。如果蓄电池具有良好的电压特性，则说明其输出功率较高；如果正常工作电压的时间相对较长，则有利于蓄电池容量的充分发挥。

图 5-13 为某蓄电池定电流放电测试时的定电流放电特性曲线。从中可知，蓄电池的放电电流越大，其端电压及放电终止电压就相对越低；温度越低，蓄电池的端电压及容量均相对较低。

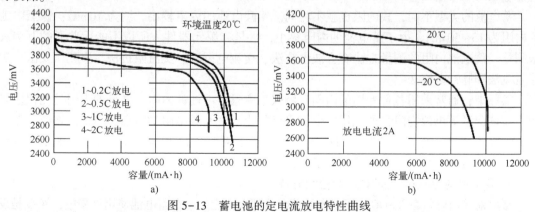

图 5-13　蓄电池的定电流放电特性曲线

a）不同电流下的放电特性曲线　b）不同温度下的放电特性曲线

3. 动力电池容量测定

蓄电池的理论容量是指其极板活性物质全部参加电化学反应所放出的电量，但蓄电池工作时极板活性物质并不能完全参与化学反应，实际放出的电量只是其中的一部分。蓄电池的实际容量与放电电流的大小和放电时的温度均有关。因此，蓄电池所标定的额定容量是在规定的放电电流和温度下所放出的电量。蓄电池的实际容量通常用定电流放电法测定，也可用定电阻法测定。

（1）定电流放电法

用定电流放电法测定蓄电池容量的方法与蓄电池的定电流放电性能测试方法类似，其测试电路可参考图 5-12。以某恒定电流连续放电，直到蓄电池的电压降至放电终止电压，蓄电池的容量 C 由放电电流 I 和放电时间 t 的乘积（$C = It$）得到。

蓄电池在不同的定电流放电情况下，所能放出的电量是不同的，因此，蓄电池的实际容量必须标明其放电电流值。例如，C_3 表示蓄电池以 3 h 放电率定电流（$I = C_3/3$）放电的容量，而以 20 h 放电率定电流（$I = C_{20}/20$）放电的容量则需用 C_{20} 表示。

此外，如果蓄电池在定电流放电过程中间有停顿，则最后测定的实际容量要比连续放电至终止电压测得的容量要高；搁置时间较长，测得的实际容量也要比搁置时间短的要高一些。

（2）定电阻放电法

在容量测试的放电过程中，放电电路中的电阻恒定不变，则放电电流不是一个定值。定电阻放电过程开始时的放电电流较大，然后随着蓄电池电动势的逐渐下降，放电电流随之缓慢下降。定电阻放电过程蓄电池的容量 C 可由下式确定：

$$C = \frac{U_{av}}{R} t \tag{5-1}$$

式中，U_{av} 为蓄电池在整个放电过程的平均电压（V）；R 为放电过程的定值电阻（Ω）；t 为蓄电池放电时间（h）。

相比于定电流放电法，用定电阻放电所测定的蓄电池实际容量只是一个近似值，但对于负载固定的蓄电池来说，定电阻放电法测定的容量值能更好地反映蓄电池在该放电条件下的放电能力。

4. 动力电池内阻测定

蓄电池的内阻包括电极在电化学反应时所表现的极化电阻和欧姆电阻。欧姆电阻主要由极板电阻、电解液电阻、隔膜电阻及各部分零件的接触电阻构成。蓄电池内阻的大小将会影响蓄电池的工作电压。

蓄电池的类型不同，其内阻也就不相同。铅酸电池的内阻较小，约为 10 mΩ；镍氢电池的内阻为 15 ~ 50 mΩ。由于蓄电池的内阻很小，且是有源元器件，所以不能用普通的万用表来测量。蓄电池内阻的测量方法有方波电流法、交流电桥法、交流阻抗法、直流伏安法、短路电流法和脉冲电流法等。

实际中，通常采用各种专用的内阻检测仪来测量蓄电池的内阻。常见的内阻检测仪多采用交流法测试蓄电池内阻，即利用蓄电池可等效为一个有源电阻的特点，将被测蓄电池施加一个恒定的交流电流（一般为 1 kHz，50 mA），然后对其进行电压采样，并经整流、滤波等处理后，获得较为精确的蓄电池内阻值。

5. 蓄电池荷电状态（SOC）的检测方法

蓄电池的荷电状态（SOC）用来表示蓄电池剩余的能量。在蓄电池使用过程中，SOC 是反映蓄电池状态的重要参数。由于 SOC 受充放电倍率、温度、自放电及极板活性物质老化等因素的影响，且与某些参数之间呈非线性关系，因而很难通过对单个或几个参数的测量而获得准确的 SOC 值。到目前为止，SOC 的检测方法已有很多，如放电试验法、安时计量法、开路电压法、负载电压法和内阻法等，但各种 SOC 检测方法只对蓄电池的某种充放电情况较为适用。

（1）放电试验法

放电试验法是通过定电流放电的方法来估计蓄电池的 SOC。具体方法是：将蓄电池进行定电流放电至终止电压，蓄电池释放出的电量即为蓄电池定电流放电前的 SOC。这种方法被认定是最为可靠的 SOC 估计法，但对于在电动汽车上使用中的蓄电池，这种 SOC 估计方法没有实际意义。这是因为：

1）使用中的蓄电池剩余电量显示和能量管理需要当前的 SOC，而放电试验法都是在蓄电池放完电后才能得到 SOC。

2）在不同的定电流放电电流下，所能放出的电量是不同的，因而用该方法测得的 SOC 只对某种定电流放电情况较准确，对于不同定电流放电或变电流放电的情况则误差较大。

3）放电试验法必须停止蓄电池的工作，且需要较长的时间才能获得结果。

因此，放电试验法通常只是在实验室需要验证蓄电池当前 SOC 时才采用。

（2）安时计量法

安时计量法是通过对蓄电池放电电量的累积，并按下式计算得到当前的 SOC 值，即

$$SOC = SOC_0 - \frac{1}{C_N} \int_0^T \eta I dt \tag{5-2}$$

式中，SOC_0 表示蓄电池充放电初始的荷电状态；C_N 为蓄电池的额定容量；I 为充放电电流；η 为蓄电池的充放电效率。

安时计量法比较简单，但在实际应用中存在以下问题。

1）安时计量法本身不能给出初始的 SOC 值，而使用中的蓄电池充放电起始状态是很难准确估计的。

2）在蓄电池工作过程中，如果电流测量不准确，将会造成充放电电量计量误差，并导致 SOC 计算误差，且经过长时间积累，误差会越来越大。

3）安时计量必须考虑蓄电池的充放电效率，而充放电效率与充放电电流的大小及蓄电池的技术状况等有关。

因此，安时计量法要成为既简便而又准确的 SOC 检测方法还有许多工作要做。

（3）开路电压法

蓄电池的开路电压与蓄电池的静止电动势在数值上相等。对于铅酸蓄电池来说，静止电动势与电解液的密度成比例关系，而电解液的密度与蓄电池的放电程度又呈现一种线性关系，因此，可以用蓄电池的开路电压来估计 SOC。镍氢电池和锂离子电池的开路电压与 SOC 之间的线性度不如铅酸蓄电池，但也可用来估计 SOC。

开路电压法在实际应用中的主要问题是蓄电池需要长时间静置。蓄电池从充放电状态中的动态电动势恢复到静止电动势需要几个小时，这给使用过程中的蓄电池 SOC 准确估计带来困难。此外，蓄电池最短需要静置多长时间才能恢复为静止电动势也很难确定。

开路电压法通常用于电动汽车驻车时的 SOC 估计，但其准确性还不太高。由于开路电压法在蓄电池充电的初期和末期对 SOC 的估计较为准确，实际中通常与安时计量法结合，用于电动汽车蓄电池的 SOC 测量。

（4）负载电压法

蓄电池在开始放电的瞬间，其端电压立刻从开路电压下降至负载电压。如果蓄电池的负载电流保持不变，负载电压与 SOC 也有一一对应的关系。因此，可根据负载电压得到 SOC

的估计值。

负载电压法可实时估计蓄电池的 SOC，且在定电流放电时可获得较为准确的 SOC 估计值，由于在电动汽车上蓄电池的负载电流不可能保持恒定不变，通过负载电压很难获得准确的 SOC 值，因而该方法在电动汽车上很少应用，但常被用作蓄电池放电终止的判断依据。

（5）内阻法

蓄电池的内阻可分为交流阻抗和直流内阻。交流阻抗和直流内阻均与 SOC 密切相关，可通过测量交流阻抗和直流内阻来估计 SOC。

蓄电池的交流阻抗表示蓄电池对交流电的阻碍能力。它是蓄电池电压与电流之间的传递函数，是一个复数变量，需要用交流阻抗仪来测量，且交流阻抗受温度的影响较大，实际中很少应用。蓄电池的直流电阻表示对直流电的阻碍能力，可以通过一个很短时间段内蓄电池电压变化与电流变化的比值求得直流电阻。在实际测量中，将蓄电池从开路状态到定电流充电或放电状态的电压差值除以电流值，即为蓄电池的直流内阻。蓄电池直流内阻的大小受计算时间长短的影响，若时间段短于 10 ms，则只能测到欧姆电阻；若时间较长，则内阻的变化又极为复杂。因此，要准确地测量蓄电池的内阻较为困难，这也是直流内阻法很少在实际中应用的主要原因。内阻法对蓄电池放电后期的 SOC 估计较为准确，在实际中可以与安时计量法配合使用，应用于电动汽车蓄电池的 SOC 测量。

5.7.2 动力电池的管理

电动汽车行驶过程中，动力电池必须工作在合理的电压、电流、温度范围内，所以需要对电动汽车上的动力电池进行有效的管理。如果管理不善，不仅可能会显著缩短动力电池的使用寿命，还可能引起火灾等严重安全事故。电动汽车上对电池实施管理的具体设备就是电池管理系统（Battery Management System，BMS）。

1. 电池管理系统的功能

BMS 是连接车载动力电池和电动汽车的重要纽带，其主要功能包括：电池物理参数实时监测，电池状态（SOC）估计，在线诊断与预警，充、放电与预充控制，均衡管理和热管理等，它对于电池组的安全、优化使用和整车能量管理策略的执行都是必要的。

BMS 的主要任务是保证电池系统的设计性能，以满足以下几点。

1）安全性：保护电池单体或电池组免受损坏，防止出现安全事故。

2）耐久性：使电池工作在可靠的安全区域内，延长电池的使用寿命。

3）动力性：使电池工作在满足车辆要求的状态下。

电动汽车 BMS 软硬件的基本框架如图 5-14 所示。

BMS 由各类传感器、执行器、控制器以及信号线等组成，为满足相关的标准或规范，BMS 应该具有以下功能。

1）电池参数监测。在 BMS 中，电池参数采集是对电池进行有效管理和控制的基础。鉴于电压、电流、温度的动态变化特征，采样频率通常应不低于 1 次/s。锂离子电池对安全性要求高，监测参数包括总电压、总电流、单体电池电压检测、温度检测、烟雾探测、绝缘检测、碰撞检测等。

2）电池状态估计。电池状态包括荷电状态（SOC）或放电深度（DOD）、健康状态（SOH）、峰值功率状态（SOP）、安全状态（SOS）等。其中，SOC 是电池最基础的状态，SOC 估计也是电池管理系统的重点和难点。

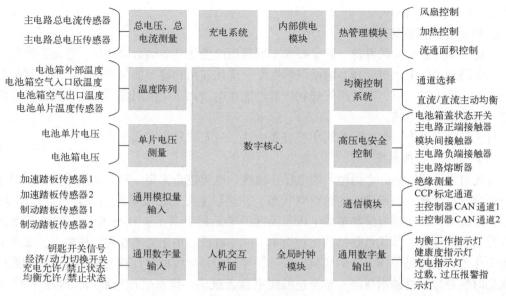

图 5-14　电动汽车 BMS 软硬件基本框架

3) 在线故障诊断。在线故障诊断包括故障检测、故障类型判断、故障定位、故障信息输出等。故障检测是指通过采集到的传感器信号，采用诊断算法诊断故障类型，并进行早期预警。电池故障是指电池组、高压电回路、热管理等各个子系统的传感器故障、执行器故障（如接触器、风扇、泵、加热器等），以及网络故障、各种控制器软硬件故障等。电池组本身故障是指过电压（过充电）、欠电压（过放电）、过电流、超高温、内短路故障、接头松动、电解液泄漏、绝缘能力降低等。

4) 电池安全控制与报警。电池安全控制包括热系统控制、高压电安全控制。BMS 诊断到故障后，通过网络通知整车控制器，并要求整车控制器进行有效处理（超过一定阈值时BMS 也可以切断主回路电源），以防止高温、低温、过充电、过放电、过电流、漏电等对电池和人身的损害。

5) 充电控制。BMS 中有一个充电管理模块，它能够根据电池的特性、温度高低以及充电机的功率等级，控制充电机给电池进行安全充电。

6) 电池均衡。不一致性的存在使得电池组的容量小于组中最小单体的容量。电池均衡是根据单体电池信息，采用主动或被动、耗散或非耗散等均衡方式，尽可能使电池组容量接近于最小单体的容量。

7) 热管理。电池在不同的温度下会有不同的工作性能，温度的变化会使电池的 SOC、开路电压、内阻和可用能量发生变化，甚至会影响到电池的使用寿命。温度的差异也是引起电池均衡问题的原因之一。热管理系统的主要任务是使电池工作在适当的温度范围内，降低各个电池模块之间的温度差异。

8) 网络通信。BMS 需要与整车控制器等网络节点通信，同时由于 BMS 在车辆上拆卸不方便，需要在不拆卸的情况下进行在线标定、监控、升级维护等。一般的车载网络均采用 CAN总线。

9) 信息存储。用于存储关键数据，如 SOC、SOH、SOP、累积充放电安时数、故障码和一致性等。

10) 电磁兼容。由于电动汽车工作环境恶劣，要求 BMS 具有好的抗电磁干扰能力，同时要求 BMS 对外辐射小。

2. 电池管理系统方案

电动汽车优越性能的发挥，除了要求车辆采用性能优良的动力电池外，还需要对动力电池进行合理管理。电池组管理对电池组的安全、优化使用和整车能量管理策略的执行都是必要的。从某种意义上讲，电池组管理制约着电池在电动汽车中成组使用，因此现代电动汽车上都装有电池管理系统。

目前，电动汽车电池管理系统主要有集中式、分布式和积木式 3 种结构。

（1）集中式管理系统

首先对电池组中每一个电池的端电压、温度、电流进行采集，然后利用微控制器对电池参数进行分析计算，以确定电池的荷电状态，并记录电池的历史数据以备分析。如图 5-15 所示，这种架构是将所有采集单体电压和温度的单元集中在一块 BMS 板上。BMS 与电池组之间只有线缆连接。其优点是结构比较简单，成本较低。由于采集在同一块板上，之间的通信也简化了。缺点是单体采样的线束比较长，导致采样导线的设计较为复杂，长线和短线在均衡的时候导致额外的电压降；整个包的线束数量很多，排布也比较麻烦，整块 BMS 所能支持的最高通道也是有限的。这种方式看似成本低，但是安装成本高，适用性也比较差。如果需要主动均衡，还需要额外的开关矩阵。同时集中式管理方案的可扩展性和可移植性差，不同的电池组结构、不同的电池数量都会带来管理系统的剧烈变化，这将严重影响它在各种电动汽车上的通用性。

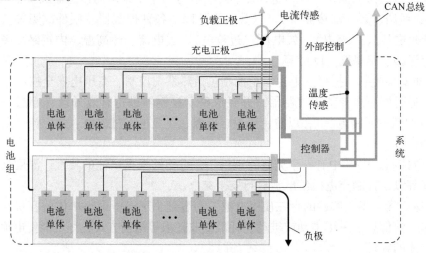

图 5-15　电池组集中式管理结构

（2）分布式管理系统

这种结构将电池模组的功能独立分离，整个系统分成了 CSC（单体管理单元）和 BMU（电池管理控制器）两部分，如图 5-16 所示。典型的应用如德系的 I3、I8、E-Golf 和日系的 IMI-EV、Outlander 以及 Model S。优点是可以将模组装配过程简化，采样线束固定起来相对容易，线束距离均匀，不存在电压降不一的问题。

比较而言，电池组分布式管理比集中管理更具优势。在这种结构中，电池单体检测模块与电池的综合管理器分离，电池综合管理器给每一个电池单体检测模块分配一个物理地址，这样就可以识别电池的工作位置，然后通过 RS-485 串行通信总线来交换数据。单体检测模块可以置于电池的工作环境中，实时采集数据，将数据通过 RS-485 总线传输到电池的综合

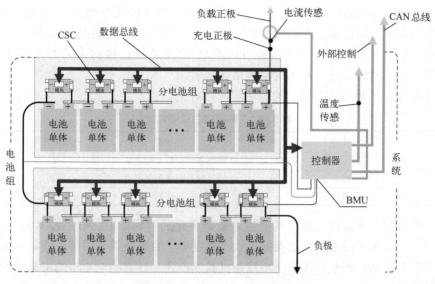

图 5-16　电池组分布式管理结构

管理器，由后者执行对电池内部参数的复杂计算，最后确定电池的荷电状态，从而反映出电池此时的状态信息，通过 CAN 总线与整车 CAN 网络进行数据通信。同时整个系统可分散布置，模块间利用总线互联，可保证对电池电压和电流的同步测量，且模块数量可以随电池数量而变化，而系统却不会受影响。

电池包体积越大，这种模式就越有优势。缺点是成本较高、设计复杂，需要额外的MCU、独立的数据总线来支持各个模块将信息发送给 BMU 进行整合。这种方案系统成本最高，但是移植起来比较方便，适用或大或小的电池包。和集中式架构一样，如果需要主动均衡，还需要额外的开关矩阵和线束。

（3）积木式管理系统

这种系统由模块（UM）、总线和控制器三部分构成。如图 5-17 所示，模块为 4 端口，安装在每个电池上，2 个输入端与电池正负极连接，2 个输出端与总线连接。总线是 2 线制，

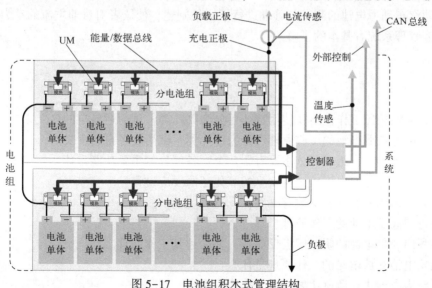

图 5-17　电池组积木式管理结构

每套总线最多可以连接 20 个模块。这样，所有的模块都并联在总线上，数据和均衡的能量都通过总线与每串电池传递，主动均衡电流可以达到 10A；总线与控制器连接，这样就形成了一个系统。像搭积木一样，多个系统可以通过 CAN 总线连接构建成更大规模（百串级别）的电池组能量管理系统，积木式架构由此得名。

下面通过表 5-5 对上述 3 种架构的功能进行对比。

表 5-5　3 种架构的功能对比

架构	线束	安装	被动均衡	主动均衡	适用电池串数	成本
集中式	多	复杂	小电流	需要额外的线束和电路	低	低
分布式	少	一般	较大电流	需要额外的线束和电路	高	高
积木式	最少	简单	无	有（10A）	通用	低

比较 3 种架构不难发现，集中式架构是最扁平化的管理结构，电池和 BMS 之间只有线束连接，但是也带来了线束复杂的问题，几十根甚至上百根线需要连接，而且线长不一，位置各异，不管对电池厂还是整车厂，不管是批量生产还是针对不同车型的少量生产，都需要付出较高的成本。

分布式架构和积木式架构都是二级管理结构，即在每串电池上都有一个 BMS 的"代理人"，负责本串电池信息采集和传递，这样就避开了复杂的线束问题。但是积木式架构比分布式架构更胜一筹，它能够把主动均衡功能同时装进总线中，也就是说，总线既可以传递能量，也可以传递数据，而总线只有 2 根。

5.8　本章小结

动力电池是目前制约电动汽车性能提升的重要因素之一，本章对电动汽车的动力电池技术进行介绍。首先，介绍了动力电池的概念及分类，使读者能够对动力电池有一个基本的认识；在此基础上，详细讲述了动力电池的结构与工作原理、基本参数及性能要求；继而，从化学类动力电池和物理类动力电池两方面出发，讲解了铅酸蓄电池、镍氢电池、锂离子电池、燃料电池、太阳电池、超级电容和飞轮电池等几种常用的动力电池的原理和特性；最后，对电动汽车动力电池的测试与管理进行了详细阐述，使读者对目前主流的动力电池检测方法和电池管理系统有基本的了解。

习题

1. 动力电池按照工作性质及使用特征可分为哪几类？试简述各自的含义。
2. 动力电池按照电池的反应原理可分为哪几类？试简述各自的含义。
3. 动力电池的基本组成部分主要有哪几个？各部分的主要功能是什么？
4. 简述动力电池两电极表面所发生的氧化还原反应过程。
5. 动力电池的主要性能参数有哪些？
6. 简述锂离子电池的工作原理。
7. 试写出燃料电池的阴、阳极反应式，并简述其工作原理。
8. 飞轮电池充放电时的工作原理是什么？
9. 对动力电池进行测试主要有哪几个测试项目？

第6章 电动汽车车载传感器技术

车载传感器作为汽车电子控制系统的信息来源，是汽车电子控制系统的重要组成部分，也是电动汽车的核心技术之一。汽车电子控制系统由电子控制单元（ECU）、传感器和执行器三大部分组成，其中传感器的种类最为丰富，一般一辆普通家用轿车上大约安装有近百只传感器，豪华轿车上的传感器可达两百余只，电动汽车上使用的传感器甚至更多。这些传感器涉及电动汽车上的每一个系统，是电动汽车电子控制系统的输入装置，它把电动汽车运行过程中的各种工况信息转换成电信号输入给电子控制单元，使各总成部件的运行处于最佳状态，从而使电动汽车的整体性能达到最优。本章首先对汽车车载传感器进行简要介绍；然后，详细阐述传感器的一般性概念和原理，包括传感器的基本概念、组成、分类、性能及要求等；在此基础上，对速度传感器、转向传感器、电压-电流传感器、温度传感器、力矩传感器等几种电动汽车常用传感器进行详细介绍和分析。

6.1 车载传感器简介

车载传感器是汽车电子控制系统的输入装置，它把汽车运行过程中的各种工况信息（如动力总成运行参数、底盘部件运转参数、车身和舒适系统运行参数等）转化成电信号输送给电子控制单元，电子控制单元据此做出相应的决策与动作，使汽车处于最佳运行状态。汽车传感器作为汽车电子控制系统的信息源，是汽车电子控制系统的重要部件。

车载传感器的历史可以追溯到第一辆汽车的产生，但直至20世纪60年代，汽车上仍仅有机油压力传感器、油量传感器和水温传感器等少数几种传感器。随着电子技术的发展以及对汽车行驶性能要求的提升，目前各种类型的传感器几乎都已在汽车上得到应用（见图6-1），有用来测定各种流体温度和压力（如进气温度、气道压力、冷却水温和燃油喷射压力等）的传感器；有用来确定各部分速度和位置（如确定车速、节气门开度、凸轮轴、曲轴、变速器的角度和速度、排气再循环阀EGR的位置等）的传感器；有用于测量发动机负荷、爆震、断火及废气中含氧量的传感器；还有用于在防抱死制动系统和悬架控制装置中测定车轮转速、路面高差和轮胎气压的传感器等。

与传统燃油汽车相比，电动汽车的结构有了明显的变化，传统汽车的燃油动力系统被电力驱动系统所替代，能量源由动力电池提供。随着电动汽车结构的变化，其内部所用的传感器也有显著的不同，传感器类型也相应地发生了变化。车内大部分传统的机械刚性信号被柔性的电信号所取代，增加了电源系统中的电压及电流传感器。为了更好地控制电机的输出电压及电流，传感器的检测精度也比以往有所提高。电动汽车还保留了传统燃油汽车辅助子系统中所用的电子控制单元（Electronic Control Unit，ECU），但对安全管理系统和车身舒适系统传感器提出了更高要求，体现了汽车传感器的最先进技术。未来，电动汽车车载传感器将向着微型化、多功能化、集成化和智能化的方向发展。

1）微型化是指利用微电子机械加工技术将微米级的敏感元器件、信号处理器、数据处

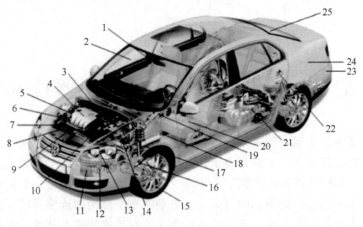

图 6-1 传感器在汽车上的应用

1—图像传感器 2—雨水/光强传感器 3—节气门位置传感器 4—曲轴位置传感器 5—凸轮轴位置传感器
6—爆震传感器 7—车外温度传感器 8—冷却液温度传感器 9—机油压力传感器 10—空气流量和进气温度传感器
11—碰撞传感器 12—变速器油温传感器 13—红外系统 14—制动液位传感器 15—轮胎压力传感器
16—车轮转速传感器 17—加速踏板位置传感器 18—氧传感器 19—方向盘转角传感器 20—座椅重量传感器
21—排气温度传感器 22—电磁减震器传感器 23—超声波倒车雷达传感器 24—燃油油箱液位传感器 25—后窗除霜传感器

理装置封装在同一芯片上，具有体积小、价格便宜、可靠性高等特点，并且可以明显提高系统测试精度。

2）多功能化是指一个传感器能检测两个或两个以上的特征参数或者化学参数，从而减少电动汽车车载传感器的数量，提高系统的可靠性。

3）集成化是直接利用半导体特性制成单片集成电路传感器，或是将分立的小型传感器制作在硅片上，如集成温度、湿度、压力传感器以及霍尔电路等。多功能化、集成化使传感器的信号处理更为方便，大大提高了传感器的使用性能，并且能节约空间、降低成本。

4）智能化是指传感器与大规模集成电路的结合，使传感器的功能更为强大。随着汽车舒适性与智能性的不断升级，带有专用微型计算机的智能传感器目前已开始在电动汽车上应用。

随着汽车技术升级换代，国内外企业都将车载传感器技术列为重点发展方向。微型化、智能化、非接触测量和 MEMS 传感技术，将逐步取代传统的机械式、应变片式、滑动电位器等传感技术，汽车传感器在安全、节能、环保以及智能化方面将取得重大突破。

6.2 传感器技术基础

6.2.1 传感器的组成与分类

传感器（Sensor）是与人的感觉器官相对应的元器件。GB/T 7665-2005 对传感器的定义如下：能感受被测量并按照一定的规律转换成可用输出信号的器件或装置，通常由敏感元件和转换元件组成。这里的"被测量"应包括电量或非电量，但是一般多指非电量，主要包括物理量、化学量和生物量等。"可用输出信号"是指便于处理、传输的信号，就目前的科技发展水平而言，这种便于处理、传输的"可用信号"，就是电信号。由于传感器起到的是一个"转换"作用，因此传感器也称为变换器、换能器或探测器。

传感器一般是利用物理、化学和生物等学科的某些效应或机理按照一定的工艺和结构研制出来的，其组成细节有较大差异。但总的来说，传感器应由敏感元件、传感元件、信号调节与转换电路和其他辅助电路组成。如图 6-2 所示，敏感元件是指传感器中能直接感受或响应被测量（输入量）的部分；传感元件是指传感器中能将敏感元件感受的或响应的被探测量转换成适于传输和（或）测量的电信号的部分；信号调节与转换电路用于把传感元件输出的电信号转换为便于显示、记录、处理和控制的有用电信号；辅助电路指电源等辅助部分。

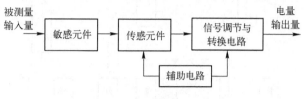

图 6-2　传感器组成框图

传感器的种类很多，同一原理的传感器，可以同时测量多种被测量，而一种被测量又可以用几种不同的传感器来进行测量。因此，传感器的分类方法很多，如按输入物理量的性质分类、按工作原理分类、按构成原理分类等。常见的分类方法如图 6-3 所示。

6.2.2　传感器的特性与指标

传感器测量的信号可能是恒定量或缓慢变化的量，也可能是随时间变化较快的量，无论哪种情况，使用传感器的目的都是使其输出信号能够准确地反映被测量的数值或变化情况。对传感器的输出量与输入量之间对应关系的描述称为传感器的特性，表示传感器输入-输出关系的曲线称为传感器的特性曲线。输入量恒定或缓慢变化时的传感器特性称为静态特性，而输入量变化较快时的传感器特性称为动态特性。传感器的静态和动态特性可以有效地指导传感器的设计、制造、校准、选择及使用。

1. 传感器的静态特性与指标

传感器的静态特性主要由滞后、线性度、重复性、灵敏度、分辨力、稳定性、漂移、阈值和静态误差等指标来描述。其中，滞后、线性度和重复性是 3 个较为重要的指标，传感器的静态误差就可以由这 3 个指标综合给出。

（1）滞后

滞后表示传感器在正反行程期间输入-输出曲线不重合的程度。这里，传感器的正向行程是指输入量增大的行程，而反向行程是指输入量减小的行程。

如图 6-4 所示，对于同一大小的输入信号 x，在 x 连续增大的正向行程中，对应于某一输出量为 y_i，而在 x 连续减小的反向行程中，对应于另一输出量为 y_d，且 $|y_i-y_d| \neq 0$，这就是传感器的滞后现象。

传感器的滞后现象可用公式表示为

$$e_H = \frac{\Delta H_{max}}{y_{F \cdot s}} \times 100\% \tag{6-1}$$

式中，ΔH_{max} 为正反行程输出的最大差值；$y_{F \cdot s}$ 为满量程的输出值。

（2）线性度

传感器的线性度又称非线性误差，表示传感器实际的输入-输出曲线（校准曲线）与拟合直线之间的吻合（或偏离）程度。这里的实际输入-输出曲线，又称为传感器的校准曲线，它

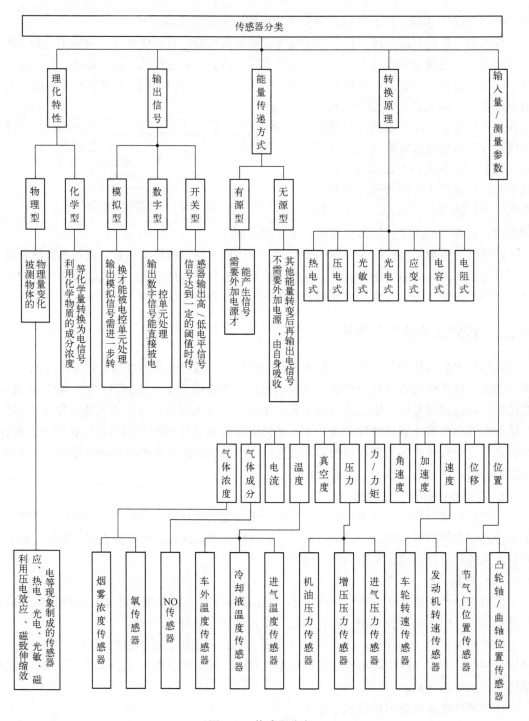

图 6-3 传感器分类

是通过实际测量、标定得到的。如图 6-5 所示，当一个输入量作用于传感器时，得到一个相应的输出量，从而可在平面坐标上确定一个点，将一系列这样的测量标定点连接在一起，就得到了传感器的实际输入-输出曲线，又称校准曲线。定义中的"拟合直线"是所选定的工作曲线，一般选取与校准曲线误差最小的直线作为拟合直线。

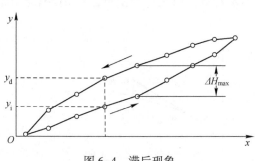

图 6-4 滞后现象

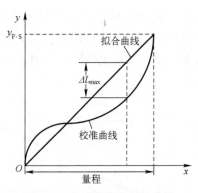

图 6-5 传感器线性度的表示

线性度通常用相对误差来表示：

$$e_L = \pm \frac{\Delta L_{max}}{y_{F \cdot S}} \tag{6-2}$$

式中，ΔL_{max} 为输出量与输入量的实际曲线（校准曲线）与拟合直线之间的最大偏差；$y_{F \cdot S}$ 为满量程输出值。

显然，选定的拟合直线不同，得到的传感器的线性度就不同。因此，拟合直线的选定非常重要，选定拟合直线的过程，就是传感器线性化的过程。拟合直线选定的原则是：保证尽量小的非线性误差，同时使计算与使用方便。选定拟合直线的方法主要有理论直线法、端点线法、最佳直线法、最小二乘法以及计算程序法、硬件处理法等。

（3）重复性

重复性表示传感器在同一工作条件下，输入量按同一方向进行全量程连续多次测量时所得特性曲线间的一致程度。如图 6-6 所示，各条曲线越靠近，重复性越好，误差也就越小。重复性误差反映的是校准数据的离散程度，属随机误差。因此，重复性误差应根据标准偏差计算，即

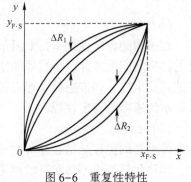

图 6-6 重复性特性

$$e_R = \pm \frac{a\sigma_{max}}{y_{F \cdot S}} \times 100\% \tag{6-3}$$

式中，σ_{max} 为各校准点正、反行程输出值的标准偏差的最大值；a 为置信系数，通常取 2 或 3。$a=2$ 时，置信概率为 95.4%；$a=3$ 时，置信概率为 99.73%。

如果误差服从高斯分布，标准偏差 σ 可按贝塞尔公式计算：

$$\sigma = \sqrt{\frac{\sum_{i=1}^{n} (y_i - \bar{y})^2}{n - 1}} \tag{6-4}$$

式中，y_i 为某校准点的输出值；$\bar{y} = \frac{1}{n} \sum_{i=1}^{n} y_i$ 为各次测量值的平均值；n 为测量次数。

（4）灵敏度

传感器的灵敏度是其输出量增量 Δy 与输入量增量 Δx 的比值，常用 K 表示：

$$K = \Delta y / \Delta x \tag{6-5}$$

对于线性传感器，灵敏度就是其拟合直线的斜率 $K=(y-y_0)/x_1$，是一个常数，如图 6-7a 所示；对于非线性传感器，其灵敏度不是常数，而是一个变量，用 $\mathrm{d}y/\mathrm{d}x$ 表示传感器在某一工作点的灵敏度，如图 6-7b 所示。

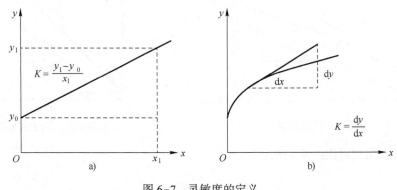

图 6-7　灵敏度的定义
a）线性传感器　b）非线性传感器

（5）分辨力（率）

分辨力是指传感器在规定测量范围内所能检测出的被测输入量的最小变化量。

用全量程中能引起输出变化的各点最小输入量中的最大值 $\Delta x_{\max}$ 相对满量程输出值的百分数来表示系统的分辨力，即

$$k=\frac{\Delta x_{\max}}{y_{\mathrm{F\cdot S}}} \tag{6-6}$$

（6）稳定性

传感器的稳定性是指在室温条件下，经过规定的时间间隔后，传感器的输出与起始标定时的输出之间的差异。传感器的稳定性有短期稳定性和长期稳定性之分。常用长期稳定性来描述其稳定性，即传感器在相当长的时间内仍保持其性能的能力。有时，也用标定的有效期来表示传感器的稳定性程度。

（7）漂移

传感器的漂移是指在外界的干扰下，传感器输出量发生与输入量无关的、不需要的变化。漂移包括零点漂移和灵敏度漂移。零点漂移和灵敏度漂移又可分为时间漂移（时漂）和温度漂移（温漂）。时漂是指在规定条件下，零点或灵敏度随时间的缓慢变化；温漂是指由于温度变化而引起的零点或灵敏度漂移。

（8）阈值

阈值是指传感器产生可测输出变化量时的最小被测输入量值。

（9）静态误差（精度）

静态误差是评价传感器静态性能的综合性指标，即传感器在满量程内任意的输出值相对于其理论值可能偏离（逼近）的程度。

2. 传感器的动态特性与指标

当被测输入量是一个随时间变化的动态量时，传感器的输出与输入信号的关系，称为传感器的动态特性。它描述的是被测输入量为动态量时，传感器的输出动态响应特性，有的传感器尽管其静态特性非常好，但由于其不能很好地反映输入量快速变化的情况，输出的动态响应特性差，导致严重的动态误差。因此，评价一个传感器的优劣，必须从其静态和动态两

方面的特性来衡量。

一般由实验给出传感器的动态特性指标，通过这些动态特性指标来反映传感器的动态响应特性。具体研究时，通常从时域和频域两方面采用瞬态响应特性和频率响应特性来衡量。

（1）瞬态响应特性

在时域内研究传感器的动态特性时，传感器对所加激励信号的响应称为瞬态响应。在实际测试中，输入信号总是千变万化的，在这种输入量未知的情况下，如何分析并给出传感器的动态特性指标呢？工程上常用的解决办法是，选定几种最典型、最简单的输入函数（标准信号），将其代入传感器的典型环节中来研究传感器的响应特性。

常用的标准输入信号有阶跃函数、脉冲函数、斜坡函数、正弦函数和指数函数等。一般认为，阶跃输入对传感器而言是最严苛的工作状态，如在阶跃函数的作用下，传感器能满足动态性能指标，则在其他函数作用下，其动态性能指标也必定会令人满意。因此，研究传感器时域动态特性时最常用的输入信号函数就是阶跃信号，传感器对其的输出特性称为时域瞬态响应，因此也常称为阶跃响应特性。

$$x(t) = \begin{cases} 0 & (t \leq 0) \\ 1 & (t > 0) \end{cases} \tag{6-7}$$

对于简单的一阶传感器系统来说，其阶跃响应曲线近似为图6-8所示。

图6-8中，y_c 为传感器系统在阶跃信号作用下，最后达到的稳态值。定义传感器输出值上升到稳态值 y_c 的63.2%时所需的时间为时间常数 τ。对于一阶传感器系统，常用时间常数 τ 作为其响应特性指标。

（2）频率响应特性

在频域内研究传感器的动态特性时，传感器对正弦输入信号的响应特性称为频率响应特性。频率响应法是从传感器的频率特性出发探究传感器动态特性的方法。

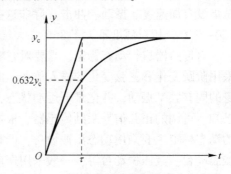

图6-8 一阶传感器系统的阶跃响应曲线

设输入信号为

$$x = X\sin\omega t \tag{6-8}$$

输出为

$$y = Y\sin(\omega t + \varphi) \tag{6-9}$$

频率响应特性是指输入频率 ω 不同、幅值 X 相等的正弦信号 $x(\omega)$，输出信号 $y(\omega)$ 的幅值 Y 和相位 φ 与输入频率 ω 之间的关系，即幅频特性与相频特性。当正弦信号作用于传感器时，在稳定状态下的输出量与输入量之复数比 $H(j\omega)$ 称为传感器的频率响应函数，它可以用指数形式表示为

$$H(j\omega) = \frac{Y(j\omega)}{X(j\omega)} = \frac{Ye^{j(\omega t + \varphi)}}{Xe^{j\omega t}} = \frac{Y}{X}e^{j\varphi} = A(\omega)e^{j\varphi} \tag{6-10}$$

式中，$A(\omega) = |H(j\omega)| = Y/X$ 为传感器的动态灵敏度或增益，表示传感器的输出与输入的幅值比随频率 ω 变化的关系，所以 $A(\omega)$ 又称为传感器的幅频特性。由于相频特性与幅频特性之间有一定的内在关系，所以在研究传感器的频域特性时，主要采用幅频特性进行分析。

6.2.3 传感器的标定与校准

新研制或生产的传感器在出厂之前，需要对其技术性能进行全面的检定，以确定其基本的静、动态特性等实际性能，包括灵敏度、重复性、非线性、迟滞、精度及固有频率等。这个问题只靠传感器本身是无法确定的，必须依靠专用的标准设备来确定传感器的输入-输出转换关系，这种利用标准器具对传感器进行标度的过程称为标定。

校准从某种程度上讲也是一种标定，它是指传感器在经过一段时间的储存或使用后，需要对其进行复测，以检测传感器的基本性能是否发生变化，判断它是否可以继续使用。因此，校准是指传感器在使用中或存储后进行的性能复测。在校准过程中，传感器的某些指标发生了变化，应对其进行修正。校准与标定在本质上是相同的，其实质上就是再次的标定。

传感器的标定分为静态标定和动态标定两种。静态标定的目的是确定传感器的静态特性指标，如线性度、灵敏度、滞后和重复性等。动态标定的目的是确定传感器的动态特性参数，如频率响应、时间常数、固有频率和阻尼比等。

对传感器进行静态标定，是根据试验数据确定传感器的各项性能指标，实际上也是确定传感器的测量精度。因此，在标定传感器时，所用测量仪器的精度至少要比被标定传感器的精度高一个等级。只有这样，通过标定确定的传感器静态性能指标才是可靠的，所确定的精度才是可信的。传感器的静态特性通常是在静态标准条件下进行标定的。所谓静态标准条件是指没有加速度、振动、冲击（除非这些参数本身就是被测物理量），环境温度一般为室温（20±5）℃，相对湿度不大于85%，大气压力为（101±7）kPa的情况。

对传感器进行动态标定，需要对它输入一个标准激励信号。为了便于比较和评价，常常采用阶跃变化和正弦变化的输入信号，即以一个已知的阶跃信号激励传感器，使传感器按自身的固有频率振动，并记录下运动状态，从而确定其动态参量；或者以一个振幅和频率均为已知、可调的正弦信号激励传感器，根据记录的运动状态，确定传感器的动态特征。传感器的动态标定主要采用动态激振设备，低频下常使用激振器，如电磁振动台、低频回转台、机械震动台、液压振动台等，一般采用振动台产生简谐振动作为传感器的输入量。

6.2.4 传感器的性能与要求

传感器的性能包括静态特性、动态响应特性、可靠性、耐久性、结构紧凑性、适应性和输出电平等。在电动汽车上，为了实现对驱动电机的有效控制，需要更高精度的检测转子转速、电池电压及电流的传感器。对电动汽车车载传感器的要求如下。

1）环境适应性。电动汽车工作的环境温度变化范围较宽（-40~80℃），道路表面优劣程度相差很大，烈日、暴雨、环境温度相差悬殊，因此要求传感器耐震、耐温、耐水性良好。

2）批量生产性。由于电动汽车是批量生产的，甚至同一种传感器在一台汽车上要用到十至上百个，所以要求电动汽车传感器要适合大批量生产的要求。

3）高精度。要求具有高精度的电压及电流传感器、转速传感器。如电动汽车上蓄电池的电流检测精度要求在0.05~1500 A之间。

4）可靠性高。传感器在恶劣的工作环境下能稳定可靠地运行，抗干扰能力强。

5）体积小。要求传感器体积小、质量小，便于安装与调试，以减小整车质量。

6）符合有关技术标准的要求。

6.3 速度传感器

速度传感器在电动汽车中的应用非常广泛，驱动电机、底盘、车身等控制系统中都需要速度传感器。通常，电动汽车速度传感器主要有转速传感器、车速传感器和轮速传感器三大类。

6.3.1 转速传感器

转速传感器主要用于电动汽车汽车驱动电机旋转速度的测量。目前，常用的转速传感器有 3 种，分别为电磁感应式转速传感器、光电感应式转速传感器、霍尔效应式转速传感器。以上 3 种传感器均采用非接触式测量原理，以增强检测的安全性并提高检测精度。

1. 电磁感应式转速传感器

电磁感应式转速传感器的工作原理如图 6-9 所示。永磁铁的磁感应线经转子、信号线圈、托架构成回路。转子由电机输出轴带动旋转，利用轮齿和托架之间的间隙变化，使通过信号线圈的磁通量发生变化，从而使线圈中产生感应电压来产生检测信号。轮齿靠近及远离托架时，将产生一次增减磁通的变化。所以，每一个轮齿通过托架时，都将在感应线圈中产生一个完整的交流电压信号。

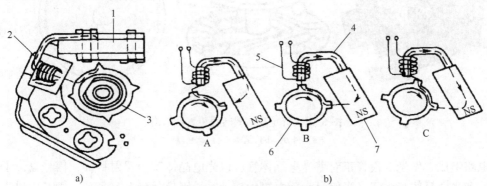

图 6-9 电磁感应式转速传感器的工作原理

a）构造图   b）信号线圈的电压产生

1，7—永久磁铁   2，5—信号线圈   3，6—转子   4—衔铁

由图 6-9b 可见，当转子的轮齿转到 A 位置时，信号线圈中通过最大的磁通量，但其变化率为零，因而感应电压为零。当转至 C 位置时，信号线圈中磁通量的变化率达到最大，信号线圈中产生负方向的最大感应电压。如此反复，信号线圈上就产生交变电压信号。图 6-10 为一个 Ne 转子信号发生器的结构及波形，它有 24 个轮齿，会在信号线圈中产生出与轮齿数相等的脉冲电压信号。将这些脉冲电压信号输入电机控制单元，通过计算单位时间内脉冲电压的数目，即可确定电机的转速。

2. 光电感应式转速传感器

光电感应式转速传感器结构如图 6-11 所示，主要由信号发生器、带光孔的信号盘（遮光盘）和控制电路组成。信号发生器和控制电路均固定在板座上，信号盘则直接安装于输出轴轴端，随凸轮轴转动，其边缘分别刻有 360 条缝隙，每转过一条缝隙产生 1° 轴转角信号。外围稍靠内间隔 60° 转角分布着 6 个光孔（6 缸），产生 120° 曲轴转角信号，其中有一个较宽的光孔是产生对应第 1 缸上止点的 120° 信号的，如图 6-11c 所示。

脉冲信号发生器结构与工作原理如图 6-12 所示，它主要由发光二极管、光电晶体管和

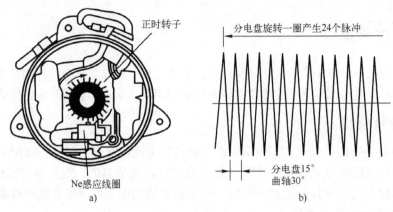

图 6-10 Ne 信号发生器的结构及波形

a) 结构 b) Ne 信号波形

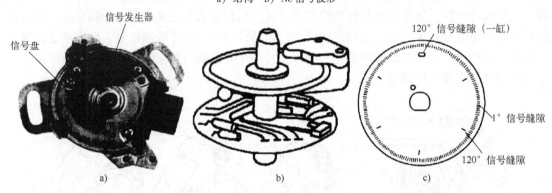

图 6-11 光电感应式转速传感器结构

a) 外观 b) 结构 c) 遮光盘

电子电路组成。发光二极管正对着光电晶体管，以光电晶体管为照射目标，信号盘位于发光二极管和光电晶体管之间，当信号盘随电机轴转动时，因信号盘上有光孔，则产生透光和遮光的交替变化，如图 6-12b 所示。当信号盘的转动遮挡住发光二极管光线时，光电晶体管截止，控制电路输出低电平；当缝隙对准发光二极管和光电二极管时，光线照射到光电晶体管上，控制电路输出高电平。信号盘转动一圈，信号发生器将输出 360 个对应曲轴位置和转角的脉冲信号，这些脉冲信号经电子电路放大整形后输入电机控制单元作为转速信号。

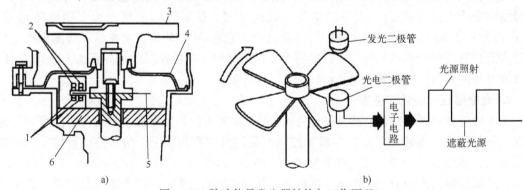

图 6-12 脉冲信号发生器结构与工作原理

a) 结构 b) 工作原理

1—光电二极管 2—发光二极管 3—分火头 4—密封盖 5—转盘 6—电路板

3. 霍尔效应式转速传感器

霍尔效应式转速传感器采用触发叶片的结构形式，由永磁铁、导磁板和霍尔集成电路组成。在电机轴前端固定着内外两个带触发叶片的信号轮，与电机一起旋转，外信号轮外缘上均匀分布着触发叶片和窗口。内外信号轮侧面各设置一个霍尔信号发生器，如图 6-13 所示。

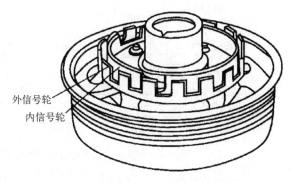

图 6-13　霍尔感应式转速传感器结构

当信号轮转动时，每当叶片进入永久磁铁与霍尔元件之间的气隙中时，霍尔集成电路中的磁场即被触发叶片所旁路（或称隔磁），这时不产生霍尔电压。当触发叶片离开气隙时，永磁铁的磁通便通过导磁板穿过霍尔元件，这时产生霍尔电压，如图 6-14 所示。这些间歇的霍尔电压信号经霍尔集成电路放大整形后，为电机控制单元输送对应的电压脉冲信号。

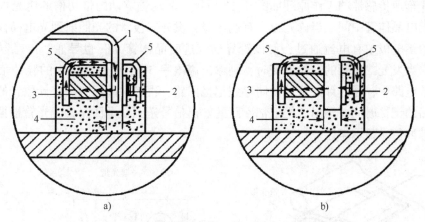

图 6-14　霍尔感应式转速传感器工作原理图

a）触发叶片进入气隙　b）触发叶片离开气隙

1—信号轮的触发叶片　2—霍尔元件　3—永久磁铁　4—底板　5—导磁板

6.3.2　车速传感器

车速传感器主要测量电动汽车的行驶速度，并将信号送到车速里程表，以电子式或指针式显示出来，其测量的信号主要用于仪表板的车速表显示及电动汽车加减速期间的控制等。我国绝大多数电动汽车上的速度表都是将轮胎的旋转速度变换成汽车速度进行测量的。目前，车速传感器主要有电磁感应式、光电式、可变磁阻式和霍尔效应式几种。

1. 电磁感应式车速传感器

电磁感应式车速传感器由永磁铁和电磁感应线圈组成，其结构如图 6-15a 所示。它被固定安装在自动变速器输出轴附近的壳体上，输出轴上的停止锁止齿轮为感应转子，当输出轴转动时，驻车锁止齿轮的凸齿不断地靠近或离开车速传感器，使线圈内的磁通量发生变化，从而产生交流电，感应电压曲线如图 6-15b 所示。车速越高，输出的轴转速也越高，感应电压脉冲的频率也越高，电控单元根据感应电压脉冲的频率计算汽车行驶的速度。

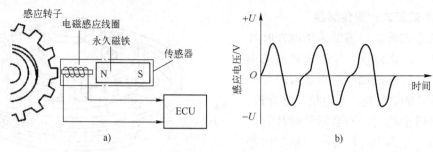

图 6-15 电磁感应式车速传感器的工作原理
a) 结构 b) 感应电压曲线

2. 光电式车速传感器

光电式车速传感器是固态的光电半导体传感器，其结构如图 6-16 所示，它由带孔的转盘、发光二极管、一个作为光传感器的光电晶体管及安装在转速表驱动轴上的遮光板构成。

光电式车速传感器的工作原理如图 6-17 所示。驱动轴驱动的带切槽的遮光板位于发光二极管和光电晶体管中间。当遮光板没有遮光时，发光二极管的光照射到光电晶体管上，光电晶体管的集电极中有电流通过，使该管导通，这时晶体管 VT$_1$ 也导通，传感器输出端子为低电平。当发光二极管的光被遮蔽时，则输出高电平 5 V。传感器产生的脉冲信号经整形后输入计数电路中，通过计数管计测储存到记忆回路，再经时间回路决定计数管的计测时间与记忆回路的记忆时间并输出。把记忆回路的输出信号送到显示回路，荧光管根据车速传感器输出的脉冲信号显示车速。

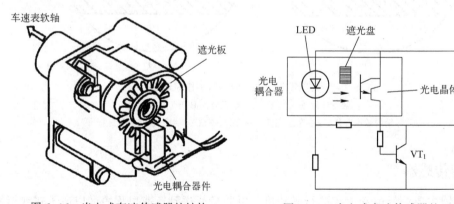

图 6-16 光电式车速传感器的结构

图 6-17 光电式车速传感器的工作原理

3. 可变磁阻式车速传感器

可变磁阻式车速传感器采用电阻随磁场变化的磁阻元件来检测车速。在检测车速表及变速器等装置的转速时，可以把这种传感器直接安装在变速器壳体上，直接由变速器齿轮驱动。可变磁阻式车速传感器有两个主要部件：磁环与内装磁阻元件的混合集成电路。其结构如图 6-18 所示。

可变磁阻式车速传感器的内部结构如图 6-19a 所示，当齿轮驱动传感器的轴旋转时，与轴连在一起的多极磁环也同时旋转，磁环旋转引起的磁通变化，使集成电路内的磁敏元件的磁阻值发生变化。如图 6-19b 所示，当流向磁阻元件 MRE 的电流方向与磁力线方向平行

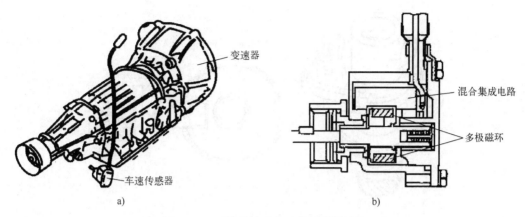

图 6-18　可变磁阻式车速传感器的结构
a）安装位置　b）剖视图

时，其电阻值最大；电流方向与磁力线方向垂直时，其电阻值最小。

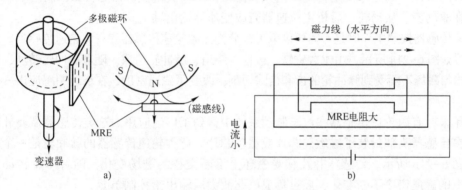

图 6-19　可变磁阻式车速传感器的工作原理
a）内部结构示意图　b）电路图

　　利用磁阻元件的磁阻值变化就可以检测出磁铁旋转引起的磁通变化。磁阻值变化引起电压的变化，将电压的变化输入比较器中进行比较，比较器输出信号控制晶体管的导通和关断。

4. 霍尔效应式车速传感器

　　霍尔效应式车速传感器是利用霍尔效应的原理制成的，它的外形及内部结构如图 6-20 所示，主要由触发叶轮、带导板的永久磁铁、霍尔集成块等组成，霍尔集成块包括霍尔传感器和集成电路。触发叶轮转动时，其叶片在永久磁铁与霍尔元件间转动，从而使通过霍尔元件的磁通量发生变化。由于霍尔元件以导线连接在电路中，其上通过电流，所以在霍尔元件上产生一个霍尔电压。霍尔元件产生的电压较弱，所以需要集成电路进行放大整形，最后输出矩形方波信号。

6.3.3　轮速传感器

　　轮速传感器，即车轮速度传感器，多用于制动防抱死装置 ABS、牵引力控制装置 TCS、电子制动力分配装置 EBD、电子稳定程序 ESP 等系统中，作用是检测车轮旋转速度，并将其转化为电信号输入控制单元 ECU。各个控制单元根据轮速传感器的信号，通过和车速传

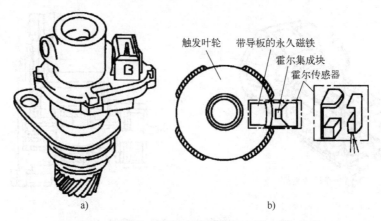

图 6-20　霍尔效应式车速传感器的外形及内部结构

a) 外形　b) 内部结构示意图

感器信号的对比，确定车辆是否发生抱死和滑移，从而决定执行器是否做出制定干预。它可以安装在驱动轮、从动轮、后桥主减速器壳或变速器输出轴上。

轮速传感器按照工作时是否需要供电可以分为无源轮速传感器和有源轮速传感器。无源轮速传感器如图 6-21a 所示，由永久磁铁、极柱、绕组、脉冲轮组成。随着脉冲轮转动，传感器周边的均匀磁场不断受到脉冲轮的齿和齿隙切割，改变了磁通密度，在绕组中感应出一个交变的电压。

近年来，有源轮速传感器在汽车制动系统中得到了广泛应用。这类传感器需要外部提供电源，在传感器头部封装了磁敏硅芯片或霍尔芯片。此类轮速传感器的脉冲轮是一个多极磁环，如图 6-21b 所示。传感器芯片感受磁环上不断交替的磁场变化，随着车轮转动，传感器芯片上的磁通密度不断变化，经过集成电路放大后输出给控制单元。

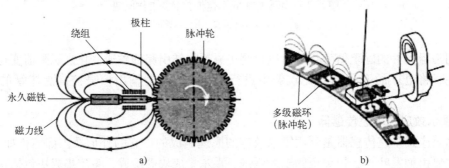

图 6-21　轮式传感器原理示意图

a) 无源轮速传感器原理　b) 有源轮速传感器原理

1. 电磁感应式轮速传感器

电磁感应式轮速传感器为无源轮速传感器，其结构主要由传感头和磁线齿圈组成，如图 6-22 所示。传感头由永久磁心和感应线圈组成，安装在车轮附近不随车轮转动的部件上，如转向节、悬架支承、半轴套管及制动底板上等。磁线齿圈由铁磁性材料制成，安装在随车轮一起转动的部件上，如轮毂、制动盘及半轴上等。传感头与磁线齿圈之间的间隙很小，通常只在 0.5~1.0 mm 范围内。

图 6-23 为电磁感应式轮速传感器的工作原理。当齿圈旋转时，齿顶与齿隙轮流交替对

向磁心。当齿圈转到齿顶与传感头磁心相对时，传感头磁心与齿圈之间的间隙最小，由永磁心产生的磁感应线就容易通过齿圈，感应线圈周围的磁场就强，如图6-23a所示。而当齿圈转动到齿隙与传感头磁心相对时，传感头磁心与齿圈之间的间隙最大，由永久磁心产生的磁感应线就不容易通过齿圈，感应线圈周围的磁场就弱，如图6-23b所示。此时，磁通迅速交替变化，在感应线圈中就会产生交变电压，交流电压的频率将与车轮成正比例变化，如图6-23c所示。电子控制装置可以通过对由轮速传感器输入的电压脉冲频率进行处理来确定车轮的转速。

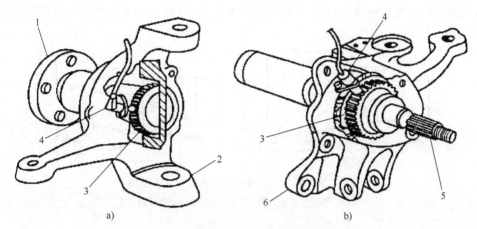

图6-22　电磁感应式轮速传感器的结构

a）前轮　b）后轮

1—轮毂　2—转向节　3—齿圈　4—轮速传感器　5—半轴　6—悬架支承

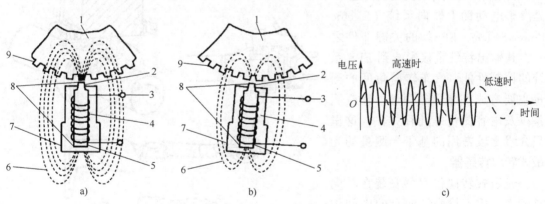

图6-23　电磁感应式轮速传感器的工作原理

a）齿顶与传感器磁心相对　b）齿隙与传感器磁心相对　c）转速传感器的输出信号

1—齿圈　2—磁心端部齿　3—感应线圈端子　4—感应线圈　5—磁心　6—磁感应线

7—转速传感器　8—磁极　9—齿圈上的齿

　　电磁感应式轮速传感器结构简单、成本低，应用范围较广，但其抗电磁干扰能力较差，输出信号的频率和幅值受转速影响较大，只适于15~160 km/h的速度。在规定的转速变化范围内，其输出信号的幅值一般在1~1.5 V范围内。若车速过慢，其输出的信号低于1 V，ECU就无法检测且频率响应不高；而当转速过高时，传感器的频率响应无法跟上信号变化，容易产生误信号。霍尔效应式轮速传感器能够克服电磁式轮速传感器的不足，因而在汽车轮速检测中应用越来越广泛。

2. 霍尔效应式轮速传感器

霍尔效应式轮速传感器属于有源轮速传感器，具有输出信号不受转速影响、频率响应高、抗电磁干扰能力强等优点，被广泛应用于防抱死制动系统 ABS 轮速检测及其他控制系统的转速检测中。霍尔效应式轮速传感器由齿圈和传感头组成，如图 6-24 所示。传感头由永久磁铁、霍尔元件和电子电路等组成。永久磁铁的磁感应线穿过霍尔元件通向齿圈，处于图 6-24a 所示位置时，磁感应线分散，磁场相对较弱。在图 6-24b 所示位置时，磁感应线集中，磁场相对较强，从而引起霍尔电压的变化。齿圈转动过程中，电压通过霍尔元件以正弦波形式输出并由电子电路转换成标准的脉冲电压，电子控制装置以此信号计算轮速和汽车的参考速度。

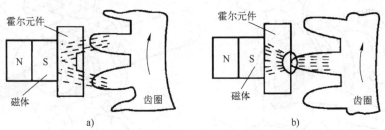

图 6-24 霍尔效应式轮速传感器的工作原理

a) 霍尔元件磁场较弱 b) 霍尔元件磁场较强

6.4 转向传感器

转向传感器又称转向角度传感器，是汽车电动助力转向系统（Electric Power System，EPS）的关键部件之一，其输出特性直接影响到 EPS 系统的控制性能。汽车转向角度的测量主要有光测量、磁测量、感应测量以及电容测量等几种方法，这里只介绍比较常用的基于光测量的光敏式转向传感器。

光敏式转向传感器安装在转向轴管上，用于检测转向盘的中间位置、转动方向、转动角度和转动速度。在电子控制悬架中，电子控制装置根据车速传感器信号和转向传感器信号判断汽车转向时侧向力的大小，以控制车身的侧倾。图 6-25 为光敏式转向传感器的结构。转向（控制）圆盘安装在轴上，加在盘两

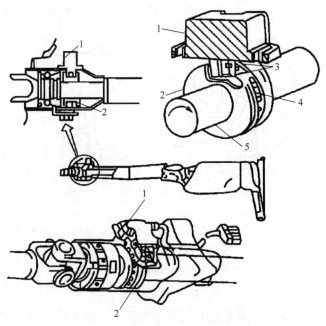

图 6-25 光敏式转向传感器结构

1—转向传感器 2—遮光盘 3—光电耦合元件 4—槽 5—轴

侧的是两组光电器件（由发光二极管及光电晶体管组成），光电器件套在转向柱管上。盘的周围开有许多均匀的槽，随着转向主轴的旋转，圆盘也随着旋转，通过等间隔排列的开缝

口，使光电器件之间的光间断开闭，由此可检出旋转角度。

光敏式转向传感器的电路如图6-26所示，光电晶体管在遮光盘的作用下导通或截止。根据晶体管导通、截止的速度，就可以检测出转向器的角速度。此外，晶体管 VT_1 与 VT_2 之间的导通与截止，相位差90°，根据先导通的脉冲信号（波形下降），可检测出转向器的旋转方向，并且根据其导通或截止的速度，就可检测出转向器的角速度。

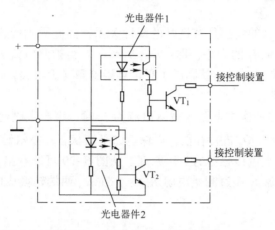

图6-26 光敏式转向传感器电路

6.5 电压–电流传感器

电动汽车中，传统的燃油动力系统被动力电池所取代，用于电压及电流检测的传感器件便更广泛地应用在电动汽车的汽车电子、大电流电路、变频器、太阳能、IGBT分流模块、DC/AC、AC/DC转换以及空调等模块上。特别是对于电动汽车所用的动力电池系统，由于要实时获取电池余量及是否工作正常等状态，所以实时检测动力池的电压及电流就尤为重要。目前，常用的电压及电流传感器主要有霍尔元件式和分流电阻式两种。

6.5.1 霍尔元件式电压–电流传感器

霍尔元件是一种采用半导体材料制成的磁电转换器件，如图6-27所示。如果在输入端通入控制电流 I_c，当有一磁场 B 穿过该器件感磁面时，则在输出端会产生霍尔电动势 V_H，其大小与控制电流 I_c 和磁感应强度 B 的乘积成正比，即

$$V_H = K_H I_c B \sin\theta$$

式中，K_H 为比例常数，也叫霍尔元件灵敏度；θ 为磁感应强度 B 和元件平面法线之间的夹角。

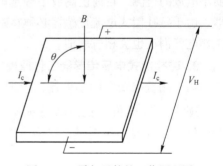

图6-27 霍尔元件的工作原理图

霍尔电流传感器是按照安培定律原理制成的，即在载流导体周围产生一个正比于该电流的磁场，而霍尔元件则用来测量这一磁场。因此，它使电流的非接触测量成为可能，通过测量霍尔电动势的大小，经过"电–磁–电"的绝缘隔离转换来间接测量载流导体电流的大小。

1. 霍尔电流传感器检测原理

由于通电螺线管内部存在磁场，其大小与导线中的电流成正比，故可以利用霍尔传感器测量磁场，从而确定导线中电流的大小。其优点是不与被测电路发生电接触，不影响被测电路，不消耗被测电源的功率。霍尔电流直接检测原理如图6-28所示，标准圆环铁心有一个缺口，将霍尔传感器插入缺口中，圆环上绕有线圈，当电流通过线圈时产生磁场，则霍尔传感器就有信号输出。

由于磁路与霍尔器件的输出具有良好的线性关系，因此霍尔传感器输出的电压信号 U_o 可以间接反映出被测电流 I_1 的大小，即：$I_1 \propto B_1 \propto U_o$。当被测电流 I_1 为额定值时，如果把 U_o 定标为等于50 mV或100 mV，就制成了霍尔直接检测（无放大）电流传感器。

2. 霍尔磁补偿原理

如图6-29所示，当一次主电路的被测电流为 I_1 时，将产生磁通 Φ_1，再由二次补偿线圈通过电流 I_2 来产生磁通 Φ_2 进行补偿，以保持磁平衡状态，霍尔元件起到检测零磁通的作用，这就是霍尔磁补偿电流传感器的工作原理。从图6-29可以看出，$\Phi_1 = \Phi_2$，$I_1 N_1 = I_2 N_2$，$I_2 = I_1 N_1 / N_2$。当补偿电流 I_2 流过测量电阻 R_m 时，在 R_m 两端转换成电压，作为传感器测量电压 U_o，即 $U_o = I_2 R_m$。

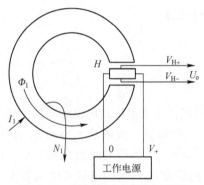

图6-28　霍尔电流直接检测原理

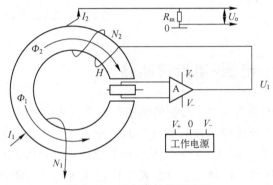

图6-29　霍尔磁补偿原理图

霍尔磁补偿原理优于直接检测模式，具有响应时间快和测量精度高等优点，特别适用于弱小电流的检测，目前已制成了额定电流输入从0.01 A到500 A等一系列规格的电流传感器。由于磁补偿式电流传感器必须在磁环上缠绕成千上万匝的补偿线圈，因而成本会增加，工作电流消耗也会相应增加。

3. 磁补偿式电压传感器工作原理

为了测量毫安级的小电流，根据 $\Phi_1 = I_1 N_1$，增加 N_1 的匝数，同样可以获得高磁通 Φ_1。采用这种方法制成的小电流传感器不但可以测毫安级电流，而且可以测电压。

与电流传感器不同的是，在测量电压时，电压传感器的一次侧多匝绕组通过串联一个限流电阻 R_1，再并联在被测电压 U_1 上，得到与被测电压 U_1 成比例的电流 I_1，如图6-30所示。二次侧工作原理同电流传感器一样，当补偿电流 I_2 流过测量电阻 R_m 时，在 R_m 两

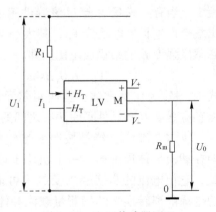

图6-30　电压传感器原理

端转换成电压作为传感器的测量电压 $U_0=I_2R_m$。

6.5.2 分流电阻式电流传感器

电动汽车驱动系统的工作电流大多在 1~100 A 之间，在特殊情况下，会有短时间 200~300 A 的电流，车辆的起动电流甚至高达 1500 A。在电池和电源管理系统中，还有更极端的电流情况。对于这些大电流值的精确检测，就要用到分流电阻式电流传感器。

分流电阻式电流传感器是一种基于分流器的高性能直接式电流检测技术，其核心是高精密微阻值电阻和分流器。分流器实际上就是一个可以通过大电流的阻值很小的精密电阻，当有直流电流通过时，就会在电阻两端产生一个小的电压降，一般为毫伏级别。用毫伏级电压表测量这个电压后，再依据欧姆定律换算为电流，就可以完成大电流的测量并显示出来，所以电流表实际上是一块电压表。分流电阻式电流传感器一般可用来检测超过 20 A 的大电流。

目前，大部分电动汽车上的电流传感器都采用德国 Isabellenhutte 公司生产的分流电阻式电流传感器。该传感器具有以下特点。

1）寄生电感小于 0.1 nH。

2）持续的负载功率为 500 W。

3）采用负温度系数，温度越高，电阻越小。

4）针对微小阻值的电阻，低温度系数最小可达 10 PPM/K，远远优于目前的同类产品（约 150 PPM/K）。

5）四引线技术保障了信号的精确度及电阻本身的损耗。

6）5000 h 的持续测试，保证了性能的稳定。

7）能做到很小阻值的电阻，最小为 4 μΩ。

6.6 温度传感器

温度传感器在汽车上的应用已有很长的历史，监控发动机的温度是传感器在汽车领域中的最早应用。如今，温度传感器在电动汽车上同样也有广泛的应用，在各部件和系统上均加装有温度传感器，包括蓄电池、发动机、变速箱和空调单元等。这些传感器能够精确地判断各部件和系统的温度，从而实现对各系统准确而稳定的控制。目前常用的温度传感器主要有以下几种。

1. 热敏电阻式温度传感器

热敏电阻是利用陶瓷半导体材料的电阻值随温度变化而变化的特性工作的，其突出优点是灵敏度高、响应特性好、结构简单、成本低廉。热敏电阻式温度传感器按其电阻温度特性的不同，可以分为负温度系数（NTC）、正温度系数（PTC）和临界温度系数（CTR）3 种，如图 6-31 所示。目前，电动汽车上普遍采用 NTC 热敏电阻，即随着温度的升高，电阻不断地减小。

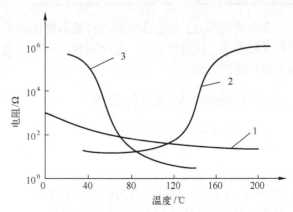

图 6-31　热敏电阻的温度特性
1—负温度系数（NTC）　2—正温度系数（PTC）
3—临界温度系数（CTR）

2. 金属热电偶式温度传感器

将两种不同性质的金属导体 A、B 结成一个闭合回路，如果两结合点温度不相等，则在两导体间产生电动势，并在回路中有一定大小的电流存在，此现象称为热电效应，如图 6-32 所示。

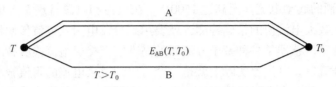

图 6-32　金属热电偶式温度传感器原理图

3. 热电阻式温度传感器

导体的电阻随温度变化的特性称为热阻效应。实验可知，大多数电阻在温度升高 1℃ 时，其电阻值将增加 0.4%~0.6%。热电阻的测量精度较高，温度特性稳定，且无热电偶的参照端误差。

典型温度传感器的特点见表 6-1。

表 6-1　典型温度传感器的特点

传感器类型	优　点	缺　点
热敏电阻	可测量很小部位的温度 可缩短滞后时间 灵敏度高 不能忽略导线电阻造成的误差 测量机构简单且价格低廉 信噪比高，经济性好	非线性严重 抗振动性能差
热电偶	可测量很小部位的温度 可缩短滞后时间 耐振动与冲击 适于测定温度差 测定范围宽	需要标准触点 标准触点与补偿导线有误差 常温下需进行修正才能得到较高精度
热电阻	适于测定较大范围的平均温度 不需要标准触点 与热电偶相比，常温时精度较高	难以缩短滞后时间 在振动严重的场合下可能出现破损 受导线电阻的影响，需要修正

在电动汽车上，绝大多数温度传感器使用的是负温度系数热敏电阻，热敏电阻式温度传感器灵敏度高、测量误差小、结构简单、价格低廉、经济型好，在汽车电子控制系统中有着越来越广泛的应用。

6.6.1　热敏铁氧体温度传感器

热敏铁氧体温度传感器如图 6-33 所示，由壳体、热敏铁氧体、舌簧开关和永久磁铁等构成。在舌簧开关的电磁回路中配置两个环状的铁氧体和永久磁铁。利用铁氧体磁性随温度急剧变化的特性，可使舌簧开关导通或断开。这种传感器一般用于控制汽车散热器的电动风扇及油压警告灯等。

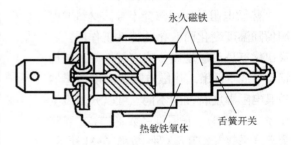

图 6-33　热敏铁氧体温度传感器

如图 6-34a 所示，在实际的温度低于设定温度状态时，热敏铁氧体变为强磁性体。这时，磁力线直接通过舌簧开关的触点，产生吸引力使触点闭合，舌簧开关导通。图 6-34b 所示为当实际温度高于设定温度时的状态，这时因热敏铁氧体没有被磁化，磁力线平行通过舌簧开关的触点，从而产生排斥力，触点打开。

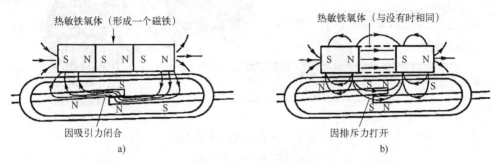

图 6-34 热敏铁氧体温度传感器的工作状态
a）低于设定温度 b）高于设定温度

6.6.2 空调系统温度传感器

汽车空调系统是实现对车厢内空气进行制冷、加热、换气和空气净化的装置，可以为乘车人员提供舒适的乘车环境，降低驾驶员的疲劳强度，提高行车安全。要实现对车内温度的自动调节，首先要对车厢内外环境温度进行测量，并据此来控制压缩机的起停。

1. 环境温度传感器

环境温度传感器又称车外温度传感器、大气温度传感器，一般安装在前保险杠内或散热器之前，如图 6-35 所示。因易受到环境影响，所以一般包在一个注塑树脂壳内，以免对温度的突然变化做出反应。环境温度传感器是检测车辆外部环境温度时用在自动空调上的重要传感器之一。

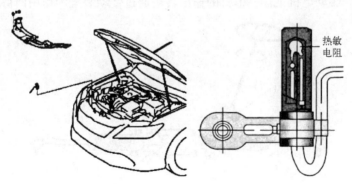

图 6-35 环境温度传感器安装位置和结构

2. 车内温度传感器

车内温度传感器的传感元件采用负温度系数热敏电阻制成。由一根抽风管连接车内温度传感器与空调管路。当鼓风机工作时，空气快速流过产生负压，这样会有少量的空气流过车内温度传感器，从而使车内温度传感器快速准确地测量出车内温度。当车内空气温度发生变化时，电阻值发生相应变化（温度升高，电阻值下降）。车内温度传感器结构如图 6-36 所示。

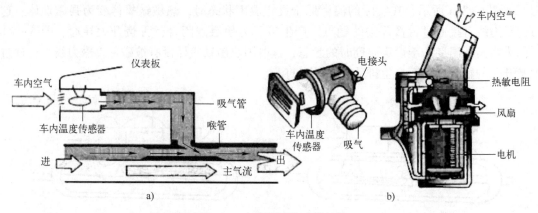

图 6-36　车内温度传感器结构

a）吸气型　b）电机型

6.7　力矩传感器

　　随着电动汽车技术的发展，传统汽车的液压动力转向系统的系统布置、安装、密封性、操纵灵敏度、能量消耗、磨损与噪声等已无法满足要求，一般需要采用电动助力转向系统，如图 6-37 所示。电动助力转向系统是在传统的液压助力转向系统的基础上发展起来的，由传感器（转向力矩传感器、转向角度传感器、车速传感器）、控制器（控制单元、电机驱动单元）和执行机构（电减速器）等部分构成。其中，转向角度传感器与车速传感器已在前面介绍，而力矩传感器也尤为重要，是 EPS 系统中重要的器件之一。通过力矩传感器，可以探测驾驶员在转向操作时由方向盘产生的力矩或转角的大小和方向，并将所需信息转化成数字信号输入控制单元，再由控制单元对这些信号进行处理得到一个与行驶工况相适应的力矩，最后发出指令驱动电机工作，电机的输出转矩通过传动装置的作用而得以助力。

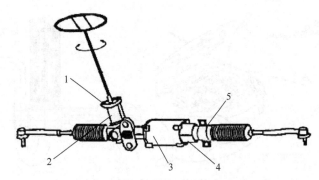

图 6-37　电动助力转向系统

1—输出轴　2—力矩传感器　3—电机　4—循环球螺杆　5—齿条

　　按照测试元件是否与旋转部件接触，力矩传感器可以分为接触式和非接触式两种；按照工作原理的不同，又可以分为霍尔式、光电式、电位计式、电感式、分相器式和磁阻式等类型。近年来，霍尔式和磁阻式力矩传感器越来越多地应用到电动汽车转向系统中。

6.7.1 霍尔式力矩传感器

霍尔式力矩传感器利用霍尔效应原理，将驾驶员施加在方向盘上的力矩转换为电信号输送给转向控制单元。霍尔式力矩传感器结构如图6-38所示，主要由环形磁铁、定子1、定子2和霍尔传感器等组成。

在转向力矩传感器上，转向输入轴和转向机构主动齿轮是通过一根扭力杆连接起来的。其测量原理如图6-39所示，转向输入轴上有个16极环形磁铁（8个极对），该磁铁与转向输入轴一同转动。转向机构主动齿轮上有两个定子，每个定子8个齿，定子与转向机构主动齿轮一同转动。在初始位置时，定子上的这些齿正好位于环形磁铁上相应的南极和北极之间。霍尔传感器与壳体刚性连接，不随之转动。

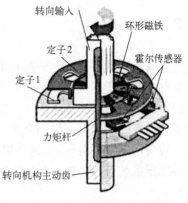

图6-38 霍尔式力矩传感器构造

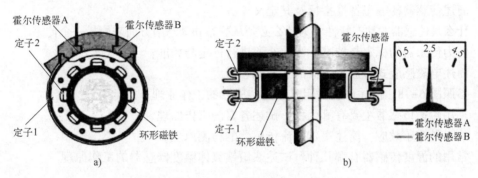

a) b)

图6-39 霍尔式力矩传感器的测量原理

a) 定子位于两极之间 b) 无电压产生

霍尔式力矩传感器属于非接触式传感器，定子1和定子2之间磁通量强度和方向就是转向力矩的直接量度，由两个霍尔传感器（冗余布置）来测量。根据所施加的转向力矩大小（即扭转角大小），霍尔传感器的信号在零位和最大位置之间变动。

6.7.2 磁阻式力矩传感器

为了感知驾驶员的转向意图，在转向轴中安装一扭杆。为了测量转动和与此相应的力矩，可在扭杆的一侧安装一个磁阻传感器，用传感器测量固定在扭杆另一侧的多极磁轮的磁场。多级磁轮转动，磁阻传感器中的磁阻元件阻值发生变化，从而引起输出电压的变化。该变化的电压经过放大电路放大后输送到转向控制单元，根据此信号计算力矩。磁阻式力矩传感器的测量原理如图6-40所示。

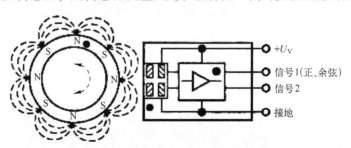

图6-40 磁阻式力矩传感器的测量原理

6.8　本章小结

　　车载传感器是汽车电子控制系统的关键技术，也是电动汽车领域的核心研究内容之一。本章首先概述了车载传感器的概念、发展历史及其在电动汽车上的应用；继而，系统讲述了传感器的基本组成、特性指标、标定校准以及性能要求，使读者对传感器的基础有一个初步的了解；在此基础上，详细介绍了电动汽车常用传感器的结构与工作原理，包括速度传感器、转向传感器、电压-电流传感器、温度传感器以及力矩传感器等，力求使读者对电动汽车传感器系统有一个较为全面的认识。

习题

1. 说明传感器的定义、基本组成与工作原理。
2. 简述传感器的静态特性指标及其定义。
3. 什么是传感器的动态特性？为什么必须从静态和动态两方面来衡量一个传感器的优劣？
4. 何为传感器的标定与校准？为什么要进行标定与校准？
5. 简述电磁感应式转速传感器的工作原理。
6. 参照图6-18，简述可变磁阻式车速传感器的工作原理。
7. 车用轮速传感器主要有哪几种？试述各自的工作原理。
8. 什么是霍尔效应？简述霍尔电流传感器的检测原理。
9. 常用的温度传感器有哪几种？试述热敏铁氧体温度传感器的工作原理。

第7章 电动汽车驱动控制技术

电动汽车驱动控制技术是控制理论、车辆技术、电力电子技术、电机驱动技术和检测技术的高度结合。从控制的观点来看，电动汽车驱动控制技术属于典型的运动控制范畴。近年来，源于能源危机和环境保护的迫切需求，电动汽车又进入较快的发展时期，各国政府和各大汽车公司投入大量的人力和资金研究与开发新型电动汽车，但有关其驱动系统的组成、性能指标以及控制方法等专门问题的研究还不够充分，相应的系统性论述也比较少见。本章从电动汽车驱动系统的基本概念入手，详细介绍电动汽车驱动系统的组成、要求及其性能指标。在此基础上，分别对电动汽车直流电机驱动系统和无刷直流电机驱动系统的车速-电流双闭环控制进行详细论述。最后，对电动汽车无刷直流电机驱动系统制动能量回收原理和控制策略进行说明，从而为从事电动汽车驱动控制系统研究与开发工作的科技人员提供参考。

7.1 电动汽车驱动系统概述

自然科学中所谈的运动多指机械运动，实现机械运动的系统称为运动系统。为了能够使运动系统完成规定的任务并达到期望的性能指标，通常要对其施加人为的控制，这就构成了运动控制系统。在当前技术条件下，运动控制系统多指以系统控制器为核心，以电力电子线路为功率变换装置，以电机及其传动装置为执行机构，以传动装置所带的负载为控制对象，再辅以必要的测量与变送电路所组成的电气传动自动控制系统。

电动汽车驱动系统是一种典型的运动控制系统，其任务是通过调节驱动电机的旋转速度或转角来实现对汽车运行速度或位移的控制。电动汽车驱动系统可以依据不同的方式进行分类。

1) 按照系统参考输入信号的变化规律，可分为恒值控制系统和随动控制系统。

恒值控制系统的参考输入为常量，要求系统的被控制量在任何扰动的作用下都能尽快地恢复（或接近）到原有的稳态值。由于这类系统能自动消除或削弱各种扰动对控制量的影响，故它又称为自镇定系统。电动汽车的驱动系统在其被设定为巡航定速驾驶模式时即为典型的恒值控制系统。

随动控制系统的参考输入是一个变化的量，一般是随机的。随动控制系统要求被控制量能快速、准确地随着参考输入信号的变化而变化。例如，在城市拥挤道路上行驶的电动汽车，其速度要根据路况和通行条件随时进行改变。

2) 按照系统是否存在输出量的反馈通道，可分为开环控制系统和闭环控制系统。

如果系统的输出量没有与其参考输入相比较，即系统的输出与输入量间不存在反馈的通道，这种控制方式称为开环控制。图7-1为对各种实际开环控制系统进行抽象后得到的一般开环控制系统的框图。这种控制系统的特点是结构简单，所用的元器件少，成本低，系统一般也容易稳定。然而，由于这种控制系统既不需要对被控量进行检测，又没有将被控量反馈到系统的输入端和输入值相比较，所以当系统受到干扰作用后，被控量一旦偏离了原有的平衡状态，系统就没有消除或减小误差的功能，这是开环系统的一个"致命"缺点。正是这个缺点，大大限制了这种系统的应用范围。

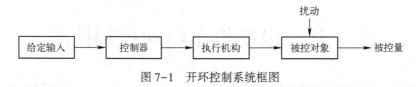

图 7-1　开环控制系统框图

若把系统的被控量反馈到它的输入端，并与参考输入相比较，这种控制方式称为闭环控制。由于这种控制系统中存在着被控量经过反馈环节至比较点的反馈通道，故又称为反馈控制。图 7-2 所示为闭环控制系统框图。这种系统的特点是通过连续不断地对被控量进行检测，把所测得的值与输入值进行减法运算，求得的误差信号经控制器的运算和放大器的放大后，驱动执行装置，以使被控量能完全按照输入的要求去变化。此系统受到来自系统内部和外部的干扰作用时，通过闭环控制系统的作用，能自动地消除或削弱干扰对被控制量的影响。闭环控制系统具有良好的抗扰动功能，因而在控制工程中得到了广泛的应用。

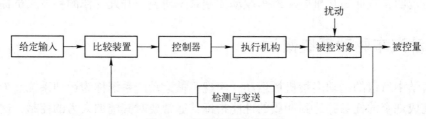

图 7-2　闭环控制系统框图

对于电动汽车而言，为了使驱动系统获得良好的性能，有必要结合闭环控制的思想，对驱动系统的结构进行改造。图 7-3 为电动汽车驱动系统闭环控制框图，比较装置接收来自控制信号发生器的输入信号（驱动系统的输入量，由驾驶员与加速踏板或制动踏板产生）和来自测量与变送装置的反馈信号（一种是由车辆的速度/加速度转换而来的信号，另一种是由电机的电压/电流转换而来的信号）并进行比较，产生误差信号，作用到驱动系统控制器上。驱动系统控制器根据自身算法和误差信号进行计算，产生控制指令，使得电机控制器产生合适的电压或电流，驱动电机在期望的速度上旋转，进而通过传动装置推动电动汽车运行。习惯上，把功率变换器、触发器及其相关算法总称为电机控制器。

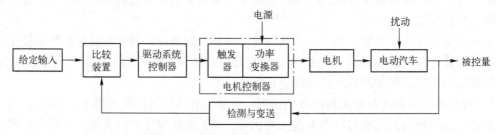

图 7-3　电动汽车驱动系统闭环控制框图

基于上述思想，本章将专门针对采用闭环控制结构的电动汽车驱动系统的组成、性能指标和控制方法进行研究和论述。

7.2 电动汽车驱动系统的组成及要求

7.2.1 电动汽车驱动系统的组成

在电动汽车驱动系统中，电机驱动方式可分为单电机型和多电机型。若把电动汽车看成一个大系统，则该系统主要由电力驱动子系统、电源子系统和辅助子系统组成。电动汽车驱动系统一般是指电力驱动子系统。另外，从其执行功能来看，电力驱动系统还可分为电气和机械两部分。电气部分主要由动力电池、电机、功率变换器和电子控制器四大部分组成；而机械部分主要包括机械传动装置和车轮。图7-4为单电机驱动系统的基本结构。电机是电气驱动系统的核心，其性能和效率直接影响电动汽车的性能。动力电池和电机的尺寸、质量也会影响到电动汽车的整体效率。功率变换器和电子控制器则与电动汽车的安全可靠运行有很大关系。

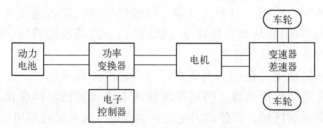

图7-4 单电机驱动系统的基本结构

（1）动力电池

动力电池作为电动汽车的核心部件，一直都被认为是电动汽车发展的核心技术，也是制约电动汽车发展的重要瓶颈，其性能直接影响着电动汽车的动力性、经济性和续航能力，也与电动汽车的安全性直接相关。自电动汽车诞生以来，动力电池技术一直是制约其实用化进程的重要因素，提高功率密度、能量密度、使用寿命以及降低成本一直是电动汽车动力电池技术发展的重要方向。

（2）电机

早期电动汽车驱动电机大部分采用直流电机，通过改变输入电压或电流就可以进行平滑调速并实现对转矩的独立控制，具有良好的动态特性，并且具有成本低、技术成熟等优点。但是，直流电机的绝对效率低，存在体积、质量大，电刷和换向器维护量大，散热困难等缺陷，使其在现代电动汽车中的应用越来越少。随着电力电子技术、大规模集成电路和计算机技术的发展以及新材料的出现和现代控制理论的应用，机电一体化的交流驱动系统显示了它的优越性，如效率高、能量密度大、驱动力大、有效的再生制动、工作可靠和几乎无须维护等，使得交流驱动系统越来越多地应用于电动汽车中。

（3）功率变换器

在现代电动汽车电驱动系统中，通过功率变换器将电池储存的直流电经电压/频率变换后供给电机和其他交流负载使用。功率变换技术发展的目标是要达到高功率密度、高效率、高可控性和高可靠性。对于电动汽车，在选用功率器件时，必须考虑额定值、转换效率、功率损耗、基极/门极的可驱动性、动态特性、坚固可靠性、成熟性与成本等要求。

（4）电子控制器

电子控制器是电动汽车驱动系统的核心控制部件，通过电机驱动控制算法与电力电子器件相配合，可根据不同的行驶工况实时调整功率开关的状态，向驱动电机提供不同极性、不同电压、不同频率、不同相序的供电电压，以此控制驱动电机的起动、转向、转速以及输出转矩的大小，达到控制电动汽车行驶状态的目的。

7.2.2　电动汽车对驱动系统的要求

电动汽车驱动系统是电动汽车的核心，其性能决定了整车性能的优劣。电动汽车的运行工况非常复杂，既要能高速飞驰，又要能大负载爬坡，需要频繁起动、制动、快速超车、紧急制动；既要能适应雪天、雨天、盛夏、严冬等恶劣天气条件，又要能承受道路的颠簸振动，还要保证司乘人员的舒适与安全，在零排放或少排放的前提下，满足汽车的各项性能、价格指标的要求。因此，电动汽车的电机驱动系统有别于一般工业应用的电机传动系统，除了具有普通电气传动系统的共性外，还需要满足以下几点要求。

1）高转矩-惯量比和宽调速范围。电动汽车电驱动系统运行时应包括恒转矩区和恒功率区，低速（恒转矩区）运行应具有大转矩，以满足电动汽车快速起动、加速、爬坡等要求；在高速区（恒功率区），应具有高转速（低转矩）、宽范围的特性，以满足电动汽车在平坦路面能够高速行驶、超车等要求。

2）在整个转矩/转速运行范围内高效运行。电动汽车频繁起停，工作区域宽，经常运行在低速高转矩或高速低转矩区域，因而要求驱动系统（包括功率变换器、电机和传动系统）有尽可能宽的高效率区域，以使动力电池一次充电后续驶里程尽可能长。

3）加减速性能好，转矩控制灵活且响应快，可适应路面变化及频繁的起动和制动。

4）电机及电控装置结构坚固、体积小、质量小、抗颠簸振动，有一定的过载能力，单位功率系统的设备成本尽可能低。

5）可靠性好，适用于电动汽车的各种恶劣工况。电驱动控制系统需要与能量管理系统、制动系统、车身稳定性系统、转向系统、被动安全系统等协调工作，最大限度地提升运行的可靠性和安全性，保障车辆和人员安全。控制器应体积小、成本低，控制算法尽量简单实用，程序可靠性好、稳定性高。

6）操纵性符合驾驶员驾驶习惯，运行平稳，乘坐舒适，电气系统保障措施完善。

7.3　电动汽车驱动系统的性能

电动汽车驱动系统的性能是电动汽车设计过程中需要着重考虑的环节，亦是电动汽车整车性能得以满足的前提和基础。下面对电动汽车驱动系统的性能指标进行说明。

7.3.1　基本性能要求

由于电动汽车驱动系统的本质是电机自动调速系统，有关电机调速系统的相关性能指标也可以在电动汽车驱动系统中进行推广。在此，分别介绍电动汽车驱动系统的基本性能指标——稳定性、准确性和快速性。

1. 稳定性

电动汽车驱动系统的稳定性是指车辆行驶过程中，在受到外部干扰作用后能够自动恢复到平衡状态的能力。按照驱动系统受到干扰后响应形式的不同，可以将系统的稳定性分为稳定、临界稳定和不稳定 3 种形式。

1）稳定：电动汽车在行驶过程中受到干扰作用后，如果驱动系统的响应为衰减振荡，最后趋于某一平衡状态，则称该系统是稳定的。

2）临界稳定：电动汽车在行驶过程中受到干扰作用后，如果驱动系统的响应为等幅振荡，则称该系统是临界稳定的。

3）不稳定：电动汽车在行驶过程中受到干扰作用后，如果驱动系统的响应为发散振荡，则称该系统是不稳定的。

需要指出的是，电动汽车设计过程中，要求驱动系统具备良好的稳定性，临界稳定和不稳定状态均不符合电动汽车安全行驶的要求。

2. 准确性

电动汽车驱动系统的准确性是指电动汽车行驶过程中，从一个平衡态过渡到另一个平衡态后，被控输出量的实际值与期望值的差值。

准确性一般采用稳态性能指标——稳态误差来进行表示：稳态误差越小，表明电动汽车驱动系统输出跟随输入值的准确度越高。

3. 快速性

电动汽车驱动系统的快速性表征电动汽车从一个状态过渡到另一个状态的快慢程度。一般用暂态性能指标——调整时间来表示。显然，调整时间越小，电动汽车驱动系统的快速性越好。

电动汽车驱动系统的稳定性是其正常行驶的前提，快速性是对驱动系统暂态性能的要求，准确性是对驱动系统稳态性能的要求。总之，唯有在保持驱动系统稳定性的前提下，讨论其快速性和准确性才有实际意义。

7.3.2 动态性能指标

电动汽车驱动系统动态性能要求经量化后可以表达为动态性能指标。通常，电动汽车驱动系统的动态性能指标包括对给定输入信号的跟随性能指标和对干扰输入信号的抗干扰性能指标两类。

1. 跟随性能指标

在给定的参考输入信号 $r(t)$（通常为给定车速）作用下，驱动系统输出量 $y(t)$（实际车速）的变化情况可以用跟随性能指标来进行描述。电动汽车行驶过程中，给定信号通常为瞬间跳变的车速值，属于典型的阶跃信号。以输出量的初始值为零时给定信号阶跃变化下的过渡过程作为典型的跟随过程，这时的输出动态响应称为阶跃响应。图7-5给出了典型的阶跃响应过程和跟随性能指标，其中 y_∞ 为输出量 $y(t)$ 的稳态值。

常用的阶跃响应跟随性能指标有上升时间、峰值时间、超调量和调节时间。

1）上升时间 t_r：电动汽车驱动系统在跟随给定阶跃信号的过程中，输出量从零起第一次上升到稳态值 y_∞ 所用的时间称为上升时间，常用来表示动态响应的快速性。

2）峰值时间 t_p：电动汽车驱动系统在阶跃响应过程中，时间超过 t_r 后输出有可能会继续升高，到达最大值 y_{max} 的时间称为峰值时间。

3）超调量 σ：电动汽车驱动系统阶跃响应最大值 y_{max} 超出稳态值 y_∞ 的百分比称为超调量，可表示为

$$\sigma = \frac{y_{max} - y_\infty}{y_\infty} \times 100\% \tag{7-1}$$

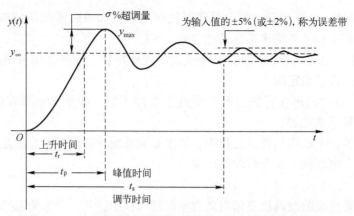

图 7-5　电动汽车驱动系统阶跃响应过程和跟随性能指标

从式（7-1）可以看出，超调量 σ 反映了电动汽车驱动系统的相对稳定性。超调量越小，驱动系统的相对稳定性越好。

4）调节时间 t_s：调节时间又称过渡时间，用于衡量电动汽车驱动系统输出量调节过程的快慢。由于系统输出的过渡过程通常耗时很长，在实际中定义稳态值上下 ±5%（或 ±2%）为允许的误差带，输出量进入误差带并不再超出该误差带所需的时间称为调节时间。可见，调节时间既反映了电动汽车驱动系统的快速性，又能体现它的稳定性。

2. 抗干扰性能指标

抗干扰能力是电动汽车驱动系统的一项重要性能指标。在电动汽车稳定运行过程中，突加一个使输出量降低的扰动量 F 之后，输出量由降低到恢复为稳态值的过程称为抗扰过程，如图 7-6 所示。

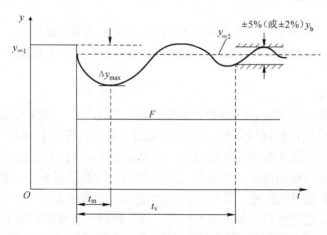

图 7-6　电动汽车驱动系统突加扰动后的动态过程和抗扰指标

一般而言，常用的抗扰性能指标为动态降落和恢复时间。

1）动态降落 $\Delta y_{\max}$：在电动汽车驱动系统稳定运行时，突加一个约定的负扰动量，所引起的输出量最大降落值 $\Delta y_{\max}$ 称为动态降落。电动汽车驱动系统输出量在动态降落后逐渐恢复，达到新的稳态值 $y_{\infty 2}$（通常 $y_{\infty 1} \neq y_{\infty 2}$），$y_{\infty 1} - y_{\infty 2}$ 称为驱动系统在该扰动下的稳态误差，即静差。

2）恢复时间 t_v：电动汽车驱动系统从扰动作用开始，到输出量基本恢复稳态，输出值

与新稳态值 $y_{\infty 2}$ 之差进入基准值 y_b 的 ±5%（或 ±2%）范围内所需的时间，称为恢复时间。

7.3.3　稳态性能指标

电动汽车行驶时，驱动系统的稳态性能指标可用稳态误差来进行衡量。为提升电动汽车的跟随性能，在进行电动汽车驱动系统设计时，通常希望稳态误差尽可能小。然而，受输入量、扰动量和输入函数形式的影响，驱动系统的输出很难在任意时刻都与给定量一致。加之驱动系统中不可避免地存在摩擦、不灵敏区等非线性因素，在电动汽车实际行驶过程中，驱动系统的稳态误差通常是无法完全避免的。但是，对于一个满足实际行车需求的电动汽车驱动系统，其稳态误差必须控制在允许的范围之内。

一个典型的电动汽车驱动系统闭环控制结构可由图 7-7 表示，其中，$R(s)$ 为给定的参考输入，$G_m(s)$ 为前向通道（即驱动电机、电力电子变换器、传动系等）的传递函数，$H(s)$ 为反馈通道传递函数，$Y(s)$ 为驱动系统输出，$E(s)$ 为误差信号。

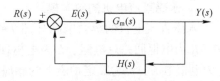

图 7-7　电动汽车驱动系统闭环控制结构

当驱动系统的输出不等于给定输入时，误差 $E(s)$ 可表示为

$$E(s)=R(s)-H(s)Y(s) \tag{7-2}$$

由图 7-7 可知驱动系统误差传递函数为

$$\Phi_e(s)=\frac{E(s)}{R(s)}=\frac{1}{1+H(s)G_m(s)} \tag{7-3}$$

则

$$E(s)=\Phi_e(s)R(s)=\frac{R(s)}{1+H(s)G_m(s)} \tag{7-4}$$

对式（7-4）取拉氏反变换可得

$$e(t)=L^{-1}\left[\Phi_e(s)R(s)\right] \tag{7-5}$$

由拉氏变换终值定理可得

$$e_{ss}=\lim_{s\to0}sE(s)=\lim_{s\to0}\frac{sR(s)}{1+H(s)G_m(s)} \tag{7-6}$$

从式（7-6）可以看出，电动汽车驱动系统的稳态误差，不仅与开环传递函数 $H(s)G_m(s)$ 的结构和参数有关，还与给定输入 $R(s)$ 的形式密切相关。对于一个给定的稳定系统，当输入信号形式一定时，驱动系统是否存在稳态误差取决于开环传递函数所描述的系统结构和参数。

7.4　电动汽车直流电机驱动系统的车速-电流双闭环控制

直流电机以其调速性能好、起动转矩大及过载能力强等优点，广泛用于各种高调速性能、大起动转矩的场合。其中，永磁直流电机用永磁体代替励磁线圈和磁极，有效节省了空间、减少了励磁损失，具有较高的功率密度和效率。永磁体的磁导率低，可以减少永磁直流电机的电枢反应，使得换向性能得到改善；加之其控制性能好、实现简单、技术成熟，永磁直流电机在早期的电动汽车中得到了大量应用。本节以电动汽车永磁直流电机驱动系统为研究对象，通过建立其驱动电动汽车的数学模型，分别从车速开环控制、车速单闭环控制、车速-电流双闭环控制三方面对电动汽车永磁直流电机驱动系统特性进行分析，并给出电动汽车直流电机驱动系统的车速-电流双闭环控制方法。

7.4.1 电动汽车直流电机驱动系统模型

对于电动汽车直流电机驱动系统而言，其从动力电池获得能量，通过电子控制器控制功率变换器的通断来调节电机的转速和输出转矩，从而驱动电动汽车按照驾驶员的需求行驶。本部分在分析永磁直流电机、功率变换器数学模型的基础上，结合电动汽车的整车动力学模型，建立起永磁直流电机驱动电动汽车的数学模型。

1. 永磁直流电机的数学模型

永磁直流电机的等效电路如图7-8所示，其中，R 为电枢回路总电阻，L 为电枢回路总电感，I_d 为电枢电流，E 为额定励磁下的感应电动势。

由图7-8可得永磁直流电机的电压平衡方程：

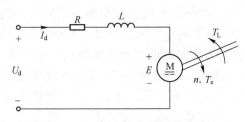

图7-8 永磁直流电机的等效电路

$$U_d = RI_d + L\frac{dI_d}{dt} + E \tag{7-7}$$

感应电动势为

$$E = C_e n \tag{7-8}$$

电磁转矩为

$$T_e = C_m I_d \tag{7-9}$$

忽略黏性摩擦，电机拖动方程为

$$T_e - T_L = \frac{GD^2}{375}\frac{dn}{dt} \tag{7-10}$$

式中，T_L 表示包括电机空载转矩在内的负载转矩（N·m）；GD^2 表示电力拖动系统运动部分折算到电机轴上的飞轮力矩（N·m²）；C_e 为直流电机的电动势常数；$C_m = 30C_e/\pi$ 表示电机额定励磁下的转矩电流比（N·m/A）。

令 $T_l = \dfrac{L}{R}$ 为电枢回路电磁时间常数，单位为 s，$T_m = \dfrac{GD^2 R}{375 C_e C_m}$ 为电力拖动系统机电时间常数，单位为 s，由式（7-7）~式（7-10）可得永磁直流电机的数学模型为

$$\begin{cases} \dfrac{I_d(s)}{U_d(s)-E(s)} = \dfrac{1/R}{T_l s + 1} \\[2mm] T_e(s) = C_m I_d(s) \\[2mm] T_e(s) - T_L(s) = \dfrac{C_e C_m T_m s}{R} n(s) \\[2mm] E(s) = C_e n(s) \end{cases} \tag{7-11}$$

根据式（7-11），可以得出永磁直流电机的动态结构，如图7-9所示。

2. DC/DC 功率变换器数学模型

直流电机驱动电路有多种形式，目前在电动汽车中应用最广的是二象限 DC/DC 功率变换器。其主电路如图7-10所示。

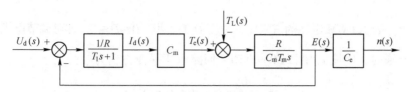

图 7-9　永磁直流电机的动态结构

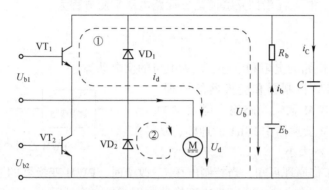

图 7-10　电动汽车直流驱动电机二象限 DC/DC 变换器主电路

其中，U_{b1} 和 U_{b2} 为脉宽可调的脉冲电压，VT_1 和 VT_2 为 IGBT 大功率管，VD_1 和 VD_2 为续流二极管。电路采用蓄电池供电，U_b 为蓄电池的端电压，E_b 为蓄电池的理想电动势，R_b 为蓄电池的等效内阻。C 为外接大电容，起滤波稳压作用。

直流电机电动运行时，在一个开关周期内，当 $0 \leqslant t < t_{on}$ 时，U_{b1} 为正，此时 VT_1 饱和导通，VT_2 截止，电枢电流 i_d 的流向如图 7-10 中的回路①所示。当 $t_{on} \leqslant t < T$ 时，U_{b1} 为负，此时 VT_1 截止；U_{b2} 为正，由于 i_d 沿回路②经二极管 VD_2 续流，使得 VT_2 处于反向偏置状态不能导通。

图 7-11a 中给出了稳态时电枢平均电压 U_d 和电枢电流 i_d 的波形，由图可知，稳态电流 i_d 是脉动的，其平均值等于负载电流 $I_{dL} = T_L/C_m$。电机得到的平均端电压为

$$U_d = \frac{t_{on}}{T} U_b = D U_b \tag{7-12}$$

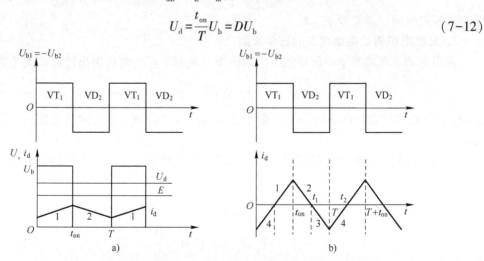

图 7-11　电动状态的电压、电流波形

a) 电动状态的电压、电流波形　　b) 轻载电动状态下电流波形

式中，$D = \dfrac{t_{on}}{T} = \dfrac{U_d}{U_b}$ 表示 PWM 电压的占空比，改变 D 的大小（$0 \leqslant D \leqslant 1$）即可调节电机的转速。

当 VT_1 导通时，电流 i_d 沿回路①流动，回路电压平衡方程为

$$K_s = \frac{U_d}{D} = U_b \quad (0 \leqslant t < t_{on}) \tag{7-13}$$

当 VT_1 关断时，电流 i_d 沿回路②流动，回路电压平衡方程为

$$0 = Ri_d + L\frac{di_d}{dt} + E \quad (t_{on} \leqslant t < T) \tag{7-14}$$

式中，R、L 为电枢电路的电阻和电感；E 为电机的反电动势。

图 7-12 为 PWM 控制器和变换器的原理，输入信号 U_c 经过 PWM 触发线路输出触发脉冲电压 U_g 来控制 PWM 变换器中 IGBT 的通断，从而控制输出电压 U_d 的大小。

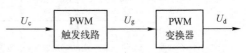

图 7-12　PWM 控制器和变换器原理

根据 PWM 的工作原理可知：当控制电压 U_c 改变时，PWM 变换器的输出电压要到下一个周期才能改变，因此触发线路和 PWM 变换器可看成是一个滞后环节，它的延时最大不超过一个开关周期 T。其传递函数可写成

$$W_{PWM}(s) = \frac{U_d(s)}{U_c(s)} = K_s e^{-T_s s} \tag{7-15}$$

系统开环频率特性截止频率满足下式：

$$\omega_c \leqslant \frac{1}{3T} \tag{7-16}$$

将滞后环节近似看成一阶惯性环节，PWM 变换器的传递函数可近似为

$$W_{PWM}(s) = \frac{K_s}{T_s s + 1} \tag{7-17}$$

式中，PWM 装置的放大系数为 $K_s = \dfrac{U_{dmax}}{U_{cmax}} = \dfrac{U_b}{U_{cmax}}$；$U_{cmax}$ 为控制电压 U_c 的最大值；T_s 为 PWM 装置的延迟时间，通常取 $T_s = T$。

3. 直流电机驱动电动汽车的数学模型

根据电动汽车的基本原理可知，电动汽车行驶时车速与电机输出转速的关系为

$$V = 0.377\frac{nr}{i_g i_o} \tag{7-18}$$

式中，n 为电机转速(r/min)；r 为车轮半径（m）；V 为车速；i_o 为主传动比；i_g 为变速器的速比。

结合电动汽车行驶动力学方程，可得永磁直流电机驱动电动汽车的数学模型：

$$\begin{cases} U_d = RI_d + L\dfrac{dI_d}{dt} + E \\ T_e = C_m I_d \\ T_e - T_{L1} = C_1 V^2 + C_2 \dfrac{dV}{dt} \\ E = C_e n \\ V = 0.377\dfrac{nr}{i_g i_o} \end{cases} \tag{7-19}$$

由于电动汽车车速和电机输出电磁转矩是一非线性微分方程，无法采用传递函数来准确地表示速度和转矩之间的输入输出关系。在此，用稳态工作点附近微偏线性化的方法得到近似的传递函数。

设 V_a 为近似线性机械特性上的一个稳态工作点，即在 V_a 邻域内，电动汽车能够稳定运行，则

$$T_{ea} - T_{La} = C_1 V_a^2 + C_2 \frac{\mathrm{d}V_a}{\mathrm{d}t} \tag{7-20}$$

设在 V_a 点附近有微小偏差时，$T_e = T_{ea} + \Delta T_e$，$T_L = T_{La} + \Delta T_L$，$V = V_a + \Delta V$，代入式（7-20）可得

$$T_{ea} + \Delta T_e - (T_{La} + \Delta T_L) = C_1 (V_a + \Delta V)^2 + C_2 \frac{\mathrm{d}(V_a + \Delta V)}{\mathrm{d}t} \tag{7-21}$$

将式（7-21）展开得

$$T_{ea} + \Delta T_e - (T_{La} + \Delta T_L) = C_1 V_a^2 + 2C_1 V_a \Delta V + C_1 \Delta V^2 + C_2 \frac{\mathrm{d}(V_a + \Delta V)}{\mathrm{d}t} \tag{7-22}$$

式（7-22）减去式（7-20）得

$$\Delta T_e - \Delta T_L = 2C_1 V_a \Delta V + C_1 \Delta V^2 + C_2 \frac{\mathrm{d}\Delta V}{\mathrm{d}t} \tag{7-23}$$

忽略两个以上微偏量的乘积，则

$$\Delta T_e - \Delta T_L = 2C_1 V_a \Delta V + C_2 \frac{\mathrm{d}\Delta V}{\mathrm{d}t} \tag{7-24}$$

对式（7-24）两边求拉氏变换得

$$\Delta T_e(s) - \Delta T_L(s) = 2C_1 V_a \Delta V(s) + C_2 s \Delta V(s) \tag{7-25}$$

由式（7-25）可知电动汽车车速和转矩的传递函数为

$$\frac{\Delta V(s)}{\Delta T_e(s) - \Delta T_L(s)} = \frac{1}{2C_1 V_a + C_2 s} = \frac{\dfrac{1}{2C_1 V_a}}{1 + \dfrac{C_2}{2C_1 V_a}s} \tag{7-26}$$

根据式（7-19）和式（7-26）可得永磁直流电机驱动电动汽车的微偏线性化近似动态结构如图 7-13 所示。

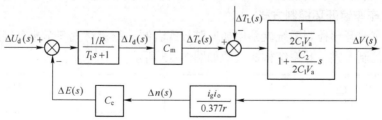

图 7-13　永磁直流电机驱动电动汽车的微偏线性化近似动态结构

需要指出的是，永磁直流电机驱动电动汽车的微偏线性化近似动态结构方程只适用于电动汽车稳态运行的场合，而对于起动、加速等车速变化较快的动态场合并不适用，因此需要研究一种适用于电动汽车各种运行状态的通用数学模型。

电动汽车行驶时，负载转矩 T_{L1} 主要由摩擦阻力和爬坡阻力产生。风阻产生的负载转矩

$C_1 V^2$ 由于与车速有关，不能简单地纳入负载转矩，从而导致电机驱动汽车与在工厂中应用电机拖动生产机械的拖动方程有所不同。

考虑到通用永磁直流电机拖动方程的普适性，同时兼顾电机拖动汽车的特殊性，在此主要参数和环节仍用通用电机数学模型，并辅之相应的非线性环节来构建电机拖动汽车的动态结构图。

永磁直流电机驱动电动汽车的动态结构如图 7-14 所示。T_{L1} 是由摩擦阻力和爬坡阻力产生的负载转矩，T_ω 是由风阻产生的等效负载转矩，$T_\omega = C_1 V^2$，$f(\cdot)$ 表示非线性环节，$T_L(s) = T_{L1}(s) + T_\omega(s)$ 为等效负载转矩。

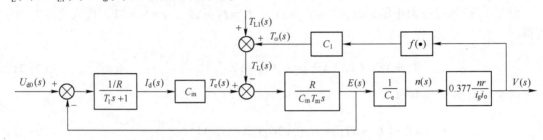

图 7-14   永磁直流电机驱动电动汽车动态结构

令 $T_L = T_{L1} + C_1 V^2$，则有 $\dfrac{GD^2}{375}\dfrac{\mathrm{d}n}{\mathrm{d}t} = C_2 \dfrac{\mathrm{d}V}{\mathrm{d}t}$，可得

$$\frac{GD^2}{375} = \frac{0.377 r^2 \delta m_a}{\eta_T i_g^2 i_o^2} \tag{7-27}$$

该式表明，$\dfrac{GD^2}{375}$ 与 r、δ、m_a、η_T、i_g 和 i_o 等汽车结构参数有关，它是一个常量，可通过电动汽车的结构参数进行计算。

7.4.2   电动汽车直流电机驱动系统的车速控制方式

电动汽车在行驶过程中，驾驶员通过操纵加速踏板、制动踏板、离合器和档位开关来控制电动汽车的车速。在电动运行过程中，无论是起步加速、稳态运行，还是减速过程，驾驶员都是不踩制动踏板的，在不考虑换档的情况下，加速踏板的信号就代表驾驶员的指令。按加速踏板所代表的给定指令不同，可将电动汽车车速控制方式分为 3 类：开环控制、电流闭环控制和车速-电流双闭环控制。下面分别对这 3 类控制方式进行介绍与分析。

1. 电动汽车车速开环控制方式

电动汽车车速开环控制系统就是用加速踏板或者制动踏板对汽车车速直接进行控制，是一种最简单的控制形式，其系统构成框图如图 7-15 所示。

图 7-15   开环控制系统构成框图

图 7-15 中，给定积分器的作用是避免突加给定时，导致电机电枢回路电流过大而增加的环节，稳态时其系数为 1。

电动汽车车速开环系统的稳态结构框图如图 7-16 所示，其中，$N_V = \dfrac{0.377 r}{i_g i_o}$。

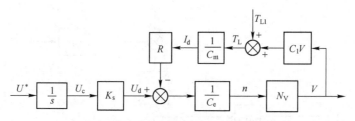

图 7-16　开环控制系统稳态结构框图

根据图 7-16 可以得出在开环控制下电动汽车车速的表达式：

$$V = \frac{N_V U_b U^*}{C_e} - \frac{N_V R T_{L1}}{C_e C_m} - \frac{N_V R C_1 V^2}{C_e C_m} \tag{7-28}$$

电动汽车车速开环控制系统的主要特点如下。

1）控制电路简单，成本低。

2）当动力电池电压等参数波动时，无调节作用，抗干扰能力差。

3）车速开环控制系统是其他控制系统调试的基础。

4）由于给定积分器的作用，其起步加速和动力性能指标不高。

2. 电动汽车电流单闭环车速控制方式

电动汽车电流单闭环控制系统就是用加速踏板的信号代表电机电枢电流，实际上就是代表电机输出电磁转矩的给定值，其系统构成框图如图 7-17 所示。

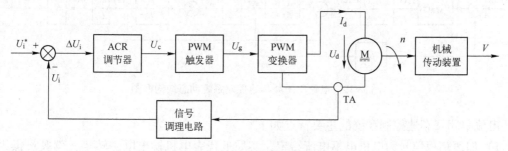

图 7-17　电流单闭环控制系统构成框图

图 7-17 中，TA 为霍尔电流传感器，其作用是将电枢电流 I_d 转换成线性变化的弱电信号。反馈信号 $U_i = \beta I_d$，其中，β 为电流反馈系数，定义如下：

$$\beta = \frac{U_{im}^*}{I_{dm}} = \frac{U_{im}^*}{\lambda I_{nom}} \tag{7-29}$$

式中，U_{im}^* 是加速踏板输出的最大值；I_{nom} 是直流电机的额定电流；λ 为电机电流过载系数。

为实现电流给定的无差控制，电流调节器 ACR（Automatic Current Regulator）选用非饱和 PI 调节器，其稳态结构框图如图 7-18 所示。

当电流单闭环系统在稳态工作时，各变量的关系如下：

$$\begin{cases} U_i^* = U_i = \beta I_d \\ U_c = \dfrac{U_d}{K_s} = \dfrac{C_e n + \dfrac{T_L}{C_m} R}{K_s} = \dfrac{\dfrac{C_e}{N_V} V + \dfrac{T_L}{C_m} R}{K_s} \end{cases} \tag{7-30}$$

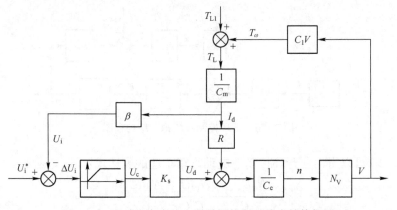

图 7-18　电动汽车车速电流单闭控制环稳态结构框图

由式（7-30）可以看出，车速 V 和 U_i^* 并无直接函数关系，对电动汽车车速的控制需要通过驾驶员根据实际情况间接实现。

电流单闭环车速控制系统动态结构框图如图 7-19 所示。

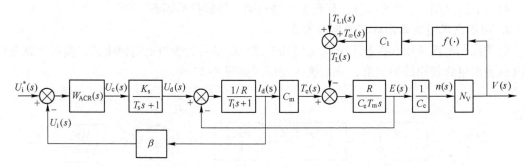

图 7-19　电流单闭环车速控制系统动态结构框图

电流单闭环车速控制系统的主要特点如下。

1）加速踏板信号为电机电枢电流给定，实质上代表电机输出电磁转矩，驾驶员操纵电动汽车和普通燃油汽车的感觉相同。

2）动力电池的电压在整个驾驶过程中是逐渐降低的，由于其影响在电流环内，系统具有自调节能力。

3）车速 V 是驾驶员通过踩加速踏板控制电枢电流来间接实现的，因此该模式下的车速控制实际上是驾驶员和控制系统一起构成的广义车速控制系统。

4）为使加速时间最短，要求驾驶员在电动汽车起动时应将踏板一直踩踏到底，直到达到期望的车速。

3. 电动汽车车速–电流双闭环控制方式

从以上分析讨论可以看出，无论是车速开环控制系统还是电流单闭环车速控制系统，均无法满足电动汽车车速快速、稳定、精确控制的要求。电动汽车实际行驶过程中，驾驶员通过观察实际车速，改变加速踏板的位置，以达到满意的车速。因此，电动汽车的车速控制实际上是驾驶员通过广义的车速闭环控制来实现的。

由公式 $T_e - T_{L1} = C_1 V^2 + C_2 \dfrac{\mathrm{d}V}{\mathrm{d}t}$ 可知，要使车速上升最快，就必须在升速过程中使电机输出

转矩最大（即 $T_e = T_{max}$），也就是要求在升速过程中保持电机电枢电流 $I_d = I_{dm}$。根据反馈控制规律，采用某个物理量的负反馈就可以使其保持基本不变，因此采用电流负反馈就可以使电流保持在给定值不变。采用车速和电流两个调节器控制的系统称为车速-电流双闭环控制系统，如图 7-20 所示。

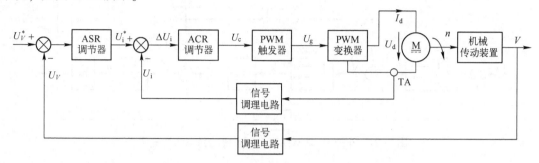

图 7-20　车速-电流双闭环控制系统构成框图

为实现车速和电流两种负反馈分别作用，在系统中设置了两个调节器：ASR（Automatic Speed Regulator）和 ACR（Automatic Current Regulator）。其中，ASR 为车速调节器，ACR 是电流调节器，二者之间实行串级连接。也就是说，把车速调节器的输出作为电流调节器的输入，再用电流调节器的输出去控制 PWM 变换器的触发线路。从闭环结构上看，电流调节环在里面，称作内环；车速调节环在外面，称作外环。这样，就形成了车速-电流双闭环控制系统。

车速-电流双闭环控制系统的主要特点如下。

1）加速踏板位置直接代表驾驶员期望车速，直观便于理解。

2）采用饱和非线性控制，实现准时间最优控制，使得起动加速性能最优。

3）在行驶过程中，由于振动等因素会导致踏板产生微小的位移，这种微小位移导致车辆在不停地以最大加速或减速进行驱动，其乘坐舒适性会降低，因此车速-电流双闭环控制策略适用于道路情况良好的巡航控制。

4）车速-电流双闭环控制系统特别适合于理论研究分析。

5）车速调节器 ASR 的参数随变速器的速比 i_g 变化，控制器的设计比较复杂。

7.4.3　电动汽车直流电机驱动系统车速-电流双闭环控制

1. 车速-电流双闭环控制系统模型

为了获得良好的静、动态性能，车速和电流两个调节器一般都采用带限幅作用的 PI 调节器，车速调节器 ASR 的输出限幅电压 U_{im}^* 决定了电流调节器给定电压的最大值（也就是踏板信号的最大值），电流调节器 ACR 的输出限幅 U_{cm} 限制了 PWM 变换器的最大输出电压。车速-电流双闭环控制系统的稳态结构框图如图 7-21 所示。

在正常运行时，电流调节器是不会达到饱和状态的。当车速调节器不饱和时，由图 7-21可知，双闭环调速系统在稳态工作中，两个调节器都处于不饱和状态，各变量的关系如下：

$$\begin{cases} U_V^* = U_V = \alpha V \\ U_i^* = U_i = \beta I_d \\ U_c = \dfrac{U_d}{K_s} = \dfrac{C_e n + \dfrac{T_L}{C_m} R}{K_s} = \dfrac{\dfrac{C_e}{N_V} V + I_{dL} R}{K_s} \end{cases} \quad (7\text{-}31)$$

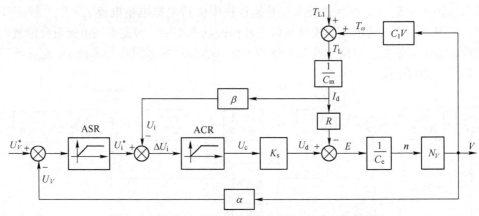

图 7-21 车速-电流双闭环控制系统的稳态结构框图

式 (7-31) 表明，在稳态工作点时，车速 V 是由给定的踏板电压信号 U_V^* 决定的，车速调节器 ASR 的输出量 U_i^* 是由负载电流 I_{dL} 决定的，而控制信号 U_c 的大小是由车速 V 和负载电流 I_d 同时决定的，或者说是由 U_V^* 和负载电流 I_{dL} 同时决定的。

β 为电流反馈系数，定义如下：

$$\beta = \frac{U_{im}^*}{I_{dm}} = \frac{U_{im}^*}{\lambda I_{nom}} \tag{7-32}$$

α 为车速反馈系数，定义如下：

$$\alpha = \frac{U_{Vm}^*}{V_m} \tag{7-33}$$

式中，U_{Vm}^* 为加速踏板输出的最大值；U_{im}^* 为电流调节器给定电压的最大值，其大小受运算放大器允许输入电压和稳压电源的限制；I_{nom} 为电机的额定电流；λ 为电机电流过载系数。

车速-电流双闭环控制系统的动态结构框图如图 7-22 所示。图中，$W_{ASR}(s)$ 和 $W_{ACR}(s)$ 分别表示车速调节器和电流调节器的传递函数。

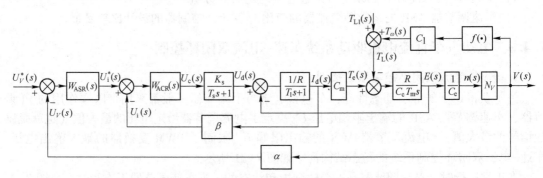

图 7-22 车速-电流双闭环系统的动态结构框图

一般来说，双闭环控制系统具有比较满意的动态性能，对于电动汽车车速控制系统来说，最重要的动态性能就是抗干扰性能。其抗干扰性能主要体现为抗负载扰动和抗蓄电池电压扰动两方面。

（1）抗负载扰动

由图 7-22 可知，负载扰动作用在电流环之后，所以只能设计具有良好性能指标的车速调节器 ASR 来产生抗负载扰动作用。

（2）抗蓄电池电压扰动

如图 7-23 所示，由于有电流内环调节，电压波动可以通过电流反馈得到及时的调节，而不必等到它影响到车速以后才进行调节，因此系统抗干扰性能比较好。在双闭环系统中，由动力电池电压波动引起的车速动态变化会比单闭环系统小很多。

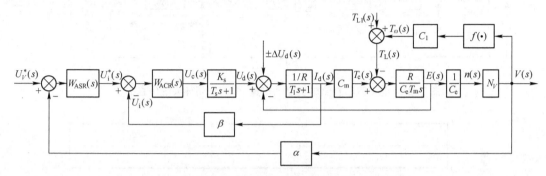

图 7-23　车速-电流双闭环系统的动态扰动作用框图

2. 电动汽车直流电机驱动系统车速-电流双闭环控制仿真验证

为验证电动汽车直流电机驱动系统车速-电流双闭环控制的有效性，在 MATLAB 下展开仿真研究。

定义以下仿真数据：直流电机的电动势常数 $C_e = 0.068\, \mathrm{V \cdot min/r}$；电机额定励磁下的转矩电流比 $C_m = 0.653\, \mathrm{N \cdot m/A}$；电枢回路电磁时间常数 $T_1 = 7.17 \times 10^{-3}\, \mathrm{s}$；整车质量 $m_a = 3875\, \mathrm{kg}$；电力拖动系统机电时间常数 $T_m = 4.018\, \mathrm{s}$；负载电流的最大值为 $I_{dm} = T_{max}/C_m = 459.42\, \mathrm{A}$，过载系数 $\lambda = I_{dm}/I_{nom} = 2.42$，则电流反馈系数为 $\beta = U_{im}^*/I_{dm} = U_{im}^*/(\lambda I_{nom}) = 5/459.42 = 0.0109$；车速的最大值为 $90\, \mathrm{km/h}$，加速踏板信号的最大值为 $U_{Vm}^* = 5\, \mathrm{V}$，则车速反馈系数为 $\alpha = \dfrac{3.6 U_{Vm}^*}{V_{max}} = \dfrac{3.6 \times 5}{90} = 0.2$；取 IGBT 开关频率为 $f_{PWM} = 5\, \mathrm{kHz}$，则 PWM 装置的延迟时间 $T_s = 0.0002\, \mathrm{s}$；PWM 装置的控制电压 U_c 的取值范围为 $0 \sim 1\, \mathrm{V}$，所以 PWM 装置的放大系数 $K_s = \dfrac{U_{dmax}}{U_{cmax}} = 216$。

采用典型 I 型系统的工程设计方法，可得电流调节器 ACR 的传递函数为

$$W_{ACR}(s) = \frac{K_i(\tau_i s + 1)}{\tau_i s} = \frac{1.35 \times (0.00717 s + 1)}{0.00717 s} \tag{7-34}$$

式中，K_i 为电流调节器的比例系数；τ_i 为电流调节器的超前时间常数，为了使调节器的零点与控制对象的大时间常数极点对消，选择 $\tau_i = T_1$。

采用典型 II 型系统的工程设计方法，可得转速调节器 ASR 传递函数为

$$W_{ASR}(s) = \frac{K_v(\tau_v s + 1)}{\tau_v s} = \frac{1067.99 \times (0.053 s + 1)}{0.053 s} \tag{7-35}$$

式中，K_v 为 ASR 的比例系数；τ_v 为 ASR 的超前时间常数。

基于以上参数设置及控制器设计，在 MATLAB/Simulink 环境下对车速-电流双闭环系统进行仿真，其仿真框图如图 7-24 所示。

车速调节器 ASR 的限幅值取 5 V，电流调节器的限幅值取 1 V，若取给定加速踏板信号

U_V^* 为 3 V，则三档位的期望车速应为 54 km/h（15 m/s），在 MATLAB/Simulink 下的仿真结果如图 7-25 所示，图中分别给出了加速踏板给定信号 U_V^*、PWM 装置的控制电压 U_c、电机电枢电流 I_d 及车速 V 随时间变化的曲线。

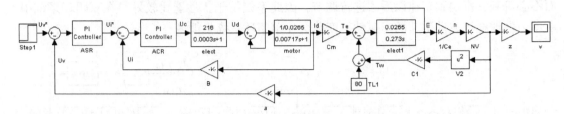

图 7-24　电动汽车直流电机驱动车速-电流双闭环系统仿真框图

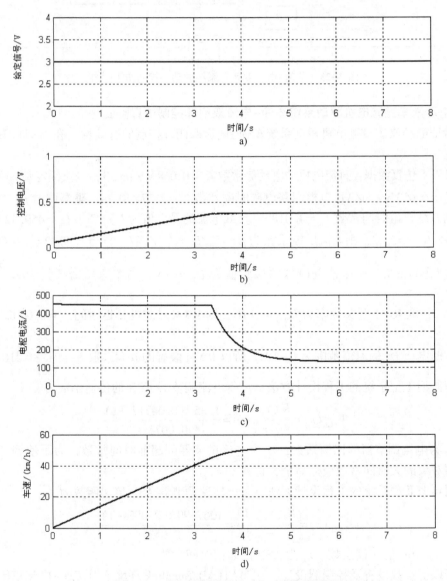

图 7-25　加速踏板信号为 3 V 时的仿真结果

a）加速踏板给定信号　b）控制电压随时间变化曲线　c）电枢电流随时间变化曲线　d）车速随时间变化曲线

分析图 7-25 的仿真结果可知，电动汽车起步加速过程可分为如下 3 个阶段。

（1）电流上升阶段

突加给定 U_V^* 后，通过两个调节器的作用，使 U_c、U_d 和 I_d 都上升，当 $I_d > T_L/C_m$ 后，电机开始转动。由于机电惯性的作用，车速不会很快增长，导致 $\Delta U = U_V^* - U_V$ 很大，ASR 迅速进入饱和，其输出 $U_i^* = U_{im}^* = 5\,V$，强迫电流 I_d 迅速上升到 I_{dm}。在此阶段 ASR 很快进入并保持饱和状态，ACR 不饱和，电流上升时间极短。

（2）恒流升速阶段

在此阶段 ASR 饱和，ACR 不饱和，电枢电流保持恒值不变，大小略小于电枢电流的最大值 I_{dm}，保证电流调节器 ACR 的输入偏差也维持一定的恒值，直至车速 $V = U_V^*/\alpha$。

（3）转速调节阶段

当车速 V 达到给定值后，车速调节器的输入偏差为零，但其输出由于积分作用还维持 U_{im}^*，电机在最大电流下加速，必然引起车速超调。车速超调后，ASR 输入偏差变负使得 ASR 退饱和，U_i^* 和 I_d 迅速下降，直到 $I_d = I_{dl}$。在转速调节阶段，ASR 和 ACR 均不饱和，同时起调节作用，ASR 在外环起主导作用，ACR 在内环使得 I_d 尽快地跟随其给定值 U_i^*。

为进一步分析车速-电流双闭环系统的特征，研究系统在加速、稳速和减速的性能，设加速踏板给定信号 U_V^* 如图 7-26a 所示变化，在 MATLAB/Simulink 环境下仿真结果如图 7-26 所示。

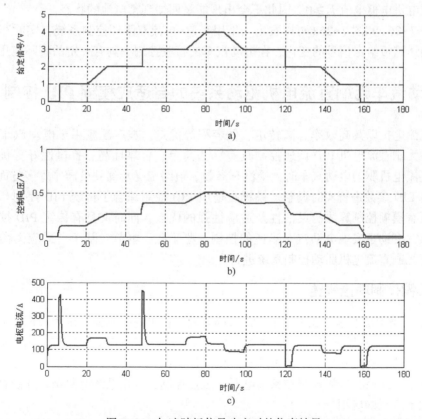

图 7-26　加速踏板信号改变时的仿真结果

a）加速踏板给定信号　b）控制电压随时间变化曲线　c）电枢电流随时间变化曲线

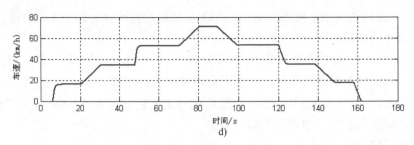

图 7-26 加速踏板信号改变时的仿真结果（续）

d）车速随时间变化曲线

从图 7-26a 可以看出，给定信号 U_V^* 模拟了加速踏板信号的各种变化情况：给定信号为 0、突加给定、缓慢加速、稳速、突减给定和缓慢减速。图 7-26b 为控制电压 U_c 的变化情况，当突加或突减给定时，其变化较快；稳速时，其保持为某一恒定值；给定信号缓慢增加或者减小时，其变化较慢。图 7-26c 为电枢电流的变化情况。突加给定时，I_d 必有一段时间 $I_d = I_{dm}$，使得车速迅速上升，稳速时，$I_d = T_L/C_m$；缓慢加速时，$T_L/C_m < I_d < I_{dm}$，ASR 处于非饱和状态，起调节作用；突减给定时，$\Delta U = U_V^* - U_V < 0$，$|\Delta U|$ 很大，使得 ASR 饱和，这时电流调节器的输入信号为 $U_i^* = 0$，电机电枢电流 $I_d = 0$，车速迅速下降至给定值。缓慢减速时，ASR 不饱和，$0 < I_d < T_L/C_m$，使车速跟踪给定信号 U_V^* 变化。由图 7-26 可以看到整个调速过程中电机电枢电流 $I_d \geq 0$，因此不会出现能量回馈到蓄电池的状态。

比较图 7-26a 和图 7-26d 可以看出，采用车速-电流双闭环控制系统，实际车速能够较好地跟踪加速踏板给定信号的变化，在电动汽车的行驶控制中具有一定的实际应用潜力。

7.5 电动汽车无刷直流电机驱动系统的自适应模糊 PID 控制

无刷直流电机以其高效率、高转矩、低容积等优点，被广泛应用于电动汽车驱动系统中。传统的无刷直流电机 PID 调速控制具有算法简单、可靠性高、鲁棒性好等优点，但在使用无刷直流电机驱动电动汽车时，受汽车参数、道路工况及驾驶员操作等多方面因素的影响，需要对 PID 参数进行实时调整。模糊自适应 PID 控制综合了传统 PID 控制和模糊控制的优点，既有模糊控制算法的灵活性及适应性强的优点，同时又具有传统 PID 控制无稳态误差等优点，有助于实现电动汽车车速的控制。鉴于此，本节对基于自适应模糊 PID 控制的电动汽车无刷直流电机驱动控制系统进行介绍。

7.5.1 模糊控制理论概述

1965 年，美国加利福尼亚大学 L. A. Zadeh 教授提出的模糊集合论为模糊控制理论的发展奠定了基础。在 20 世纪 70 年代，英国剑桥大学 E. H. Mamdani 教授首先用模糊控制语句组成模糊控制器，并把它应用于锅炉及蒸汽机的控制系统中，这一开拓性的工作标志着模糊控制论的诞生。此后，模糊控制在家用电器、工业控制、专用系统等复杂、非线性和不确定系统中得到了广泛的应用。

模糊控制根据操作者的经验而非系统的行为参数，非常适用于诸如在被测数据不确定、要处理的数据量过大以致无法判断其兼容性、被控对象复杂可变甚至无法得到被控对象精确模型等场合。在传统控制系统中，参数或控制输出的调整是通过对一组微分方程描述的过程模型的状态分析和综合来实现的，而模糊控制器参数或控制输出的调整则利用过程函数的逻辑模型产生的规则来进行。改善模糊控制性能的最有效方法是优化模糊控制规则，通常模糊控制规则是通过将人的操作经验转化为模糊语言形式来获取的。

模糊控制器主要由以下 4 大部分组成。

1）模糊化接口（Fuzzy Interface）：其作用是将实际应用中输入的精确量转换为模糊推理机制所要求的模糊量。

2）知识库（Knowledge Base）：由数据库和规则库两部分组成。数据库用于存放所有输入、输出变量模糊子集的隶属度矢量值。规则库是依靠专家知识或操作人员长期积累的宝贵经验，按照人的直觉推理的一种表示形式。

3）推理机制（Inference Mechanism）：是模糊控制的核心。推理机制可利用规则库所提供的信息，根据模糊输入寻找出相应的模糊规则，模拟出人类的推理过程，并给出相应的控制量。

4）解模糊化接口（Defuzzy Interface）：将模糊输出量转换成精确量，用于实际控制。

7.5.2 电动汽车无刷直流电机驱动系统模型

如 7.4 节所述，车速-电流双闭环控制系统以其起动加速性能优良、抗干扰能力强、便于理论分析等优势，特别适合电动汽车驱动控制系统的设计。在此，依旧采用车速-电流双闭环控制系统构建电动汽车无刷直流电机驱动系统。

电动汽车无刷直流电机车速-电流双闭环控制系统框图如图 7-27 所示，该系统包括一个电动汽车车速控制环和一个无刷直流电机电流控制环。车速控制环中，车速检测模块检测的信号与车辆需求车速比较后得到车速误差信号，该误差信号经过一个车速控制模块可以得到无刷直流电机的电流参考值，该电流参考值与电流环电流检测模块检测到的实际电流值进行比较得到电流误差值，该电流误差值再经过电流控制器模块就可以得到合适的 PWM 信号，然后该 PWM 信号控制无刷直流电机逆变器模块功率器件的导通，实现对无刷直流电机的控制。最后，利用无刷直流电机输出转矩驱动电动汽车行驶。

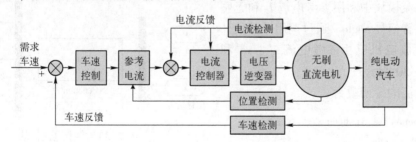

图 7-27　电动汽车用无刷直流电机平速-电流双闭环控制系统框图

1. 车速控制模块

车速控制采用 PID 调节器，传统 PID 调节器原理框图如图 7-28 所示。

图 7-28 中，PID 控制系统输出可用以下公式来表示：

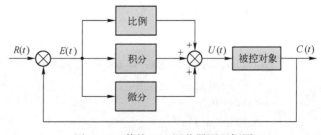

图 7-28　传统 PID 调节器原理框图

$$U(t) = K_{\text{p}}\left[E(t) + \frac{1}{K_{\text{i}}}\int_0^t E(t)\,\mathrm{d}t + K_{\text{d}}\frac{\mathrm{d}E(t)}{\mathrm{d}t}\right] \qquad (7\text{-}36)$$

式中，$E(t) = R(t) - C(t)$；K_{p} 为比例系数；K_{i} 为积分时间常数；K_{d} 为微分时间常数。

车速控制模块在 Simulink 中的模型如图 7-29 所示。

该车速控制模块可利用需求车速与实际车速的差值，得到无刷直流电机相应的电流参考值。

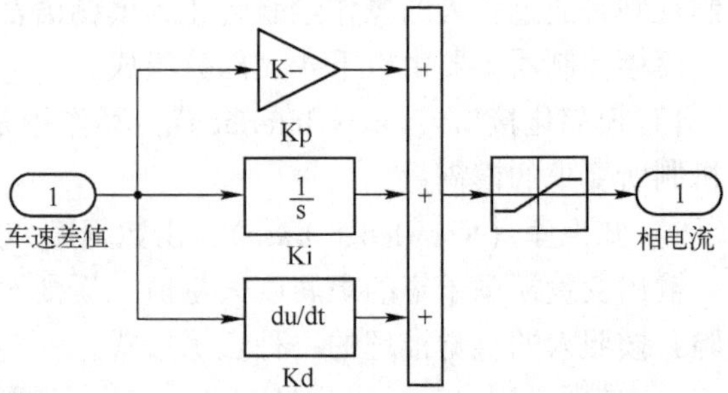

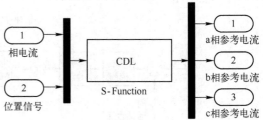

图 7-29　车速控制模块在 Simulink 中的模型

2. 参考电流模块

参考电流模块利用车速控制模块输出的相电流 I_{s} 和无刷直流电机位置信号 angle，计算出无刷直流电机三相参考电流 i_{a}^*、i_{b}^* 和 i_{c}^*。经参考电流模块得到的无刷直流电机三相参考电流 i_{a}^*、i_{b}^* 和 i_{c}^* 直接输入电流控制器模块。其中，无刷直流电机位置信号 angle 和无刷直流电机三相参考电流之间的对应关系见表 7-1。

表 7-1　转子位置信号与三相参考电流之间的关系

位置信号 angle	i_{a}^*/A	i_{b}^*/A	i_{c}^*/A
$0 \sim \pi/3$	I_{s}	$-I_{\text{s}}$	0
$\pi/3 \sim 2\pi/3$	I_{s}	0	$-I_{\text{s}}$
$2\pi/3 \sim \pi$	0	I_{s}	$-I_{\text{s}}$
$\pi \sim 4\pi/3$	$-I_{\text{s}}$	I_{s}	0
$4\pi/3 \sim 5\pi/3$	$-I_{\text{s}}$	0	I_{s}
$5\pi/3 \sim 2\pi$	0	$-I_{\text{s}}$	I_{s}

参考电流模块中利用参考电流 I_{s} 和无刷直流电机位置信号 angle，通过调用 S 函数计算出无刷直流电机三相参考电流 i_{a}^*、i_{b}^* 和 i_{c}^*，如图 7-30 所示。

参考电流的 S 函数为

图 7-30　参考电流模块

```
function sys = mdlOutputs(t,x,u)
global angle
if(( angle >= 0 )&&( angle <= pi/3 ))
    sys(1) = u(1);
    sys(2) = -u(1);
    sys(3) = 0;
elseif(( angle > pi/3 )&&( angle <= 2 * pi/3 ))
    sys(1) = u(1);
    sys(2) = 0;
    sys(3) = -u(1);
elseif(( angle > 2 * pi/3 )&&( angle <= pi ))
```

```
        sys( 1 ) = 0;
        sys( 2 ) = u( 1 );
        sys( 3 ) = -u( 1 );
    elseif( ( angle > pi )&&( angle <= 4 * pi/3 ) )
        sys( 1 ) = -u( 1 );
        sys( 2 ) = u( 1 );
        sys( 3 ) = 0;
    elseif( ( angle > 4 * pi/3)&&( angle <=5 * pi/3 ) )
        sys( 1 ) = -u( 1 );
        sys( 2 ) = 0;
        sys( 3 ) = u( 1 );
    elseif( ( angle > 5 * pi/3 )&&( angle <= 2 * pi ) )
        sys( 1 ) = 0;
        sys( 2 ) = -u( 1 );
        sys( 3 ) = u( 1 );
    end
```

3. 电流控制器模块

电流控制器模块的作用是利用滞环控制原理实现对电流的调节，输入为无刷直流电机三相参考电流和三相实际电流，输出为无刷直流电机逆变器的 PWM 控制信号，其模块图如图 7-31 所示。

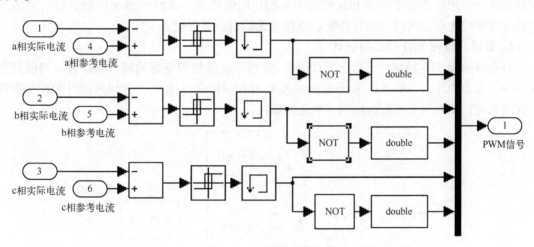

图 7-31　电流控制器模块

当无刷直流电机实际电流低于参考电流且偏差大于滞环比较器宽度时，对应相正向导通，负向关断；当无刷直流电机实际电流大于参考电流且偏差大于滞环比较器的宽度时，对应相正向关断，负向导通。因此，在电流控制器模块中，选择合适的滞环比较器环宽，就可以使实际电流不断地跟踪参考电流的波形，实现了电流闭环控制。

通过以上分析，可以得到电动汽车无刷直流电机驱动系统车速-电流双闭环控制系统总体模型如图 7-32 所示。

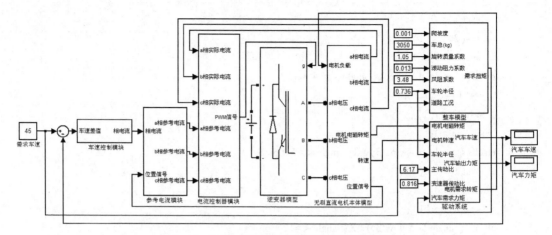

图 7-32　车速-电流双闭环控制系统总体模型

7.5.3　电动汽车无刷直流电机驱动系统自适应模糊 PID 控制

使用无刷直流电机驱动电动汽车时，受汽车参数、道路工况及驾驶员操作等多方面因素的影响，要求能对 PID 参数进行实时调整。然而，传统 PID 的参数调整不方便，抗干扰能力较差，超调量大。模糊控制可依据人的经验，通过相应的逻辑规则设计出合适的控制器，设计方法简单、易于实现，但模糊控制只能按档处理，控制精度不高，存在着静态余差。模糊自适应 PID 控制综合了传统 PID 控制和模糊控制的优点，既具有模糊控制算法的灵活性及适应性强的优点，同时又具有传统 PID 控制无稳态误差等优点。

1. 自适应模糊 PID 控制器设计

自适应模糊 PID 控制器原理框图如图 7-33 所示，模糊控制器的输入是误差 e 和误差变化率 ec，输出为比例系数 K_p、积分时间常数 K_i 和微分时间常数 K_d。这样可以对 PID 参数进行在线整定，使系统具有很好的动、静态性能。

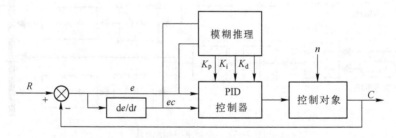

图 7-33　自适应模糊 PID 控制器原理框图

从系统的稳定性、响应速度、超调量和稳态精度等各方面来考虑，K_p、K_i、K_d 的作用如下。

1）K_p 的作用是加快系统的响应速度。K_p 越大，系统的响应速度越快，但易产生超调，甚至导致系统不稳定。K_p 过小，则会使响应速度缓慢，从而延长调节时间，使系统动、静态性能变坏。

2）K_i 的作用是消除系统的稳态误差。K_i 越大，系统的静态误差消除越快，但 K_i 过大，在响应过程的初期会产生积分饱和现象，从而引起响应过程的较大超调。但 K_i 过小，将使系统静态误差难以消除，从而影响系统的调节精度。

3）K_d 的作用是改善系统的动态性能，其作用是在响应过程中抑制偏差向任何方向的变化，对偏差变化进行提前预报。但 K_d 过大，会使响应过程提前制动，从而延长调节时间，而且会降低系统的抗干扰性能。

在 PID 参数整定过程中，必须考虑 3 个参数在不同时刻的作用及其相互之间的互联关系。以下介绍模糊 PID 控制器的设计过程，主要包括模糊化过程、模糊规则和模糊推理及解模糊过程三大步骤。

（1）模糊化

模糊化分为对输入量模糊化和输出量模糊化。

1）输入量模糊化。对输入量模糊化即对基本论域误差 e 和误差变化率 ec 进行模糊化。将这两种论域离散为 $[-6、-4、-2、0、2、4、6]$ 7 个等级，并将 $[-6,6]$ 分为负大（NB）、负中（NM）、负小（NS）、零（Z）、正小（PS）、正中（PM）、正大（PB）7 个语言变量值。具体做法是：当基本论域是 $[A,B]$，量化论域是 $[-N,N]$ 时，整定公式为

$$x' = \frac{2N}{B-A}\left[x - \frac{A+B}{2}\right] \tag{7-37}$$

根据式（7-37）便可以得到误差 e 和误差变化率 ec 的模糊量。

2）输出量模糊化。对输出量模糊化即比例系数 K_p、积分时间常数 K_i 和微分时间常数 K_d 进行模糊化，与对输入量模糊化相同，将这 3 种论域离散为 $[-6、-4、-2、0、2、4、6]$ 7 个等级，并将 $[-6,6]$ 分为负大（NB）、负中（NM）、负小（NS）、零（Z）、正小（PS）、正中（PM）、正大（PB）7 个语言变量值。

（2）模糊规则和模糊推理

隶属度函数选择三角函数，误差 e、误差变化率 ec、比例系数 K_p、积分时间常数 K_i 和微分时间常数 K_d 的模糊量隶属度函数如图 7-34 所示。

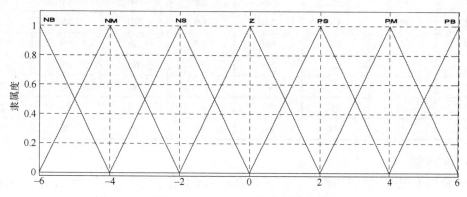

图 7-34　变量 e、ec、K_p、K_i、K_d 的模糊量隶属度函数

模糊控制设计的核心是通过总结工程设计人员的技术知识和实际操作经验，建立合适的模糊规则表。针对 K_p、K_i 和 K_d 分别设计模糊控制规则表见表 7-2~表 7-4。

表 7-2　K_p 模糊控制规则表

ec ＼ K_p ＼ e	NB	NM	NS	Z	PS	PM	PB
NB	PB	PB	PM	PM	PS	Z	Z

K_p \ e ec	NB	NM	NS	Z	PS	PM	PB
NM	PB	PB	PM	PS	PS	Z	NS
NS	PM	PM	PM	PS	Z	NS	NS
Z	PM	PM	PS	Z	NS	NM	NM
PS	PS	PS	Z	NS	NS	NM	NM
PM	PS	Z	NS	NM	NM	NM	NB
PB	Z	Z	NM	NM	NM	NB	NB

表 7-3 K_i 模糊控制规则表

K_i \ e ec	NB	NM	NS	Z	PS	PM	PB
NB	NB	NB	NM	NM	NS	Z	Z
NM	NB	NB	NM	NS	NS	Z	Z
NS	NB	NM	NS	NS	Z	PS	PS
Z	NM	NM	NS	Z	PS	PM	PM
PS	NM	NS	Z	PS	PS	PM	PB
PM	Z	Z	PS	PS	PM	PB	PB
PB	Z	Z	PS	PM	PM	PB	PB

表 7-4 K_d 模糊控制规则表

K_d \ e ec	NB	NM	NS	Z	PS	PM	PB
NB	PS	NS	NB	NB	NB	NM	PS
NM	PS	NS	NB	NM	NM	NS	Z
NS	Z	NS	NM	NM	NS	NS	Z
Z	Z	NS	NS	NS	NS	NS	Z
PS	Z	Z	Z	Z	Z	Z	Z
PM	PB	NS	PS	PS	PS	PS	PB
PB	PB	PM	PM	PM	PS	PS	PB

（3）解模糊

由于模糊推理得到的是模糊值，所以必须通过解模糊才能将其转换为可以执行的精确量来控制被控对象。目前常用的解模糊方法有最大隶属度平均法、重心法和加权平均法，在此选用最大隶属度平均法，找出能代表所有的隶属度函数达到最大值的局部控制作用的平均值：

$$u_o = \sum_{j=1}^{l} \frac{w_j}{l} \tag{7-38}$$

式中，w_j 为隶属度达到最大值 $m(w_j)$ 的那些输出值；l 为输出值的个数。

通过最大隶属度平均法解模糊后，就可以得到 K_p、K_i 和 K_d 的增量输出，通过在 MATLAB 命令窗口中运行 fuzzy 函数，进入模糊逻辑编辑器，根据上述隶属度函数可建立一

个 .fis 文件，然后在 Simulink 仿真时输入对应的文件名便可调用，其车速控制模块模糊控制器在 Simulink 中的模型如图 7-35 所示。

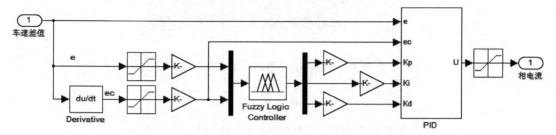

图 7-35　车速控制模块模糊控制器在 Simulink 中的模型

2. 自适应模糊 PID 仿真结果分析

采用 MATLAB/Simulink 对无刷直流电机驱动电动汽车的车速-电流双闭环控制系统进行仿真。电机参数设置为定子相绕组电阻 $R = 0.5\,\Omega$，定子相绕组自感 $L = 0.04\,\text{H}$，互感 $M = -0.0055\,\text{H}$，转动惯量 $J = 0.02\,\text{kg} \cdot \text{m}^2$，阻尼系数 $B = 0.0002\,\text{N} \cdot \text{m} \cdot \text{s/rad}$，极对数 $p = 2$，每相反电动势系数 $k = 0.03$，210 V 直流电源供电。仿真采用的车辆主要参数见表 7-5。

表 7-5　车辆主要参数

名　　称	符号	单位	参　数　值
主传动比	i_0		6.17
变速器传动比	i_g		5.568（1 档）、2.832（2 档）、1.634（3 档）、1.000（4 档）、0.814（5 档）
轮胎半径	r	m	0.736
机械效率	η_T		0.9

为了验证电动汽车无刷直流电机驱动系统车速-电流双闭环控制系统的动、静态特性，分别考虑电动汽车空载、负载两种情况，对电动汽车在 3 档位进行分析验证。

（1）电动汽车空载运行时

以电动汽车行驶 3 档位为例，假定需求车速为 20 km/h。当系统进入稳态，车速达到需求车速 20 km/h 时，在 $t = 4\,\text{s}$ 处突加负载质量 $M = 350\,\text{kg}$，在 $t = 4.5\,\text{s}$ 时突然撤去负载。图 7-36~图 7-39 分别为 PID 调节时的车速、输出力矩、无刷直流电机三相电流和反电动势波形；图 7-40~图 7-43 分别为自适应模糊 PID 调节时的车速、输出力矩、无刷直流电机三相电流和反电动势波形。

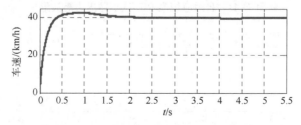

图 7-36　传统 PID 调节车速仿真波形

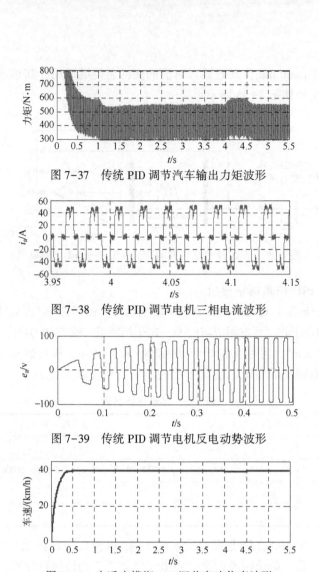

图 7-37　传统 PID 调节汽车输出力矩波形

图 7-38　传统 PID 调节电机三相电流波形

图 7-39　传统 PID 调节电机反电动势波形

图 7-40　自适应模糊 PID 调节车速仿真波形

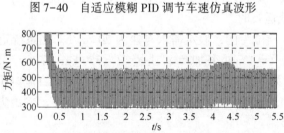

图 7-41　自适应模糊 PID 汽车输出力矩波形

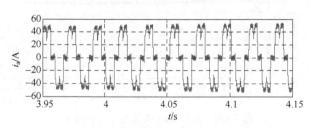

图 7-42　自适应模糊 PID 电机三相电流波形

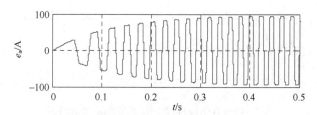

图 7-43　自适应模糊 PID 电机反电动势波形

（2）电动汽车负载运行时

以电动汽车 3 档位为例，电动汽车载重为 1t 时，假定需求车速为 35 km/h。当系统进入稳态，车速达到需求车速 35 km/h 时，在 $t=4$ s 处突加负载质量 $M=350$ kg，在 $t=4.5$ s 时突然撤去负载。图 7-44~图 7-47 分别为 PID 调节时的车速、输出力矩、无刷直流电机三相电流和反电势波形；图 7-48~图 7-51 分别为自适应模糊 PID 调节时的车速、输出力矩、无刷直流电机三相电流和反电势波形。

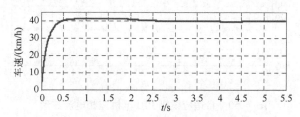

图 7-44　传统 PID 调节车速仿真波形

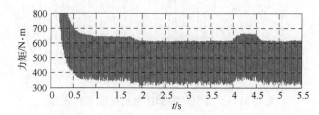

图 7-45　传统 PID 调节汽车输出力矩波形

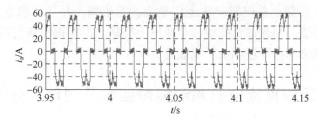

图 7-46　传统 PID 调节电机三相电流波形

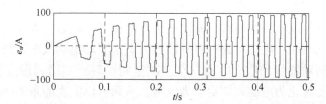

图 7-47　传统 PID 调节电机反电动势波形

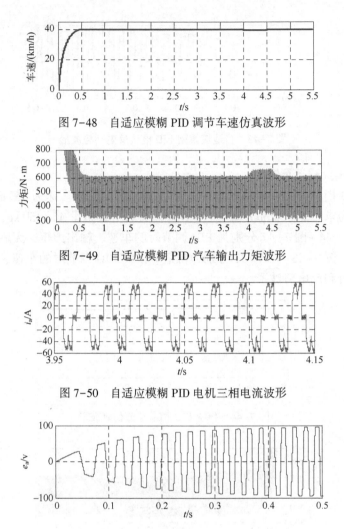

图 7-48　自适应模糊 PID 调节车速仿真波形

图 7-49　自适应模糊 PID 汽车输出力矩波形

图 7-50　自适应模糊 PID 电机三相电流波形

图 7-51　自适应模糊 PID 电机反电动势波形

通过仿真结果可以看出，在 $v = 35 \text{ km/h}$ 的参考车速下，电动汽车空载、负载运行时，采用自适应模糊 PID 控制，系统响应快速且平稳、无超调，并且无刷直流电机三相电流和反电动势波形较为理想。当突加负载时，车速发生突降，但能很快恢复到平衡状态，稳态运行时无静差，具有较强的鲁棒性和抗干扰能力。

7.6　电动汽车无刷直流电机制动能量回收及制动力分配策略

续驶里程一直是制约电动汽车发展的一个重要因素，在目前动力电池技术还未取得突破性进展的背景下，如何对电动汽车制动能量进行回收，是电动汽车领域的重要研究课题。对于无刷直流电机驱动的电动汽车而言，驱动电机有两种工作状态：电动运行状态和发电运行状态。在电动运行状态时，电机可通过对外输出转矩来驱动电动汽车行驶；工作于发电运行状态时，可以实现制动能量回收。电动汽车在减速制动时，利用无刷直流电机产生反向力矩，可将部分机械能转化为电能回馈给动力电池，从而可以实现能量的回收，提升电动汽车的续驶里程。

7.6.1 电动汽车无刷直流电机制动能量回收原理

电动汽车的制动能量回收又称再生回馈制动，其基本原理是：电动汽车在制动时，将行驶的惯性能量通过驱动轮和传动装置传递给驱动电机，使电机工作在发电运行状态，然后通过控制器为车载动力电池进行充电；同时，驱动电机在发电过程中可以产生制动力矩和制动力。图 7-52 给出了电动汽车再生回馈制动过程中制动能量的流动路径。

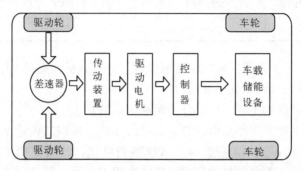

图 7-52　电动汽车再生回馈制动过程中能量流动路径

由图 7-52 可知，电动汽车制动时，制动能量按照驱动轮、传动装置、驱动电机、控制器的路径依次传递，最后经控制器的动态分配将制动能量储存到车载储能设备中，实现制动能量的回收。

1. 无刷直流电机回馈制动原理

无刷直流电机驱动电动汽车进行制动时，可利用回馈制动将电动汽车行驶动能转换为电能给车载储能设备充电，制动能量回馈过程如图 7-53 所示。

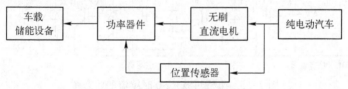

图 7-53　制动能量回馈过程

在回馈制动过程中，必须满足无刷直流电机两相绕组串联后的电动势高于车载储能设备端电压这一条件，才能将电能回馈至车载储能设备。此时，可以利用升压斩波原理来实现，对应无刷直流电机绕组电流波形如图 7-54 所示。

在图 7-54 中，$t_0 \sim t_2$ 为单个充电周期，在 $t_0 \sim t_1$ 时间范围内，无刷直流电机绕组电流上升，给绕组电感进行储能；$t_1 \sim t_2$ 范围内，无刷直流电机绕组电感释放能量，绕组电流下降。

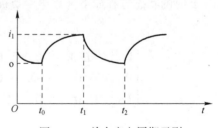

图 7-54　单个充电周期无刷
直流电机绕组电流波形

无刷直流电机能量回馈和电动运行状态一样，PWM 调制方式有全桥斩波和半桥斩波两种方式。考虑到全桥斩波控制方式存在一个临界转速，即当电机转速低于临界转速时，动力电池输出能量大于电机回馈能量，就不能实现制动。另外，全桥制动下开关管的开关损耗较大。因此，本节主要对无刷直流电机回馈制动半桥斩波控制方式进行研究。

半桥斩波回馈制动方式中，只对逆变器下桥臂的 3 个功率晶体管 VT_6、VT_8、VT_{10} 进行 PWM 调制，且 3 个功率晶体管 VT_6、VT_8、VT_{10} 各导通 120°，而上桥臂 3 个功率晶体管 VT_5、VT_7、VT_9 始终是截止的，制动能量回馈时，各功率晶体管对应关系见表 7-6。

表 7-6　电动与回馈时的功率晶体管导通逻辑对应关系

转子位置	$0\sim\pi/3$	$\pi/3\sim2\pi/3$	$2\pi/3\sim\pi$	$\pi\sim4\pi/3$	$4\pi/3\sim5\pi/3$	$5\pi/3\sim2\pi$
正转电动	VT_5、VT_8	VT_5、VT_{10}	VT_7、VT_{10}	VT_7、VT_6	VT_9、VT_6	VT_9、VT_8
正转制动	VT_6	VT_6	VT_8	VT_8	VT_{10}	VT_{10}

以转子位置为 $0\sim\pi/3$ 为例，对其能量回馈过程进行分析，此时 VT_6 受 PWM 信号调制。

（1）VT_6 受 PWM 信号调制处于导通时

根据第三相电流情况的不同，可以分为两种不同的状态。

1）当 $e_c>0$ 时。由于第三相反电动势 $e_c>0$ 且 $e_c>U_d$，所以二极管 VD_9、VD_{10} 均被反向偏置，故 $i_c=0$。因此电机 A、B 相通过 VT_6、VD_8 进行续流，其续流状态如图 7-55 回路①所示。此时，外部的动能一部分以热的形式消耗在电阻上，另一部分存储在电机电感上。

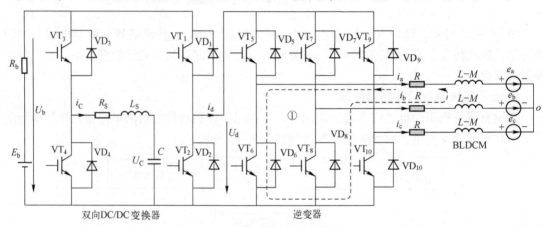

图 7-55　半桥斩波 $e_c>0$ 时续流的状态图

此时的状态方程如下（以电源负极为参考 0 点）：

$$\begin{bmatrix} 0 \\ 0 \\ E_C \end{bmatrix} = \begin{bmatrix} L-M & 0 & 0 \\ 0 & L-M & 0 \\ 0 & 0 & L-M \end{bmatrix} \begin{bmatrix} \dfrac{di_a}{dt} \\ \dfrac{di_b}{dt} \\ \dfrac{di_c}{dt} \end{bmatrix} + \begin{bmatrix} R & 0 & 0 \\ 0 & R & 0 \\ 0 & 0 & R \end{bmatrix} \begin{bmatrix} i_a \\ i_b \\ i_c \end{bmatrix} + \begin{bmatrix} e_a \\ e_b \\ e_c \end{bmatrix} + \begin{bmatrix} u_o \\ u_o \\ u_o \end{bmatrix} \tag{7-39}$$

式中，E_C 为无刷直流电机 C 相绕组出线端端电压。

A、B 两相通过 VT_6、VD_8 形成的续流回路等效电路如图 7-56 所示。

在图 7-56 中，B 点即 u_o 点，A 点即参考 0 点，因此有

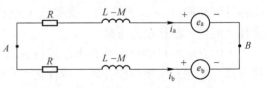

图 7-56　VT6、VD8 导通等效电路

$$\begin{cases} (L-M)\dfrac{\mathrm{d}i_a}{\mathrm{d}t}+i_a R+e_a-e_b-(L-M)\dfrac{\mathrm{d}i_b}{\mathrm{d}t}-i_b R \\ e_b=-e_a \\ i_b=-i_a \end{cases} \tag{7-40}$$

从而可以得到$-(L-M)\dfrac{\mathrm{d}i_a}{\mathrm{d}t}-i_a R-e_a=0$，即$u_o=0$。

通过式（7-39）、式（7-40）可以得到$e_c>0$续流时的电流方程式为

$$e_a=-(L-M)\dfrac{\mathrm{d}i_a}{\mathrm{d}t}-i_a R \tag{7-41}$$

通过式（7-41）可以看出，无刷直流电机制动时，通过外部所产生的一部分能量以磁能的形式存放在电感中，另一部分能量以热的形式消耗掉。

2）当$e_c \leqslant 0$时。由于第三相反电动势$e_c \leqslant 0$，所以二极管VD_9被反向偏置，根据无刷直流电机三相反电动势的波形图可知，转子位置为$0 \sim \pi/3$时$e_c \geqslant e_b$，所以二极管VD_{10}被反向偏置，此时$i_c=0$，其电路状态与$e_c>0$时相同。

（2）受PWM信号调制VT_6处于关断时

受PWM信号调制VT_6处于关断时，其系统状态图如图7-57中回路①所示。

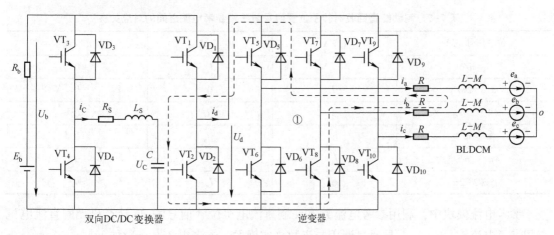

图7-57 半桥斩波充电时系统状态图

VT_6关断时，由于电感中电流的续流作用，使得电感的感应电动势与反电动势之和大于蓄电池电压，因此可以为储能设备充电。

当$e_c \geqslant e_b$时，二极管VD_{10}被反向偏置，$i_c=0$，对应的电路状态方程如式（7-42）所示（以电源负极为参考0点）：

$$\begin{bmatrix} U_b \\ 0 \\ E_C \end{bmatrix} = \begin{bmatrix} L-M & 0 & 0 \\ 0 & L-M & 0 \\ 0 & 0 & L-M \end{bmatrix} \begin{bmatrix} \dfrac{\mathrm{d}i_a}{\mathrm{d}t} \\ \dfrac{\mathrm{d}i_b}{\mathrm{d}t} \\ \dfrac{\mathrm{d}i_c}{\mathrm{d}t} \end{bmatrix} + \begin{bmatrix} R & 0 & 0 \\ 0 & R & 0 \\ 0 & 0 & R \end{bmatrix} \begin{bmatrix} i_a \\ i_b \\ i_c \end{bmatrix} + \begin{bmatrix} e_a \\ e_b \\ e_c \end{bmatrix} + \begin{bmatrix} u_o \\ u_o \\ u_o \end{bmatrix} \tag{7-42}$$

式中，E_C为无刷直流电机C相绕组出线端端电压；U_b为蓄电池端电压。

A、B 两相形成的充电回路等效电路如图 7-58 所示。

在图 7-58 中 A 点即 u_o 点, 电源 U_b 负极即参考 0 点, 因此可得

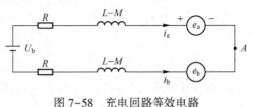

图 7-58　充电回路等效电路

$$\begin{cases} U_b = (L-M)\dfrac{\mathrm{d}i_a}{\mathrm{d}t} + i_a R + e_a - e_b - (L-M)\dfrac{\mathrm{d}i_b}{\mathrm{d}t} - i_b R \\ e_b = -e_a \\ i_b = -i_a \end{cases}$$

$$(7\text{-}43)$$

所以可以得到蓄电池半桥充电的端电压为

$$U_b = 2\left[(L-M)\dfrac{\mathrm{d}i_a}{\mathrm{d}t} + i_a R + e_a \right] \tag{7-44}$$

2. 电动汽车无刷直流电机制动能量回收

以下对电动汽车用无刷直流电机能量回收系统进行建模, 基于表 7-6 中给出的制动能量回收时的功率晶体管导通逻辑, 本节通过修改参考电流模块来得到车辆再生制动时无刷直流电机三相参考电流 i_a^*、i_b^* 和 i_c^*。其中, 制动能量回收时无刷直流电机位置信号 angle 和三相参考电流之间的对应关系见表 7-7。

表 7-7　制动能量回收时转子位置信号与三相参考电流之间的对应关系

位置信号 angle	i_a^*/A	i_b^*/A	i_c^*/A
$0 \sim \pi/3$	$-I_s$	I_s	0
$\pi/3 \sim 2\pi/3$	$-I_s$	0	I_s
$2\pi/3 \sim \pi$	0	$-I_s$	I_s
$\pi \sim 4\pi/3$	I_s	$-I_s$	0
$4\pi/3 \sim 5\pi/3$	I_s	0	$-I_s$
$5\pi/3 \sim 2\pi$	0	I_s	$-I_s$

参考电流模块中, 利用参考电流 I_s 和无刷直流电机位置信号 angle 计算出无刷直流电机三相参考电流 i_a^*、i_b^*、i_c^* 是通过调用 S 函数来实现的, 参考电流 S 函数如下:

```
function sys = mdlOutputs(t,x,u)
global angle
if(( angle >= 0 )&&( angle <= pi/3 ))
    sys(1) = -u(1);
    sys(2) = u(1);
    sys(3) = 0;
elseif(( angle > pi/3 )&&( angle <= 2 * pi/3 ))
    sys(1) = -u(1);
    sys(2) = 0;
    sys(3) = u(1);
elseif(( angle > 2 * pi/3 )&&( angle <= pi ))
    sys(1) = 0;
    sys(2) = -u(1);
```

```
      sys(3) = u(1);
  elseif(( angle > pi )&&( angle <= 4 * pi/3 ))
    sys(1) = u(1);
    sys(2) = -u(1);
    sys(3) = 0;
  elseif(( angle > 4 * pi/3 )&&( angle <= 5 * pi/3 ))
    sys(1) = u(1);
    sys(2) = 0;
    sys(3) = -u(1);
  elseif(( angle > 5 * pi/3 )&&( angle <= 2 * pi ))
    sys(1) = 0;
    sys(2) = u(1);
    sys(3) = -u(1);
  end
```

电动汽车运行在车速为 40 km/h 时，在 1.5 s 处车辆制动，对应电动汽车车速、无刷直流电机反电动势、主电路中电流及无刷直流电机电磁转矩波形如图 7-59~图 7-62 所示。

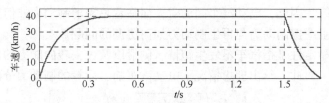

图 7-59　制动能量回收车速波形

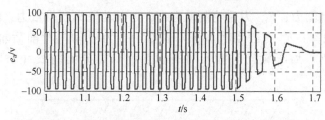

图 7-60　制动能量回收无刷直流电机反电动势波形

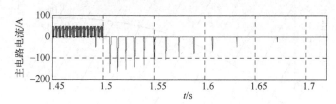

图 7-61　制动能量回收主电路中电流波形

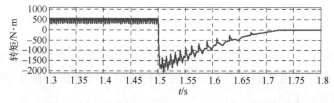

图 7-62　制动能量回收无刷直流电机电磁转矩波形

通过图 7-59～图 7-62 可知，电动汽车能量回馈制动时主电路中电流变为负值，将车辆行驶动能转换为电能回馈至储能设备中，同时无刷直流电机电磁转矩变为负值，产生了制动力矩进行车辆制动，随着车速下降，对应无刷直流电机感应电动势也相应减小。

7.6.2 电动汽车制动力分配策略及制动能量回收

电动汽车再生制动时，回收制动能量的能力同时取决于电机转速和车载储能设备的储能状况。若电机转速在基速以下，电机能够回收的最大制动功率与电机的转速成正比；若电机转速在基速以上，电机能够回收的最大制动功率为定值。此时，若车载储能设备储能充足，需要回收的制动能量较少；若车载储能设备储能不足，则可以更多地回收制动能量。因此，电动汽车制动时，若制动功率超过了驱动电机能提供的最大功率，或制动回收能量超过了车载储能设备的储能需求，仅仅依靠驱动电机再生制动往往不能满足制动要求，为保证行车安全必须配合摩擦制动来实现快速制动。

1. 电动汽车制动力分配方案

制动能力是电动汽车的主要性能之一，直接关系到交通安全。为了使电动汽车安全稳定地运行，只有将驱动轮再生制动、摩擦制动与从动轮摩擦制动有效结合，才能形成一个高效、安全的制动系统。因此，电动汽车制动时，面临着总需求制动力如何在前、后轮之间进行分配以及驱动轮上摩擦制动力与再生制动力如何协调的问题。

电动汽车方向稳定性是指汽车不发生跑偏、侧滑以及失去转向能力的性能，是汽车制动性的重要评价指标。对此，给出理想情况下电动汽车前、后轮的制动力分配公式：

$$F_{\text{rear}} = \frac{1}{2}\left[\frac{G}{h_g}\sqrt{b^2 + \frac{4h_g L}{G}F_{\text{front}}} - \left(\frac{Gb}{h_g} + 2F_{\text{front}}\right)\right] \tag{7-45}$$

式中，F_{front} 为前轮制动力；F_{rear} 为后轮制动力；G 为电动汽车所受重力；b 为电动汽车质心至后轴中心线的距离；h_g 为电动汽车质心高度；L 为电动汽车前后轴间的距离。根据式（7-65），可得前、后车轮同时抱死时的理想制动力分配曲线（I曲线）如图 7-63 所示。

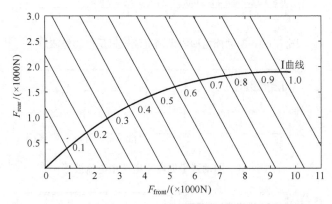

图 7-63　电动汽车前、后轮的理想制动力分配曲线

在保证电动汽车方向稳定性的同时，为了尽可能多地回收制动能量，应该让驱动电机在再生制动能力范围内提高再生制动力矩，并在汽车制动力的分配中减小摩擦制动力的比例、提高电机再生制动力的比例。

针对电动汽车的制动运行，定义制动强度 $z = \mathrm{d}v/\mathrm{d}t/g$，给出电动汽车总制动力在前、后轮之间的分配规则如下。

1）当制动强度 $z<0.1$ 时，总制动力全部由前轮（驱动轮）承担，后轮不参与车辆制动。

2）当 $0.1 \leq z<0.7$ 时，电动汽车总制动力按理想制动力分配曲线（I 曲线）在前、后轮之间分配。

3）当 $0.7 \leq z$ 时，为了达到最佳的制动效果，不进行再生制动，总制动力仅由前、后轮的摩擦制动共同承担。

在分析电动汽车制动力分配时，规定前轮（驱动轮）再生制动力占总制动力需求 F_Σ 的比例为 K_{front_reg}，前轮摩擦力占 F_Σ 的比例为 K_{front_fric}，可以得到前轮再生制动力、前轮摩擦制动力和后轮制动力分别为 $F_{front\_reg}=F_\Sigma K_{front\_reg}$，$F_{front\_fric}=F_\Sigma K_{front\_fric}$ 和 $F_{rear}=F_\Sigma(1-K_{front\_reg}-K_{front\_fric})$。

2. 电动汽车制动能量回收

电动汽车再生制动时，其制动力分配受很多因素的影响，且很多参数都在不断变化。本节利用模糊控制策略适用于被控对象不精确的数学模型及鲁棒性强等优点，将模糊控制理论应用于电动汽车再生制动系统制动力分配中。

电动汽车再生制动系统制动力分配的模糊控制策略结构如图 7-64 所示，其主要由两个模块组成：第 1 个模块为两输入和两输出的模糊控制器。其中，两输入分别为电动汽车的制动强度和蓄电池荷电状态 SOC，两输出为电动汽车制动时电气制动力比例和摩擦制动比例；第 2 个模块为制动力分配模块，此模块根据总制动力需求和驱动轮（前轮）上的电气制动和摩擦制动力比例，将总的制动力需求分别在前、后轮之间分配，并协调驱动轮上摩擦制动力与再生制动力的大小。

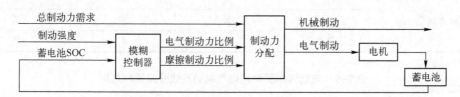

图 7-64　电动汽车再生制动系统制动力分配的模糊控制策略结构

规定电动汽车制动力分配的模糊控制器中输入量模糊子集如下：E（蓄电池 SOC）＝{低，中，高}，E（制动强度）＝{低，中，高}，并设计制动强度、蓄电池 SOC 隶属度函数如图 7-65 所示。

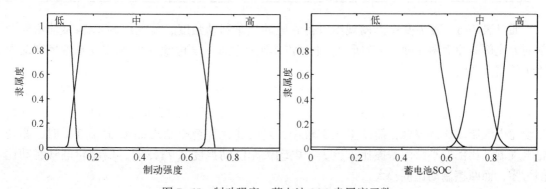

图 7-65　制动强度、蓄电池 SOC 隶属度函数

规定模糊控制器中输出量模糊子集为 E(驱动轮电气制动比例)={低,中,高}, E(驱动轮摩擦制动比例)={低,中,高}, 同时给出驱动轮摩擦制动比例和驱动轮电气制动比例的隶属度函数如图 7-66 所示。

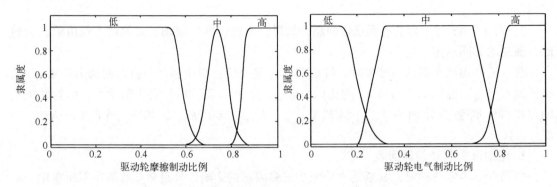

图 7-66 驱动轮摩擦制动、电气制动比例隶属度函数

在制定模糊规则时, 考虑到既要保证电动汽车的安全性与舒适性, 同时又要尽可能多地回收制动能量。根据实际经验和仿真实验, 总结出下面的模糊规则, 见表 7-8 和表 7-9。

表 7-8 电动汽车驱动轮摩擦制动比例分配模糊规则表

驱动轮摩擦制动力分配系数		制 动 强 度		
		低	中	高
蓄电池 SOC	低	低	低	高
	中	低	中	高
	高	高	高	高

表 7-9 电动汽车驱动轮电气制动系数分配模糊规则

驱动轮电气制动力分配系数		制 动 强 度		
		低	中	高
蓄电池 SOC	低	高	高	低
	中	高	高	低
	高	低	低	低

通过表 7-8、表 7-9 中模糊规则可得到电动汽车制动强度、蓄电池 SOC 和驱动轮电气制动力比例的曲面图如图 7-67 所示, 电动汽车制动强度、蓄电池 SOC 和驱动轮摩擦制动力比例的曲面图略。

由图 7-67 可以看出, 在模糊控制器作用下, 电动汽车制动强度 $z<0.7$ 时, 驱动轮电气制动比例随着储能元件荷电状态 SOC 的大小而变化, 当储能元件荷电状态 SOC 小于 0.7 时, 驱动轮电气制动比例较大, 而摩擦比例较小; 当储能元件荷电状态 SOC 大于 0.7 时, 驱动轮电气制动比例变小, 而摩擦比例变大。电动汽车制动强度 $0.7 \leqslant z$ 时, 驱动轮电气制动比例为零, 而摩擦制动比例较大。

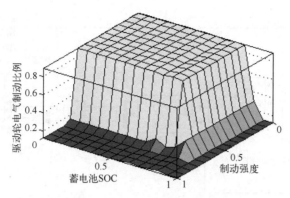

图 7-67　电动汽车制动强度、蓄电池 SOC 和驱动轮电气制动力比例的曲面图

因为模糊控制器输出的控制量是一个模糊量，而实际的输入是精确量，所以应该用合适的方法将模糊控制量转变成精确值（反模糊化）。在此，采用加权平均法，即

$$K = \frac{\sum\limits_{i=1}^{9} \beta_i k_i}{\sum\limits_{i=1}^{9} \beta_i} \tag{7-46}$$

通过式（7-46）解模糊后，可求得电动汽车再生制动时驱动轮电气制动力比例和摩擦制动力比例系数，最终可得到电动汽车再生制动时电气制动力和摩擦制动力。

在电动汽车仿真软件 ADVISOR2002（关于 ADVISOR2002 的相关内容，将在第 8 章中进行详细介绍）下对再生制动系统制动力模糊分配策略进行仿真。其中，在 ADVISOR2002 中建立的模糊控制器制动力分配模型如图 7-68 所示。

选择 CYC_WVUSUB 道路循环工况来验证制动力分配模糊控制策略在电动汽车再生制动系统中的效果，CYC_WVUSUB 循环工况基本参数见表 7-10。

表 7-10　CYC_WVUSUB 循环工况基本参数

行 驶 时 间	1665 s
行驶距离	11.97 km
最大速度	72.1 km/h
平均速度	25.87 km/h
最大加速度	1.29 m/s²
最大减速度	-2.16 m/s²

电动汽车行驶一个循环工况后，其相关参数的仿真波形如图 7-69 所示。

从图 7-69 中可以看出，电动汽车在一个基本城市循环工况下行驶 11.97 km 后，蓄电池的 SOC 值减少了 0.2339；电机输出功率有正有负，当电机输出功率为正时，表示电机处于电动运行状态；当电机输出功率为负时，则表示电机处于回馈制动状态。

表 7-11 给出了电动汽车在 CYC_WVUSUB 工况下，不同控制策略所对应的制动能量回收情况。

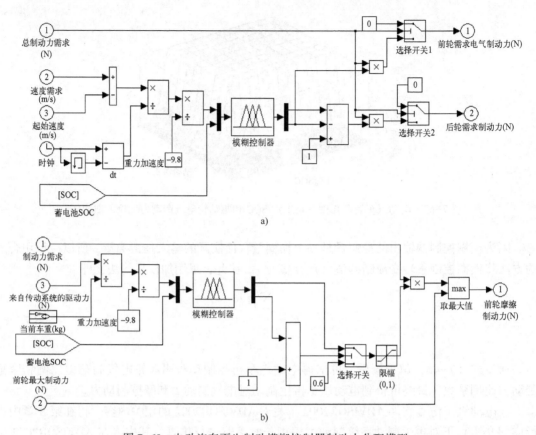

a)

b)

图 7-68　电动汽车再生制动模糊控制器制动力分配模型

a）后向路径模糊控制制动力分配模型　b）前向路径模糊控制制动力分配模型

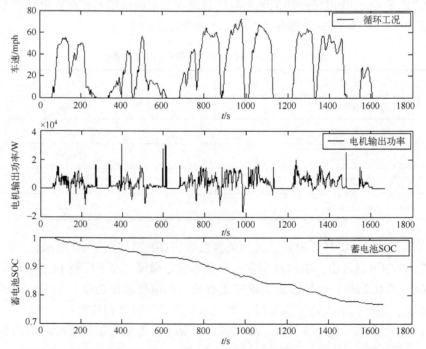

图 7-69　电动汽车循环工况、电机输出功率及蓄电池 SOC 变化的仿真波形

表 7-11　CYC_WVUSUB 工况下不同控制策略的制动能量回收效果对比

对　　比	控 制 策 略	
	ADVISOR2002 原有策略	新的再生制动策略
整车消耗能量/kJ	7063	6878
制动总能/kJ	1313	1313
回收的能量/kJ	387	473
制动能量回收效率	29.47%	36.02%
有效能量回收率	5.48%	6.88%
能量效率	0.308	0.32

由表 7-11 可得，电动汽车在制动时采用本节所设计的控制策略具有较强的能量回收能力，对增加电动汽车的续驶里程，提高电动汽车的经济性能有十分重要的意义。

7.7　本章小结

驱动控制技术是电动汽车研发过程中的核心技术之一，是决定电动汽车动力性能、舒适性能以及安全性能的重要因素。本章对电动汽车的驱动控制技术进行介绍。首先介绍了电动汽车驱动系统的基本概念、组成及要求；在此基础上，阐述了电动汽车驱动系统的主要性能指标；并分别以电动汽车直流电机驱动系统和无刷直流电机驱动系统为例，详细介绍了电动汽车驱动系统的控制方法；最后，为有效提升电动汽车的续驶里程，对电动汽车制动能量回收与制动力分配策略进行了介绍。

习题

1. 简述电动汽车驱动系统的组成。
2. 电动汽车对驱动系统的性能指标要求有哪些？
3. 从控制的角度来看，电动汽车的车速控制方式有哪些？各有何特点？
4. 简述电动汽车直流电机驱动系统车速-电流双闭环控制的原理。
5. 简述电动汽车无刷直流电机驱动系统的组成及其模糊控制原理。
6. 简述电动汽车无刷直流电机驱动系统能量回收过程中驱动电路的工作原理。

第8章　电动汽车仿真技术

电动汽车是一个集车身、动力、能源和控制等技术于一体的复杂系统。在研究和开发电动汽车时，要综合考虑的问题很多，如部件的选择、最佳系统方案的确定、整车控制策略的制定和优化等。通过仿真技术可以在技术方案确定之前，建立各子系统及整车的仿真模型，依据模型的仿真结果为待选的子系统和电动汽车构型提供设计参数，从而简化原先各种规格的待选子系统的准备工作及不同构型的试制工作；也可以通过分析仿真结果，找到最佳的技术方案，优化整车的能量分配策略。仿真技术作为电动汽车研发过程中的重要技术，不仅便于灵活地调整设计方案、优化设计参数，还可以降低研发费用，缩短开发周期，目前已被电动汽车研究机构和生产制造企业广泛采用。本章围绕电动汽车仿真中的关键技术问题，首先介绍电动汽车仿真技术的含义与分类、电动汽车整车仿真方法、离线仿真技术与硬件在环仿真技术；然后对 ADVISOR、CRUISE 和 CarSim 3 种常用的汽车仿真平台进行介绍；最后，采用 MATLAB 和 ADVISOR 2002 两种仿真平台，分别对电动汽车前向仿真和混合仿真实例进行介绍。

8.1　电动汽车仿真技术

仿真技术是电动汽车开发过程中的重要环节，对于降低研发成本、提升开发效率均具有重要意义。国外早在 20 世纪 70 年代初就开始研究包括电动汽车在内的新能源汽车的建模与仿真技术。到目前为止，适用于电动汽车的知名仿真软件就达到数十套之多，一些大型的汽车公司也都有各自的专用仿真系统。本节主要介绍系统仿真的含义与分类、电动汽车仿真方法、离线仿真技术和硬件在环仿真技术。

8.1.1　系统仿真的含义与分类

系统仿真技术是以相似原理、模型理论、系统工程、控制技术、信息处理技术和计算机技术等相关专业技术为基础，以计算机系统与应用相关的物理效应设备及仿真器为工具，利用系统模型对真实或假想的系统进行试验，并借助专家经验知识、统计数据和信息资料对实验结果进行研究，进而做出决策的一门多学科综合性技术。

相似原理是系统仿真最主要的基础理论之一。根据仿真所研究问题的不同，相似方式可以是空间相似、时间相似、功能相似、动态特性相似和信息相似等。电动汽车油泥模型及风洞试验利用的是空间相似；电动汽车仿真软件中的各种道路循环考虑了汽车的起动、加速、巡航、减速制动等过程，实际上是一种时间相似；电动汽车的整车控制策略可以让汽车以预先编制好的程序完成各种数学运算、逻辑推理和能量分配等工作，具备了人脑的部分功能，实际上计算机与人脑的功能相似；由汽车车身、轮胎与悬架、减振器等组成的双质量机械系统与由电阻、电感、电容等电气元件组成的电系统，都可以用一阶线性微分方程的形式描述，其单位阶跃响应等是相似的，属于动态特性相似；汽车虚拟现实驾驶系统中人与虚拟环境的信息交互与真实驾驶环境中人与真实环境的信息交互存在信息相似，即运动、视、听、触觉等信息存在一定的相似程度。

从不同的角度，可以对系统仿真进行不同的分类。

根据仿真系统结构和实现手段的不同，可将系统仿真分为物理仿真、数学仿真、物理-数学仿真3类。

1）物理仿真。物理仿真又称物理效应仿真，是指按照实际系统的物理性质构造系统的物理模型，并在物理模型上进行实验研究。物理仿真直观形象、逼真度高，但不如数学仿真方便。尽管不必采用昂贵的原型系统，但在某些情况下构造一套物理模型也需要花费较大的投资，且周期也较长，在物理模型上做试验也不易修改系统的结构与参数。

2）数学仿真。数学仿真是指首先建立系统的数学模型，并将数学模型转化为仿真计算模型，通过仿真模型的运行达到对系统运行的目的。现代数学仿真由仿真系统的软件/硬件环境、动画与图形显示、输入/输出等设备组成。数学仿真在系统设计和分析阶段是十分重要的，通过它可以检验理论设计的正确性与合理性。数学仿真具有经济性、灵活性和仿真模型通用性的特点，但由于针对实物系统进行了一系列的简化，其仿真结果和实物实验的结果存在差异。

3）物理-数学仿真。物理-数学仿真又称半实物仿真，或硬件在环（Hardware in the Loop，HIL）仿真。它是将数学模型与物理模型（或实物）联合起来进行仿真，即系统的一部分以数学模型描述，这部分通常是较为简单或规律较为清楚的子系统；另一部以实物（或物理模型）方式引入仿真回路，这一部分一般是较为复杂或规律尚不完全清楚的子系统。半实物仿真兼顾了物理仿真和数学仿真的优势，而且保持了传统数学仿真价格低、复用性好等优点。

根据仿真时钟与自然时钟之间的比例关系，可分为实时仿真与非实时仿真。

1）实时仿真。实时仿真的仿真时钟与自然完全一致，即原型系统与仿真系统的运行速度相同。当仿真模型中存在物理模型或实物时，应进行实时仿真。

2）非实时仿真。仿真时钟慢于或快于自然时钟，分别称为亚实时仿真或超实时仿真。

根据仿真系统是否连续，可分为连续系统仿真和离散时间系统仿真。

1）连续系统仿真。系统状态随着时间连续变化的系统称为连续系统，可用微分方程或偏微分方程来进行描述。需要指出的是，将连续系统按采样时间进行离散化处理，可以得到离散时间差分方程模型。严格来讲，这类模型仍然属于连续系统，而且连续系统在进行数学仿真时必须进行离散化，并最终转化为差分模型。

2）离散时间系统仿真。系统状态在某些随机时间点上发生离散变换的系统称为离散系统，这类系统是由时间驱动的，具有随机特性，且状态变化是离散的。

8.1.2　电动汽车仿真方法

按功率流方向，电动汽车仿真一般可分为前向仿真和后向仿真两种，两者最大的不同在于驾驶员模型是否存在。

由图8-1可知，前向仿真模型中包含驾驶员模型，其作用是根据循环工况的目标车速和仿真实际所得车速实时调整加速/制动踏板，从而使车辆控制器能够按照驾驶员的意图进行能量管理。驾驶员对加速/制动踏板的调整通常以转换成电机转矩的方式来体现，控制器按照驾驶员对转矩的需求计算出动力源的工作状态和应该提供的转矩，从而实现对整车的控制。在整个仿真系统中，控制信号和功率流完全按照与实车相同的传递路线进行传递。

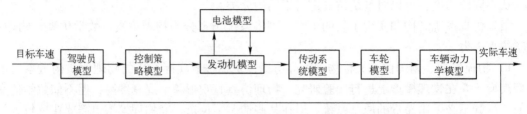

图 8-1　电动汽车前向仿真流程图

如图 8-2 所示，后向仿真模型不考虑驾驶员的意图，其从系统的需求出发，先假设车辆能够按照制定的循环工况行驶，通过仿真计算得到满足循环工况要求时车辆各个部件应该处于的状态，以此作为车辆性能分析的依据。在这种结构中，对车辆行驶所需的驱动转矩，按照循环工况要求的车速进行每一时间步长的实时计算，并沿着与实际转矩传递路线相反的方向进行传递。控制器根据能量管理策略，将传动部件传送的整车需求功率进行分配，将其以需求值的形式传递给动力源，从而达到控制目的。

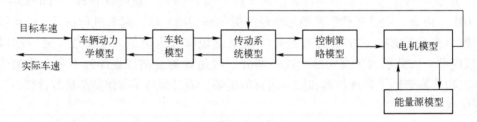

图 8-2　电动汽车后向仿真流程图

前向仿真和后向仿真方法在仿真精度及仿真时间方面存在差异。前向仿真可以处理实际传动系统中的测量数据，各个部件关系更接近于车辆实际情况，仿真效果理想。缺点是在前向仿真时，为提高仿真精度，通常采用高阶的解算器进行积分运算，由此所对应的仿真步长较小（一般取 0.01s），因而仿真计算量大、速度慢，导致计算过程中需要保存的数据量较大，要求计算机有较强的存储能力。后向仿真则不同，在后向仿真模型中大量采用数据表的形式，使车辆系统建立在一种准静态基础之上，不考虑传动系统实际的瞬态变化过程，因此大大降低了对积分运算的要求，从而对于解算器的要求较低。后向仿真计算步长可以较大（一般为 1s），因而仿真速度较快，对计算机的存储能力要求也较低。但当系统加速度超出传动系统能力时，后向仿真不能反映汽车实际加速度必然小于轨迹请求加速度这一情况，且后向仿真方法所使用的各子系统特性通常在稳态条件下测出，实际计算过程中不包含动态效果，因此仿真效果相对较差。

鉴于各自的特点，前、后向仿真模式的实际应用亦不尽相同。前向仿真一般用于对已选定的部件进行详细设计及动态仿真，在寻求并优化与之相匹配的整车控制策略的原则下，适当改进相应的设计参数，以达到整车性能满足设计要求的目的。后向仿真一般用于初期的系统预估，对所需开发的电动汽车整车结构及相应控制策略进行初步的筛选与评估。

8.1.3 离线仿真技术

离线仿真是在计算机上建立仿真模型，模仿实际系统的运行状态及其随时间的变化过程。通过对仿真试验的观察和统计，得到被仿真系统的仿真输出参数和基本特性，以此来估计和推断实际系统的真实参数和性能。离线仿真在电动汽车上用得非常广泛，在电动汽车开发流程的很多步骤中均会用到离线仿真。目前，电动汽车中用到的离线仿真类型非常多，有动力性仿真、经济性仿真、NVH 仿真、三维实体建模仿真、转向仿真和舒适性仿真等。离线仿真流程如下。

1）目标定义。对将要设计的目标所需要达到的各方面要求做一个总体的定义，如汽车的动力性和燃油经济性所要达到的目标等。

2）概念设计。在目标定义完后，考虑在要达到目标定义要求的前提下，明确需要选择哪些部件及其总体的大概布置，并在计算机上建立相应部件的数据模型。

3）系统设计。对概念设计进行具体的系统集成，明确各个部件的布置方案，并把概念设计中建立的各个部件的模型根据布置方案进行联立和集成。

4）功能实现。在系统设计完成后，可以在计算机上的系统模型中加载路况来虚拟各个功能实现，并查看实现结果，与前面的目标定义进行对比看能否达到目标定义的要求，能达到要求方可进行下一步，否则需要修改前面步骤中模型的参数及布置方案，直到达到目标定义的要求。

离线仿真技术在电动汽车中的应用主要包括以下几个方面：在研究和开发电动汽车时，要考虑的问题很多，如选择部件、确定最佳结构、合理制定和优化整车控制策略等。这些问题需要设计者和制造者能够很快且有效地缩小研究范围，找到技术的突破口。在技术方案确定之前，对电动汽车各子系统以及整车建立合理有效的计算机模型，这些模型为每个候选的子系统提供了详细规格和设计参数，从而简化了原先需要准备各种规格的候选子系统的工作。在技术方案选择阶段，系统的选择可依靠高效的建模工具——计算机，交替使用候选的子系统对实际情况进行模拟仿真，通过一系列仿真结果的分析，就可找到最佳的技术方案。

8.1.4 硬件在环仿真技术

近年来，随着汽车电子控制技术的迅速发展和日趋复杂，寻找一种快捷、准确的方法辅助，甚至代替传统实车道路试验显得愈发重要。基于上述需求，硬件在环（HIL）仿真技术已经成为电动汽车研发过程中的必备环节，得到了广泛应用。硬件在环仿真系统是指将实际被控对象（电机、电池、整车等）用高速计算机上实时运行的仿真模型来代替，与控制单元实物通过信号接口连接成一个系统，部分传感器、执行器采用实物。HIL 仿真既解决了纯粹计算机仿真对现实条件过于简化和理想化的问题，又克服了实际试验中时间长和费用高的制约，所以它是一种既能缩短开发周期，又能节约开发成本的工程技术手段。

（1）HIL 仿真平台简介

在传统测试中，车辆控制单元（Vehicle Control Unit，VCU）和真实被控对象形成闭环系统进行测试和验证。在 HIL 测试系统中，实时运行的仿真模型取代了真实的车辆，并通过硬件 I/O 板卡模拟传感器信号发送给真实 VCU，同时采集 VCU 发出的控制命令。HIL 仿真的基本原理如图 8-3 所示。

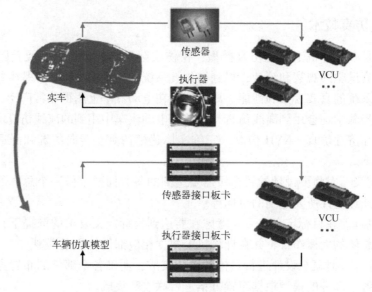

图 8-3　HIL 仿真的基本原理

　　如图 8-4 所示，HIL 仿真平台由三部分组成，分别是实时仿真硬件平台、实时仿真模型和 VCU 控制算法。实时仿真硬件平台用于电动汽车模型的运行，通过硬件接口接收控制器发出的各种控制信号，经模型运算后输出各种传感器信号给控制器，从而与控制器构成一个闭环系统。

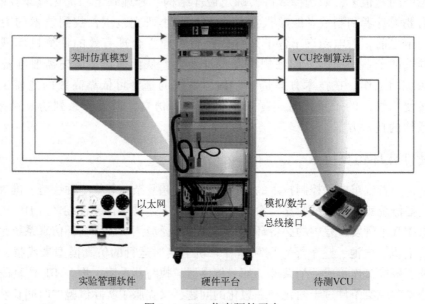

图 8-4　HIL 仿真硬件平台

　　实验室管理软件提供了图形化的编程界面，可以搭建适合测试系统本身的监控和测试界面。通过该软件与实时操作系统的互联，实现模型参数的显示、修改、标定等功能；图形化界面可以搭建虚拟仪表，与实时程序进行动态数据交换、跟踪实时曲线、在线调参、实时记录数据。

（2）实时仿真模型的开发

实时仿真模型架构如图 8-5 所示。

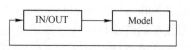

图 8-5　实时仿真模型架构

I/O 模型模拟控制系统的传感器执行器特性，完成模型计算出的物理值和硬件接口的电气值之间的相互转换，并方便对信号进行手动测试。其中，OUT 模块将转速、位移、开关状态等物理量转化为电信号传递给硬件系统；IN 模块采集硬件系统的电信号，用于识别执行器动作并传递给车辆模型。Model 中包含车辆模型、驾驶员模型、电机及电机控制器、电池及电池控制器模型等，其内部结构如图 8-6 所示。

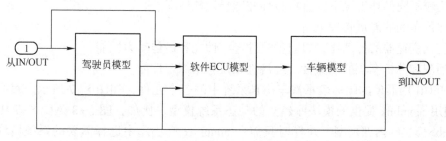

图 8-6　Model 内部结构

1）驾驶员模型：根据测试者需要，输出加速踏板、制动踏板等驾驶员控制命令，包含手动驾驶模式和自动驾驶模式。手动驾驶模式下所有驾驶员信号输出通过手动模式测定，在线测试时，可以通过监控界面上的控件设定加速踏板和制动踏板的开度。自动驾驶模式下可以指定目标车速曲线。

2）软件 ECU 模型：软件 ECU 模型具有 MCU、BMS 功能，BMS 可以实现整车高压上电过程模拟、BCU 的 CAN 报文发送和 CAN 节点仿真。MCU 可以实现对来自整车控制器的力矩、转速请求的响应，CAN 节点仿真等。

3）电机模型：可以模拟永磁同步电机，采用电机效率 MAP 的方式实现电机的仿真。

4）电池模型：采用 Rint 等效内阻电路的方式建模，包含与温度和 SOC 相关的开路电压的计算、与温度和 SOC 相关的内阻计算、基于需求功率的实时输出电压及输出电流的计算，以及电池温度的仿真。

整车模型根据运动学方程建立，具有以下功能：滚动阻力计算、空气阻力计算、坡道阻力计算、制动力计算、车辆速度和加速度计算等。

8.2　电动汽车仿真软件

近年来，国内外已经有很多大学和研究机构开展了电动汽车仿真技术的研究，并开发了一系列电动汽车仿真软件。这些软件大部分采用后向仿真技术，有一次开发和基于MATLAB/Simulink 二次开发两种开发方式。目前，市面上主要的电动汽车仿真软件有 ADVISOR、CRUISE、CarSim、GT-DRIVE、PSAT 等。

8.2.1　ADVISOR 仿真软件

ADVISOR（Advanced VehIcle SimulatOR，高级车辆仿真器）是由美国可再生能源实验室（National Renewable Energy Laboratory，NREL）在 MATLAB/Simulink 环境下开发的一款高级车辆仿真软件。该软件从 1994 年 11 月份开始开发和使用，最初是用来帮助美国能源部开发某混合动力电动汽车的动力系统，随后功能逐渐扩展，可以对传统汽车、纯电动汽车和混合动力电动汽车的各种性能进行快速分析。该软件具有较好的实用性，目前世界上许多生产企业、研究机构和高校都在使用该软件做汽车仿真方面的研究。

利用 ADVISOR 进行电动汽车仿真，能够实现以下功能。

1）匹配车辆各总成参数，优化其性能。

2）研究车辆如何通过传动系统和驱动系统实现能量转化。

3）比较不同循环工况下的排放特性和能量消耗情况。

4）评价车辆的能量管理策略。

5）优化变速器的传动比，以获得最佳经济性能和最佳动力性能。

6）预测和分析车辆的动力性、经济性以及整车综合性能。

ADVISOR 用形象的图标表示汽车仿真系统中的各个元件，如图 8-7 所示。每个元件图形都是利用 Simulink 提供的模块库建立的动态系统模型。例如，图 8-8 是图 8-7 中变速器 gearbox<gb>模块的内部模型。建模时只需在 Simulink 模块库中选择需要的系统模块并将其拖放到用户界面中，然后将它们连接起来即可。

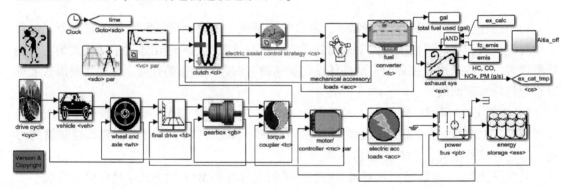

图 8-7　电动汽车 Simulink 模型顶层模块图

ADVISOR 由 MATLAB 和 Simulink 环境下的一系列模型、数据和脚本文件组成，利用给定道路循环条件下的车辆各部分参数，能快速地分析传统汽车、纯电动汽车和混合动力电动汽车的燃油经济性、动力性以及排放性等各种性能。此外，该软件的开放性也允许对用户自定义的汽车模型和仿真策略进行仿真分析。它主要有以下特点。

1）仿真模型采用模块化的思想设计。ADVISOR 软件分模块建立了发动机、离合器、变速器、主减速器、车轮和车轴等部件的仿真模型，各个模块都有标准的数据输入/输出端口，便于模块间进行数据传递，而且各总成模块都很容易扩充和修改，各模块也可以随意地组合使用，用户可以在现有模型的基础上根据需要对一些模块进行修改，然后重新组装成需要的汽车模型，这样会大大节省建模时间，提高建模效率。

2）仿真模型和源代码全部开放。ADVISOR 2002 的仿真模型和源代码在全球范围内完全公开，可以在网站上免费下载。用户可以方便地研究 ADVISOR 的仿真模型及其工作原理，在此基础上根据需要修改或重建部分仿真模型，调整或重新设计控制策略，使之更接近于实际情形，得出的仿真结果也会更加合理。

3）采用了独特的混合仿真方法。现在的电动汽车仿真方法主要有前向仿真和后向仿真两种，仿真软件也多采用其中的一种方法，而 ADVISOR 采用了以后向仿真为主、前向仿真为辅的混合仿真方法。它首先进行后向仿真，沿着与实际功率流相反的方向，根据道路循环的要求，向整车模块发出速度和力矩请求，整车模块再向车轮和车轴模块、主减速器模块、变速器模块等逐级发出请求，直到动力源模块（发动机和蓄电池等），计算出动力源所能提供的功率。然后进行前向仿真，沿着实际功率流的方向，从动力源模块出发直至车轮与车轴模块，逐级传递当前部件能提供给下一级部件的速度值和力矩值，最后计算出汽车的实际速度。这样便较好地集成了两种方法的优点，即仿真计算量较小，运算速度较快，同时保证了仿真结果的精度。

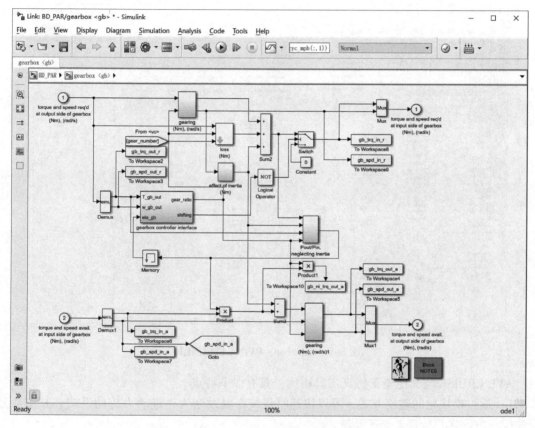

图 8-8　使用 Simulink 系统模块的变速器模型

4）能与其他多种软件进行联合仿真（Co-simulation）。电动汽车是一个复杂的系统，其仿真更是涉及机械、电子、控制等多个领域，工作量很大，ADVISOR 软件开发过程中也难以涉及所有领域，这样就限制了它一些功能的实现。但是 ADVISOR 设计了开放的软件接口，能与 Saber、Simplorer、VisuaDOC、Sinda/Fluint 等软件进行联合仿真，为用户改进和拓展其功能提供了方便。

虽然 ADVISOR 软件也有一些缺陷（例如，它的部件模型都是准静态的，不能预测小于 $1/10\,\mathrm{s}$ 时间范围内的一些现象，机械振动、电磁振荡等许多动态特性也不能通过 ADVISOR 软件进行仿真），但它的优越性仍然吸引了国内外的众多用户，在电动汽车仿真研究中得到了广泛的应用。

8.2.2　CRUISE 仿真软件

CRUISE 是奥地利 AVL 公司开发的一款整车及动力总成仿真分析软件，也是业界功能较强大、适应性较强的车载系统和传动系统的分析工具。AVL CRUISE 可以模拟车辆的动力性、燃油经济性、排放性能及制动性能，模块化建模理念可以方便地建立各种不同结构布置的车辆模型，并采用完善的求解器保证计算的快速性和准确性。图 8-9 为 Convention Models 模型库中 Automatic 4WD 车辆结构图，直观地将车轮、离合器、制动器、方向盘和发动机等模块化组件真实再现。

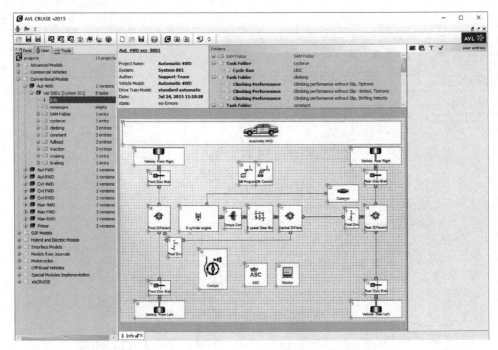

图 8-9　Automatic 4WD 车辆结构图

AVL CRUISE 与其他整车仿真工具相比，具有以下特点。

1）通过模块化的建模方式，可以快速将传统车辆改变为先进动力传动系统，并支持分层建模，方便客户管理各个子系统。

2）CRUISE 内置了很多基于汽车工程应用的计算任务。主要有循环工况任务、巡航工况任务、最大爬坡度计算任务、稳态行驶性能任务、全负荷加速性能任务、制动/滑行/反拖任务以及最大牵引力计算任务等。

3）CRUISE 拥有大量的电气部件，可用于电动汽车或者混合动力电动汽车的开发；立体式全方位的接口，便于进行整车集成测试；也可以对先进动力传动系统进行分析评价，例如 AT、AMT、DCT 和 GSI 等，其中的 GSP 模块可进行换档规律的生成和优化。

4）根据预先设定的动力性、燃油经济性或者排放性指标，可以进行动力参数匹配计算和动力总成匹配计算。

5）内置 Function 函数，用户可以根据自己的需求编写控制策略。

6）可以与 AVL In-Motion、dSPACE 和 ETAS 等硬件系统进行联合仿真，实现车辆动力总成系统的实时仿真，缩短了开发时间并且提高了开发速度。

7）可同时进行前向仿真和后向仿真。

8）采用与 Oracle 对接的数据库管理体系，便于进行系统的管理和资源分配，提高了数据管理的安全性。同时方便实现 CRUISE 软件不同使用群体之间的数据交换和读取；具有强大的数据搜寻和对比功能，使用户在面对大量数据的情况下可根据自己设定的边界条件便捷地进行数据的获取和对比。

作为一款专业的整车及动力总成仿真分析软件，CRUISE 具有多学科系统仿真的优势，可以模拟车辆的动力性、燃油经济性、排放性能及制动性能。无论从办公室阶段的概念性设计，还是实时的 HIL 系统和台架测试的系统标定，设计师都能在 CRUISE 平台上完成仿真。这样可以大大缩短设计周期和设计成本，降低试制和试验时间，缩短反馈链，帮助设计师们在设计阶段就通过对整车的匹配进行优化，提高电动汽车的整体性能。

8.2.3　CarSim 仿真软件

CarSim/TruckSimMSC（Mechanical Simulation Corporation）成立于 1996 年，源自国际著名的科研机构 UMTRI（密歇根大学交通运输研究所），主要创始人是国际知名的车辆动力学专家 Thomas D. Gillespie、Michael Sayers 和 Steve Hann。CarSim 是专门针对车辆动力学的仿真软件，CarSim 模型在计算机上运行的速度比实时快 3~6 倍，可以仿真车辆对驾驶员、路面及空气动力学输入的响应，主要用来预测和仿真汽车整车的操纵稳定性、制动性、平顺性、动力性和经济性，被广泛地应用于现代汽车控制系统的开发。CarSim 仿真界面如图 8-10 所示。

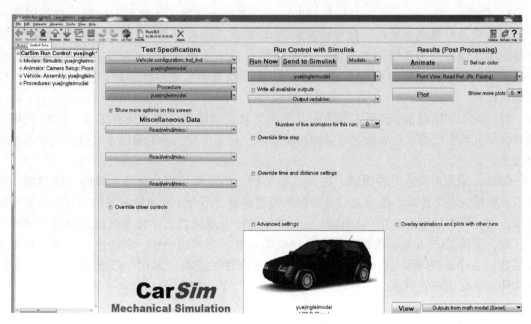

图 8-10　CarSim 仿真界面

CarSim 可以方便灵活地定义试验环境和试验过程，详细地定义整车各系统的特性参数和特性文件。主要功能包括：轿车、轻型货车、轻型多用途运输车及 SUV 车型的建模仿真；分析车辆的动力性、燃油经济性、操纵稳定性、制动性及平顺性；可以通过 MATLAB、Excel 等软件进行绘图和分析；可以以图形曲线及三维动画形式观察仿真的结果；包括图形化数据管理界面、车辆模型求解器、绘图工具、三维动画回放工具及功率谱分析模块。CarSim 软件可以扩展为 CarSim RT。CarSim RT 是实时车辆模型，提供与一些硬件实时系统的接口，可联合进行 HIL 仿真；利用先进的事件处理技术，可实现复杂工况的仿真；友好的图形用户界面，可快速方便实现建模仿真；提供多种车型的建模数据库；可实现用户自定义变量的仿真结果输出；可实现与 Simulink 的相互调用；具有多种仿真工况的批量运行功能。

CarSim 主要有以下特点。

1）使用方便，软件的所有组成部分都由一个图形用户界面来控制。用户通过单击【Run Math Model】按钮来进行仿真，通过单击【Animate】按钮可以以三维动画的形式观察仿真的结果，单击【Plot】按钮可以查看仿真结果曲线。用户在很短的时间内就可以掌握 CarSim/TruckSim 的基本使用方法，完成一次简单的仿真并观察仿真结果。

2）CarSim/TruckSim 为快速建立车辆模型提供了新的标准。CarSim/TruckSim 输出的数据可以导出并添加到报告、Excel 工作表格及 PowerPoint 演示中。仿真的结果也可以很方便地导入各种演示软件中。

3）CarSim 将整车数学模型与计算速度很好地结合在一起，车辆模型在主频为 3 GHz 的 PC 上能以 10 倍于实时的速度运行，这使得 CarSim/TruckSim 很容易支持硬件在环或软件在环所进行的实时仿真。CarSim/TruckSim 支持 Applied Dynamics International（ADI）、dSPACE 和 Opal-RT 及其他实时仿真系统。CarSim/TruckSim 这一快速特性也使得它可以应用于优化及试验设计等。

4）CarSim/TruckSim 可以在一般的 Windows 系统及便携式计算机上运行，也可以在用于实时系统的计算机上运行。数学模型的运动关系式已经标准化，并能和用户扩展的控制器、测试设备及子系统协调工作。这些模型有以下 3 种形式：CarSim/TruckSim 自带的内嵌模块、嵌入模型的 MATLAB/Simulink S-函数以及为生成单独 exe 文件的可扩展 C 代码的库文件。

5）CarSim/TruckSim 包括了车辆动力学仿真及观察结果所需的所有工具。MSC 利用先进的代码自动生成器来生成稳定可靠的仿真程序，这比传统的手工编码方式进行软件开发要快很多。

CarSim 采用面向系统的建模方法，主要包括悬架建模、轮胎建模、转向系统建模、制动系统建模、动力传动系统建模以及驾驶员模型建模，适合于底盘控制系统的开发及整车的虚拟仿真，所有的模型建立在 UMTRI 三十多年的研究基础之上，其参数都是通过测试的方式获取，使得 CarSim 能够精确地仿真车辆的动力性、燃油经济性、制动性、平顺性和操纵稳定性。CarSim 被国际上众多的汽车制造商、零部件供应商所采用，已成为汽车行业的标准软件，享有很高的声誉。

8.3　电动汽车整车仿真实例

基于以上对于电动汽车仿真技术的基本介绍，本节分别在 MATLAB/Simulink 和 ADVISOR 2002 下，演示电动汽车仿真过程中的部件建模与参数配置方法，并给出电动汽车的整车仿真结果。

8.3.1　基于 MATLAB 的电动汽车前向仿真

在 MATLAB/Simulink 仿真平台上，根据电动汽车实际能量流的传递方向建立整车前向仿真模型，对整车动力性和经济性进行仿真。此原型车的主要参数见表 8-1。

表 8-1　原型车的主要参数

项　　目	参　　数
整车整备质量/kg	2300
迎风面积/m²	2.1
空气阻力系数	0.34
轮胎半径/m	0.339
滚动阻力系数	0.01
电池开路电压/V	340
最大电机转矩/N·m	500
电池组容量/A·h	12.6
初始 SOC 电量	0.95
电池内阻/Ω	0.1

整车模型包括循环工况模型、驾驶员模型、制动力分配模型、电机模型、电池模型、传动系统及整车动力学模型。电动汽车前向仿真过程如图 8-11 所示。

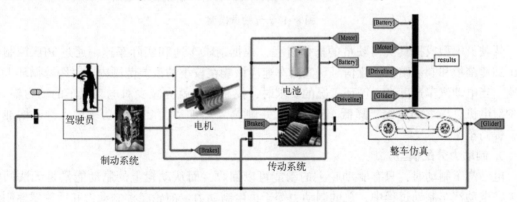

图 8-11　电动汽车前向仿真过程

1. 循环工况模型

仿真是从输入循环工况开始的，循环工况即电动汽车在规定时间内所需要达到的速度曲线，是电动汽车实际道路行驶状况的反映，主要反映了车辆行驶时间与车速、道路坡度之间的关系。循环工况模型主要负责循环工况数据的导入，是整个前向仿真模型的基础和起点。在此采用的循环工况为 UDDS 城市道路循环工况，车辆起停较为频繁，平均速度为 31.51 km/h，最大制动强度为 0.151，平均制动强度低于 0.1，如图 8-12 所示。

2. 驾驶员模型

驾驶员模型是前向仿真模型的重要模块，也是前向仿真和后向仿真的最主要区别。驾驶员模型应能够在反映工况需求的前提下尽可能地模拟驾驶员的真实操作过程，其精确度直接影响整车控制策略的优化与评价。它使整个仿真模型形成一个闭环系统，提高了仿真的精确性。驾驶员模型如图 8-13 所示。

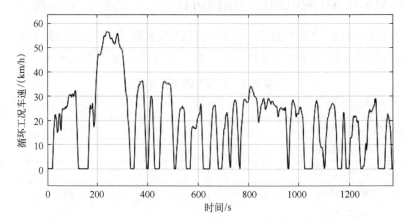

图 8-12　UDDS 循环工况

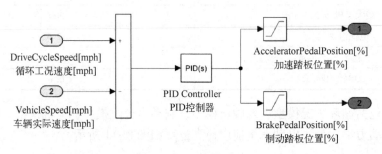

图 8-13　驾驶员模型

驾驶员模型模拟真实驾驶员的操作过程，根据请求车速和实际车速，通过 PID 控制器求出加速踏板和制动踏板位置信号。实际车速应该能在较小的误差范围内实时跟踪循环工况车速。当电动汽车速度高于循环工况的要求时，控制策略就会减少对电动汽车的动力输入，减少对电机总功率的分配，降低车速；反之，则需要增加动力装置的功率输入，以增加动力，提高车速。

3. 制动力分配模型

电动汽车制动时，只有驱动轮上的动能可以回收，而从动轮上的制动能量是无法回收的。在电动汽车制动过程中，总的制动力等于再生制动力、前轮摩擦制动力和后轮摩擦制动力之和。电机作为电动汽车再生制动系统中能量转换的部件，所能提供的回馈制动力矩受电机转矩转速特性、车速等因素的影响。较低的车速下制动时，由于电动汽车的动能不足，使电机转速降低，电机驱动反电动势降低，再生制动能力也就会随着车速降低而减小。

根据再生制动系统的制动力变化特性，电制动力、摩擦制动力和驾驶员请求制动力之间的关系，可制定电动汽车的制动控制策略如下。

1）根据驾驶员模型发出的制动力请求，如果此刻的电机制动力矩大于总的制动力请求，则制动力完全由电机制动力提供，摩擦制动不参与制动。

2）如果此刻的电机制动力小于总的制动力请求，则摩擦制动将参与制动，摩擦制动力根据前后轴制动力分配系数分配前后轴制动力。

3）如果此刻驾驶员模型的制动强度较大，即紧急制动，则只采用摩擦制动。

在此，对制动力分配策略进行了简化，根据驾驶员模型发出的制动力请求（制动踏板开度），如果车速大于5m/h，则制动力将由电机再生制动力与摩擦制动按设置的分配比例联合提供；如果车速小于5m/h，则电机不进行再生制动，制动力仅由摩擦制动提供。制动力分配模型如图8-14所示。

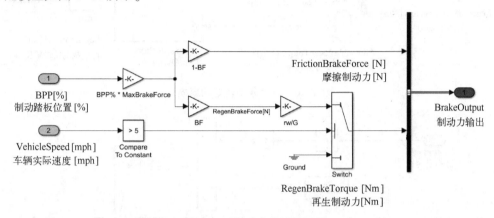

图8-14　制动力分配模型

4. 电机模型

对于纯电动汽车而言，电机是其唯一动力来源。本电机模型中没有涉及电机的理论物理模型，仅通过分析电机运行时的转矩和功率约束进行建模，具体包括电机转矩约束模块、再生制动转矩约束模块、电机功率损耗计算、电机功率和能耗计算4个子模块，分别如图8-15~图8-18所示。

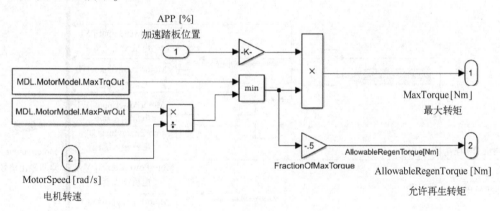

图8-15　电机转矩约束模块

图8-15中，加速踏板开度决定了电机允许最大转矩和电机实际输出转矩的关系，而电机允许输出转矩受电机允许最大转矩和最大功率的限制，由于加速踏板开度与电机允许最大转矩线性相关，将驾驶员模型输出的加速踏板开度乘以电机允许最大转矩即为电机实际输出的转矩。

图8-16中，由于制动踏板开度与电机允许最大再生制动转矩线性相关，将驾驶员模型输出的制动踏板开度乘以电机允许最大再生制动转矩即为电机实际输出的再生制动转矩。

如图8-17和图8-18所示，电机在运行过程中存在功率损耗，准确估计电机的功率损耗将提高电机模型的精确性，电机功率损耗、电机输出功率和电机输入功率计算公式如下：

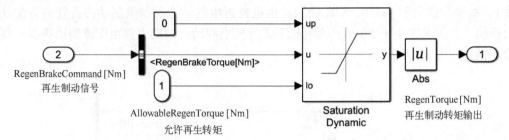

图 8-16　再生制动转矩约束模块

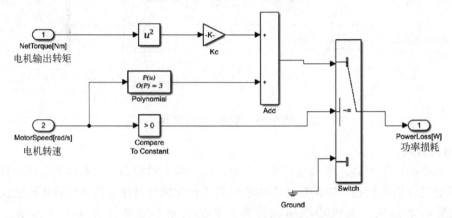

图 8-17　电机功率损耗计算模块

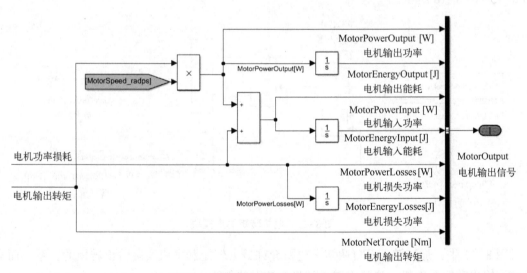

图 8-18　电机功率和能耗计算模块

$$
\begin{cases}
P_{\text{loss}} = k_c T^2 + k_i \omega + k_\omega \omega^3 + C \\
P_{\text{motor}} = T\omega \\
P_{\text{in}} = T\omega + P_{\text{loss}}
\end{cases}
\tag{8-1}
$$

式中，P_{loss} 为电机功率损耗；T 为电机转矩；ω 为电机角速度；k_c、k_i、k_ω 为电机的功率损耗计算系数；C 为电机不变损耗；P_{motor} 为电机输出功率；P_{in} 为电机输入功率。

5. 电池模块

电池模块采用电池内阻模型，通过电动汽车需求功率、开路电压和电池内阻，由式（8-2）计算电池的电流：

$$i_{b} = \frac{E_{b}(SOC) - \sqrt{E_{b}^2(SOC) - 4000R_{b}(SOC)P_{b}}}{2R_{b}(SOC)} \tag{8-2}$$

电池电流计算模块如图 8-19 所示。

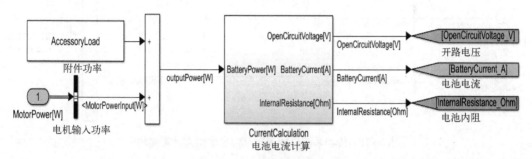

图 8-19　电池电流计算模块

根据电池内阻模型，电池 SOC、电池端电压、电池功率及能量损耗、电池输出功率及能量计算模块如图 8-20 所示。

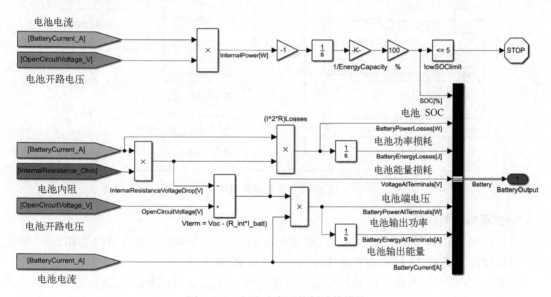

图 8-20　电池功率及能耗计算模块

6. 传动系统及整车动力学模型

传动系统及整车动力学模型是在考虑传动系统机械损耗基础上，根据电机驱动转矩、汽车所受行驶阻力计算汽车速度，并将汽车实际车速反馈给驾驶员模块，使整个仿真模型形成一个闭环系统，提高了仿真的精确性。图 8-21 为传动系统机械损耗及输出牵引力计算模块，图 8-22 为根据汽车的行驶方程式进行车速计算的模块。

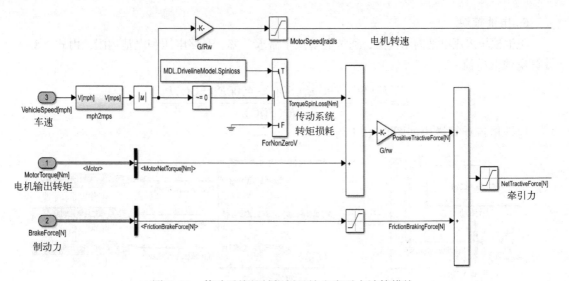

图 8-21 传动系统机械损耗及输出牵引力计算模块

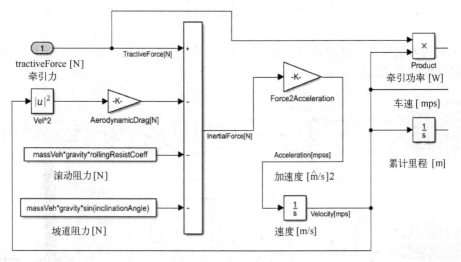

图 8-22 车速计算模块

7. 仿真结果与分析

通过在 MATLAB/Simulink 中建立纯电动汽车的前向仿真模型,对其动力性和 SOC 变化进行仿真分析,图 8-23 所示为实际车速和循环车速的曲线图。

从图 8-23 中可以看出,电动汽车实际车速与循环工况车速两曲线大部分重叠,说明建立的电动汽车前向仿真模型可以很好地跟踪模拟车辆循环工况,建立的前向仿真模型的精确度是较高的。

图 8-24 所示为电动汽车电池的 SOC 变化曲线图。从中可以看出,电动汽车在制动过程中可以回收制动能量给电池充电,由速度图(见图 8-23)和 SOC 变化曲线图(见图 8-24)比较可以看出电动汽车在减速过程中 SOC 有所增加,增加了电动汽车的续驶里程。

从上述的分析结果可以看出,建立的电动汽车仿真模型符合实际电动汽车的需求,说明该仿真模型可用于电动汽车性能仿真。

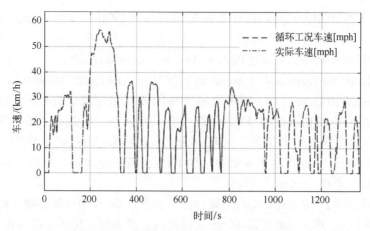

图 8-23　实际车速和循环车速的曲线图

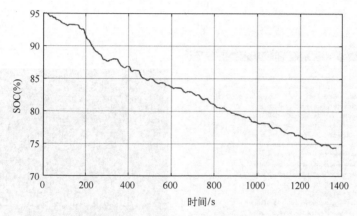

图 8-24　电池 SOC 变化曲线图

8.3.2　基于 ADVISOR 2002 的电动汽车混合仿真

本节以 ADVISOR 2002 作为仿真平台，对电动汽车的整车仿真过程进行说明。首先介绍 ADVISOR 2002 的安装与配置方法，在此基础上给出电动汽车在 ADVISOR 2002 上的整车仿真过程。

1. ADVISOR 2002 仿真软件的安装

安装 ADVISOR 2002 软件之前，需要明确软件的版本及其对系统的要求，ADVISOR 2002 要求 MATLAB 为 6.1 或 6.5 版本。安装 ADVISOR 的方法比较简单，首先运行 MATLAB，将 ADVISOR 文件所在路径添加到 MATLAB 工作路径下：单击文件夹【File】按钮→设置路径 Set Path 栏，出现图 8-25 所示的界面；单击添加文件夹【Add with Subfolders …】按钮，选择 ADVISOR 文件夹，单击保存【Save】按钮保存，关闭该界面，路径就添加完成了。启动 ADVISOR 时，只需在 MATLAB 命令窗口提示符下输入"advisor"，并按进入【Enter】键即可。

需要指出的是，一般情况下 ADVISOR 是不能在 MATLAB 7.5 以上高版本环境下运行的。但是经过以下修改，就可在 MATLAB 下运行 ADVISOR，具体步骤如下。

1）将 ADVISOR 文件所在路径添加到 MATLAB 的工作路径下。

2）将文件 ADVISOR2002patchforR13. m 复制到 ADVISOR 的文件目录，如 E：\Program\Advisor2002 下。

3）在 MATLAB 中将运行目录也改为 E：\Program\Advisor2002。

4）在 MATLAB 的 Command Window 窗口输入"ADVISOR2002patchforR13"，在运行 ADVISOR2002patchforR13. m 之后，就可看到 ADVISOR 的底层模块被不断更新。

5）更新完成后，在 Command Window 窗口输入"advisor"，运行 ADVISOR，如果 MAT-LAB 提示出错，则找到出错的文件，一般会是"get_cycle_info. m"。将此文件第 25 行的"break"改成"return"，保存后重新运行 ADVISOR；若还有出错，则根据出错提示找到位置后，将"break"改成"return"即可。

6）全部修改完后，ADVISOR 即可正确运行。如果第 4）步中更新出错，则可先执行第 5）步，再进行第 4）步，第 3）步与第 4）步交替进行，直到没有提示错误为止。

至此，可打开图 8-26 所示的 ADVISOR 启动界面。

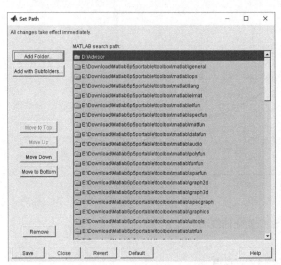

图 8-25　设置 MATLAB 工作路径　　　　　图 8-26　ADVISOR 启动界面

2. 基于 ADVISOR 2002 的电动汽车混合仿真

ADVISOR 采用了前向仿真方法和后向仿真方法相结合的混合仿真方法，如图 8-27 所示。该方法以后向仿真为主、前向仿真为辅，既减少了计算量，同时又保证了仿真结果的精确性。

（1）ADVISOR 启动界面

ADVISOR 软件启动后，首先选择单位制式，即公制栏【Mertic】或英制栏【US】；之后，单击右侧顶端选项栏选项按钮∨，系统会弹出图 8-28 所示的下拉菜单选项。

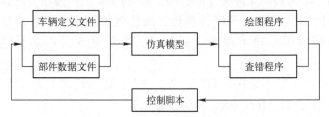

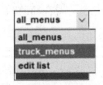

图 8-27　ADVISOR 的仿真数据流程　　　　　图 8-28　顶端选择键下拉菜单

单击"all_menus"选项后，系统进入整车输入界面，再单击右上方的加载文件【Load File】按钮，可以选择所有已保存的整车配置文件；若选择"truck_menus"选项，则进入整车输入界面后，再单击加载文件【Load File】按钮，仅可以选择已保存的载重汽车配置文件；若单击编辑列表 edit list 选项，系统会弹出图 8-29 所示的界面。

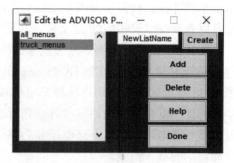

图 8-29　编辑 ADVISOR 配置文件界面

在界面中【Create】按钮左侧的文本框编辑一个文件名，单击【Create】按钮，即可增加一个新的车辆配置文件到列表中。单击【Add】按钮，选择一个文件，即可添加到列表中。选中图 8-29 所示界面左侧列表文件中的一个，单击删除【Delete】按钮，即可删除已保存的配置文件名；单击【Help】按钮，可获得相关帮助文档；单击【Done】按钮表示修改完成，并退出编辑 ADVISOR 配置文件界面。

用户根据自己需要完成上述选项后，即可在 ADVISOR 启动界面单击【Start】按钮启动 ADVISOR，系统进入整车输入界面。若单击【Help】按钮，可获得 ADVISOR 帮助；单击【© and Disclaimer】按钮可获得版权和免责声明信息；单击【Exit】按钮，可退出 ADVISOR；单击【Load Results】按钮，系统弹出窗口如图 8-30 所示，可导入用户保存的仿真结果文件。需要说明的是，该文件为"∗.mat"类型文件。

图 8-30　保存用户选择的仿真结果文件界面

（2）整车输入界面

在 ADVISOR 启动界面单击【Start】按钮，进入整车输入窗口，该窗口各栏显示的是某一具体车辆参数的默认值，如图 8-31 所示。

通过此界面可以输入汽车的各种参数，以对其进行个性化设置。界面左侧为汽车相关图像信息，右侧为相关操作区域。随着用户选择不同的汽车参数，显示的图像信息会有相应的变化。

图 8-31 中界面左侧上方为电动汽车的整车模型及各个部件，它标识了电动汽车的整个动力传动系统结构和能量传递方向。单击图中每个汽车部件，均会弹出一个对话框。例如，

单击车轮部件，会弹出如图 8-32 所示的界面。通过该界面可以读取已经存储的部件数据，也可以查看或编辑相应的 M 文件，从而对软件自带数据进行更改。

图 8-31 中界面左侧下方为汽车部件的性能曲线，包括燃料转化器、电机控制器、能量存储系统和变速器。在部件"Component"选项栏下，单击 fuel_converter 选项键，出现图 8-33 所示的界面。用户选择其中部件之一，再在特性选项栏"Plot Selection"下选择需要的特性，则会出现与该组件特性相对应的性能曲线。例如，选择部件为能量存储系统式，可以显示蓄电池内阻、开环电压和功率等性能曲线，可以根据自己的需要，通过下拉菜单选择要显示的某种曲线。

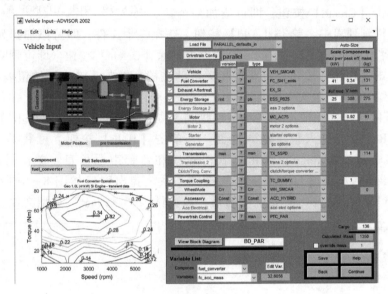

图 8-31　整车输入窗口

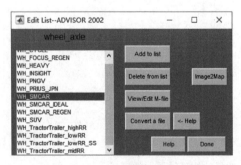

图 8-32　车轮、车轴模型选择界面

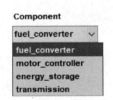

图 8-33　可选择汽车部件列表

图 8-31 中界面右侧为定义汽车参数的操作面板，下面进行简要介绍。

1) 选择传动系。单击图 8-31 右上方的加载文件【Load File】按钮，可打开图 8-34 所示的界面，显示出供选择的不用类型的汽车，如传统汽车、纯电动汽车、混合动力电动汽车、燃料电池电动汽车等。选择某一汽车后，在右侧选项窗口出现该结果；也可以单击选项窗口选项键，以下拉菜单的形式选择车辆模型。

在传动系配置【Drivetrain Config】按钮右侧选项窗口的下拉菜单中，用户可以进行传动系结构的选择，得到不同的动力传动系统结构，如图 8-35 所示。

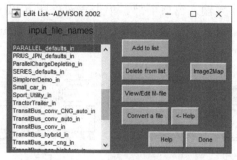

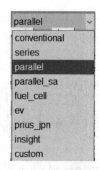

图 8-34　车辆模型文件选择弹出对话框　　　　图 8-35　汽车传动系结构列表

　　选择特定的传动系结构后，窗口左侧汽车图像信息里传动系结构图也会发生相应变化，主要有传统汽车（conventional）传动系结构、串联混合动力电动汽车（series）传动系结构、并联混合动力电动汽车（parallel）传动系结构、燃料电池电动汽车（fuel_cell）传动系结构和纯电动汽车（ev）传动系结构等。用户也可以根据自身需要自定义（custom）汽车传动系结构。选择某传动系结构后，可供该传动系选择的部件也会相应发生改变。

　　单击传动系配置【Drivetrain Config】按钮，可以得到相关动力传动系结构的帮助文档。

　　2）选择部件。在选择传动系结构之后，使用弹出菜单或单击汽车图像信息中的相关部件，可对所有的部件进行选择。用户通过图 8-36 可以看到对应传动系选择部件。

　　图 8-36 中的黑字按钮，例如 Vehicle（车型）或 Exhaust Aftertreat（排放后处理），其左侧小方框中有"√"，表示用户需要选择的部件，单击该按钮会弹出对应菜单。灰字按钮表示对应于并联传动系结构不选的部件，例如 Generator（发电机）。

　　在整车按钮【Vehicle】右上方的部件版式【Version】按钮，是指用户将要使用的部件模型版式。其右侧的部件类型【type】按钮，是指对应于已选择部件模型版式可以选择的类型。无论单击 ? 图标、版式按钮【Version】还是类型按钮【type】，均可获得各部件的版式与类型说明。

　　3）编辑变量。如图 8-31 所示，用户可以通过整车输入窗口底部的变量 Variable List 栏，选定所要编辑部件（Component）的变量（Variables），单击变量编辑【Edit Var】按钮修改变量值。也可以在部件右边的编辑框内直接键入变量值，如图 8-37 所示。

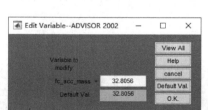

图 8-36　并联传动系　　　　　图 8-37　通过变量列表和编辑键
　　　汽车需选择的部件　　　　　　　修改变量以及直接键入变量值

4）查看汽车仿真模型。在图 8-31 整车参数输入窗口下部，单击查看框图【View Block Diagram】按钮，可以看到整车仿真模型（见图 8-38），也就是基于 MATLAB/Simulink 搭建的汽车仿真模型。

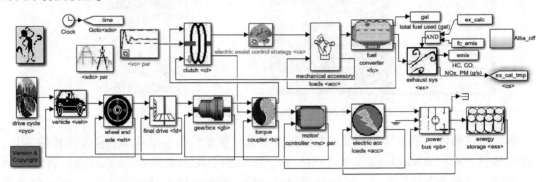

图 8-38　整车仿真模型

5）其他配置。

① 下载与存储汽车结构。单击图 8-31 所示的整车输入窗口右侧顶部的加载文件【Load File】按钮可以下载某个特定汽车配置文件；单击图像底部的保存【Save】按钮，可以保存汽车配置文件，文件以"filename_in. m"格式保存。

② 自动调整结构参数。在图 8-31 所示的整车输入窗口右侧顶端，单击自动调整结构参数【Auto-Size】按钮，会弹出图 8-39 所示的对话框，用于自动调整选定汽车的参数，使之符合加速性能和爬坡性能的要求。

③ 返回与继续键。在图 8-31 所示的整车输入窗口右侧底部，单击返回【Back】按钮，用户返回至原启动窗口，但该操作将丢失所有未存储的信息；单击继续【Continue】按钮，用户可进入仿真设置窗口。

（3）仿真参数界面

在整车输入界面下，用户完成整车参数选择之后，单击继续【Continue】按钮，便可进入 ADVISOR 仿真参数（Simulation Parameters）界面，如图 8-40 所示。在该界面下，用户可以选择车辆的行驶循环工况与设定仿真初始条件。

图 8-39　Autosize 界面

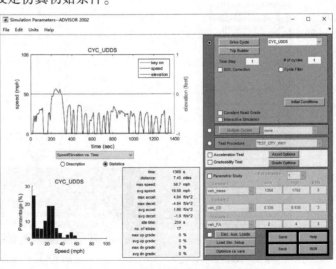

图 8-40　ADVISOR 仿真参数界面

由图 8-40 可以看出，该界面总体上包括行驶循环工况与所定义循环工况的数据分析两部分。这两部分的数据是相互对应的，在选择标准循环工况时，用户可以通过参考循环工况的数据来确定。定义行驶循环工况，包括选择标准循环工况、设定加速和爬坡性能试验、分析参数、设置电气附件、设置模拟器与优化控制策略参数等内容。在此界面上，用户可以根据需要设置包括道路循环、时间阶跃、循环次数和初始条件等仿真条件，设定道路坡度、是否进行交互仿真、加速度测试与爬坡性能测试。同时，ADVISOR 还为用户提供了最多 3 个部件参数进行灵敏度分析，以研究不同参数对汽车性能的影响，为汽车设计提供参考。另外，用户可以根据需要选择车辆的辅助电气设备工作情况，设置选择模拟装置，优化控制策略参数。

（4）仿真结果查看界面

单击图 8-40 右下角的【RUN】按钮，ADVISOR 将在用户选定的参数配置下开展仿真计算，仿真结果如图 8-41 所示。

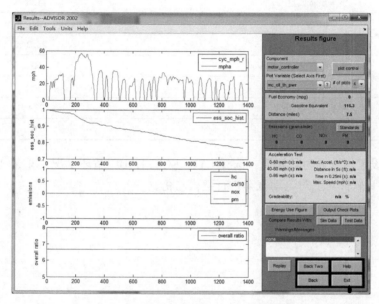

图 8-41　ADVISOR 2002 仿真结果界面

图 8-41 中，左侧为仿真结果曲线图，右侧为仿真结果数据。从图中可以看出，电动汽车的实际行车速度可以同所选定的道路循环工况进行较好的吻合，同时电池 SOC 随着行驶里程的增加而不断下降，符合电动汽车的实际行驶特性。

8.4　本章小结

计算机仿真是提升电动汽车研发效率的重要手段，在现代汽车研发过程中扮演了重要角色。本章针对电动汽车的仿真技术，首先对系统仿真的基本概念、基本方法、基本技术进行了阐述；在此基础上，介绍了 ADVISOR、CRUISE 与 CarSim 这 3 款电动汽车仿真中常用的软件；最后，分别在 MATLAB 和 ADVISOR 2002 上给出了电动汽车整车仿真的两个实例，为读者开展电动汽车仿真研究奠定基础。

习题

1. 系统仿真的类别有哪几种? 简述其特点。
2. 简述电动汽车前向仿真过程及其与后向仿真的主要区别。
3. 简述常用电动汽车仿真软件的优缺点。
4. 某电动汽车整车技术参数见表 8-2。

表 8-2　整车技术参数

项　目	参　数
总长×总宽×总高/mm×mm×mm	2500×1480×1480
迎风面积/m²	2
整车整备质量/kg	1126
轴距/cm	260
轮胎滚动半径/cm	28.2
蓄电池容量/A·h	60
蓄电池组单元数量/个	25
电机额定电压/V	220
电机额定功率/kW	30

其他参数设置均设置为默认值,选择 CYC-ECE-EUDC 循环工况,重复 13 次,在 AD-VISOR 2002 仿真软件对上对电动汽车进行建模与仿真。

参 考 文 献

[1] 中国汽车技术研究中心. 中国新能源汽车产业发展报告 [M]. 北京：社会科学文献出版社，2018.

[2] 中国汽车技术研究中心. 节能与新能源汽车发展报告 [M]. 北京：人民邮电出版社，2017.

[3] 崔胜民. 新能源汽车技术 [M]. 3 版. 北京：北京大学出版社，2020.

[4] 王庆年，曾小华. 新能源汽车关键技术 [M]. 北京：化学工业出版社，2017.

[5] 麻友良. 电动汽车概论 [M]. 北京：机械工业出版社，2012.

[6] 余志生. 汽车理论 [M]. 6 版. 北京：机械工业出版社，2018.

[7] 陈清泉. 现代电动汽车技术 [M]. 北京：北京理工大学出版社，2004.

[8] 边耀璋. 汽车新能源技术 [M]. 北京：人民交通出版社，2003.

[9] 陈全世，朱家琏，田光宇. 先进电动汽车技术 [M]. 3 版. 北京：化学工业出版社，2018.

[10] 王志福，张承宁. 电动汽车电驱动理论与设计 [M]. 2 版. 北京：机械工业出版社，2017.

[11] 何洪文，熊瑞. 电动汽车原理与构造 [M]. 2 版. 北京：机械工业出版社，2018.

[12] 曹秉刚，张传伟，白志峰，等. 电动汽车技术进展和发展趋势 [J]. 西安交通大学学报. 2004，38 （1）：1-5.

[13] 全国汽车标准化技术委员会. 电动汽车 动力性能 试验方法：GB/T 18385—2005 [S]. 北京：中国标准出版社，2001.

[14] 于秩祥. 汽车传感器原理与应用 [M]. 长春：吉林人民出版社，2013.

[15] 董辉. 汽车用传感器 [M]. 2 版. 北京：北京理工大学出版社，2009.

[16] 王银，陈丙辰. 汽车传感器使用与检修 [M]. 北京：金盾出版社，2003.

[17] 特纳. 汽车传感器（影印版）[M]. 哈尔滨：哈尔滨工业大学出版社，2018.

[18] 夏德钤，翁贻方. 自动控制理论 [M]. 4 版. 北京：机械工业出版社，2016.

[19] 闫茂德，高昂，胡延苏. 现代控制理论 [M]. 北京：机械工业出版社，2016.

[20] 高钟毓. 机电控制工程 [M]. 3 版. 北京：清华大学出版社，2014.

[21] 罗庚合，李玲，王瑜. 机电控制工程基础 [M]. 西安：西安电子科技大学出版社，2016.

[22] BOSE B K. 现代电力电子学与交流传动 [M]. 王聪，赵金，于庆广，等译. 北京：机械工业出版社，2013.

[23] 夏长亮. 无刷直流电机控制系统 [M]. 北京：科学出版社，2009.

[24] 陈伯时. 电力拖动自动控制系统——运动控制系统 [M]. 5 版. 北京：机械工业出版社，2016.

[25] 张晓江. 电机及拖动基础：上册 [M]. 5 版. 北京：机械工业出版社，2016.

[26] 张晓江. 电机及拖动基础：下册 [M]. 5 版. 北京：机械工业出版社，2016.

[27] 姜久春，郭希铮，刘慧娟. 电动汽车电机及驱动系统 [M]. 北京：北京交通大学出版社，2018.

[28] 邹国堂. 电动汽车电机及驱动设计、分析和应用 [M]. 北京：机械工业出版社，2018.

[29] 严朝勇. 电动汽车电机控制与驱动技术 [M]. 北京：机械工业出版社，2017.

[30] 龚贤武，徐淑芬，张丽君，等. 永磁同步电机模糊自适应补偿速度控制系统 [J]. 计算机仿真，2014，31（1）：356-360.

[31] 闫茂德，石浩然，林海. 永磁同步电机无位置传感器矢量控制的实验研究 [J]. 微特电机，2016，44（8）：99-104.

[32] 林海，何瑞玲，周海森，等. 三相无刷直流电机改进型脉宽调制策略 [J]. 电力系统及其自动化学报，

2013, 25 (6)：90-95.

[33] 王兆安，刘进军．电力电子技术 [M]．5版．北京：机械工业出版社，2009.

[34] 何忆斌，侯志华．新能源汽车驱动电机技术 [M]．北京：机械工业出版社，2018.

[35] 徐国凯，赵秀春，苏航．电动汽车的驱动与控制 [M]．北京：电子工业出版社，2010.

[36] 董艳艳，王万君．纯电动汽车动力电池及管理系统设计 [M]．北京：北京理工大学出版社，2017.

[37] 王芳，夏军．电动汽车动力电池系统安全分析与设计 [M]．北京：科学出版社，2016.

[38] 汪贵平．纯电动汽车驱动与制动能量回收控制策略研究 [D]．西安：长安大学，2009.

[39] 龚贤武，张丽君，马建，等．基于制动稳定性要求的电动汽车制动力分配 [J]．长安大学学报（自然科学版），2014，34 (1)：103-108.

[40] 胡晓冬 董辰辉．MATLAB 从入门到精通 [M]．2版．北京：人民邮电出版社，2018.

[41] 汪贵平，马建，闫茂德．永磁直流电动机驱动汽车的数学模型 [J]．中国公路学报，2011，24 (1)：122-126.

[42] 龚贤武．纯电动汽车动力系统参数匹配与效率优化技术研究 [D]．西安：长安大学，2014.

[43] 石辛民．模糊控制及其 MATLAB 仿真 [M]．2版．北京：北京交通大学出版社，2018.

[44] 王春芳，吴海啸．纯电动汽车整车控制器硬件在环仿真测试 [J]．轻型汽车技术，2017 (Z1)：49-51.

[45] 曾小华，宫维钧．ADVISOR 2002 电动汽车仿真与再开发应用 [M]．北京：机械工业出版社，2014.

[46] 张翔，赵韩，钱立军，等．ADVISOR 软件的混合仿真方法 [J]．计算机仿真，2005，22 (2)：203-206.

[47] 张亚军．双能量源纯电动汽车驱动与再生制动控制策略研究 [D]．西安：长安大学，2011.

[48] 龚贤武，吴德军，高闯，等．混联型混合动力汽车建模及控制策略研究 [J]．郑州大学学报（工学版），2014，35 (3)：73-77.

[49] 张昌利，张亚军，闫茂德，等．双能量源纯电动汽车再生制动模糊控制与仿真 [J]．系统仿真学报，2011，23 (2)：233-238.

[50] 杨盼盼．纯电动汽车集成仿真技术及软件平台开发 [D]．西安：长安大学，2011.